JN234618

JAPANESE COLLOQUIAL EXPRESSIONS

日本語教育のための音声表現

加瀬 次男 著

学 文 社

はじめに

　私たちは，どのようにしてことばを覚えてきたのでしょうか。そのことばはどんな音の仕組みになっているのでしょうか。ことばのもとになっているものは「音声」です。その音声をしっかり聴き取れるようになることで，話して伝える，読んで伝えることができるようになり，人の話を聞いて，それを自分のものとして他に伝えることまでできるようになります。

　本書は，ことばの獲得，音声言語としての日本語の認識，日本語の音声と聴解および発音指導，音韻の変遷，そして音や音声を聞き取ることから，聞いて伝えるスキル，インタビュー技法へと学習レベルを高めて，総体的な日本語・音声表現を解き明かしたものです。

　コミュニケーションを重視した日本語教育にあって，日本語の音声と音韻，聴解の分野は欠かすことができません。しかも知識としてではなく，実際の場面で活用できなくてはなりません。

　外国人に日本語を教えるとき，一番苦労するのが「音声」です。音声の指導は，指導者自身に日本語の音声をきちんと聞き取り，認識できる能力があり，しかも自分の声とことばで正しく伝え，教えられるということが前提となります。しかし，普段何気なく話している日本語を，いわゆる音声表現の立場から見直してみると，なかなか思うようにいかないことに気がつきます。ましてや，それぞれの母語の影響の強い学習者に効果的に日本語の音声を理解させ，身につけさせようとするのは大変なことです。

　また，日本語教育能力検定試験の教科でも，一番頭の痛いのが「日本語の音声」です。音声についての学習は，わかったこと，理解できたことをもとに，実際にその知識が音声言語として運用できなくてはなりません。そのためには，実践的な学習がどうしても必要になります。

　そうした日本語音声についての取り組みの姿勢，学習の仕方を考慮して，本書では日本語教育のために必要な各項目を網羅し，社会言語学的視点から，日本語について，日本語の音声・音韻について，聞くということ，聞いて伝えるということに至るまでの具体的なプロセス，方法，技術について解説してあります。

　日本語音声の知識と運用能力により，実際的な聴解が容易になり，発音指導ができるまで力がついていきます。ことばの習得は，「話す，聞く，読む，書く」の四技能のバランスが取れていなくてはなりません。音声の分析から一番習得が厄介な「聞く」こと，コミュニケーションの場で「聞いて伝える」ことにまで内容が広められているのは本書が初めてです。

　今，ことばの教育で，最も指導の遅れている分野が，「聞くこと」「聞いて伝えること」です。それぞれの教育の現場で試行錯誤が繰り返されていますが，いまだその指導書は作られていません。

　本書では，今後ますます重要視される，「聞くこと」「聞いて伝えること」について，どうし

たら人の話が聞けるのか，人から聞いたことをどう他に伝えるか，といったことを，実際の言語生活のいろいろな場面から事例を求め，聞いて伝えるスキル，インタビュー技法を身につけるためのノウハウを具体的に説きました。理論，理屈としてわかった，理解できたということでは十分とは言えません。理解したことをベースにして，実際にあなたの口とことばで話してみる，人の話に耳を傾け，あなたのことばで言ってみる練習を積み重ねていくことによって，実践的な力をつけていくことができます。

　このところ『話し方』や『聞き方』について書かれた本がよく読まれています。本書はこのような傾向のものとは違います。格好な事例を面白可笑しく取り上げただけの，観念的な印象論を読まされても，「何だそんなものか」という，通り一遍の理解だけで読み捨ててしまうのが通例です。この手の本は，どれも「話すときには聞き手の身になって話しましょう。そうすればあなたは会社で一目置かれます」といった内容で埋まっています。何の役にも立ちません。「聞き手の身になって話すには，どうしたらよいのか」具体的な技術論が展開されていないからです。また，これまで「話し・聞く」ということに関しての実践的，技術的な研究はすすんでいませんし，それを一般に公表するということがされてきませんでした。

　そこで本書，および前著の『コミュニケーションのための日本語・音声表現』では，きわめて具体的な方法論をオープンにしました。できるだけ実践的な技術論を展開し，すぐに実際的な運用が可能なものとしました。この2冊の本は，読んで理解できただけではまだ元は取れません。理解できたこと，知識として吸収したことを活かして，演習部分を実際にやってみる，本書の自習，独習によって音声言語の運用力，表現力，発表力を身につけて，はじめて元が取れるということをねらいとしたものです。

　その点で，日本語教師，国語教師のみなさん，日本語教師をめざすみなさんの参考書として，ことばや日本語に興味関心をおもちの方には一般教養書としてお読みいただけます。また「聞く・聞いて伝える」教育の導入を予定している各大学のテキスト，参考書としてもご利用いただけます。さらには「聞いて伝える」の項目では具体的なインタビュー技法について詳述していますので，マスコミ関係者にもご活用願えるものと思っております。

　本書が出版されるにあたり，筑波大学大学院文芸・言語研究科教授城生伯太郎氏より，いろいろご助言を賜わり，学文社の三原多津夫氏には，本書の性格上特殊な記号が多く，編集にお骨折りいただきました。深く感謝申し上げます。

　　2001年　盛夏

　　　　　　　　　　　　　　　　　　　　　　　　　　　　　　　加瀬　次男

目　　次

はじめに

第1章　ことばと人間 ——————————————— 7

① ことばを覚える予定表 ……………………………………… 7
1. 前言語段階・泣き声，鳩音期　8
2. 喃語期前半　8
3. 喃語期後半　8
4. 身振り語の出現　9
5. 1語期または全体句期　10
6. 2語期　10
7. 電報文から多語文へ　11
8. 多語文段階　12

② 言語形成の問題 ……………………………………………… 13

③ ことばと脳 …………………………………………………… 14
1. ブローカ領域　14
2. ウェルニッケ領域　15
3. 補足運動野　15

第2章　日本語はどんな言語か ——————————— 17

① 日本語らしさの決め手 ……………………………………… 17
1. 祖語のタイプを推定する　18
2. 言語形態から見た日本語　19
3. 語順から見た日本語　21

② 生活言語面からの特定 ……………………………………… 23
1. 社会言語的な特徴　23
2. 語彙論から見た特色　24

③ 音声言語としての日本語 …………………………………… 26
1. 文字との出会い　27
2. 音声言語（話しことば）の特徴　29

第3章　日本語の音声 ——————————————— 33

① 声とことば …………………………………………………… 34
1. 声と楽器　34
2. 声か息か　35

3. 日本語の音はいくつあるか　35
4. 音節（シラビーム）と拍（モーラ）　36
   ［演習3.1］［演習3.2］
5. 日本語の音素　38
   ［演習3.3］
6. 実際の発音と音素　41
7. 開音節構造から見た発音　42

[2] 日本語の発音(1) ……………………………………………………………… 44
1. 音声器官　44
   ［演習3.4］
2. 調音点と調音法　46
   ［演習3.5］［演習3.6］
3. 母音の発音　47
   ［演習3.7］〜［演習3.13］
4. 環境変化による母音の音変化　53
   ［演習3.14］［演習3.15］

[3] 日本語の発音(2) ……………………………………………………………… 57
1. 子音の分類　57
   ［演習3.16］
2. 子音の発音　59
   ［演習3.17］〜［演習3.30］
3. 子音の口蓋化　70
   ［演習3.31］
4. 問題の多い子音　72
5. 特殊音素　74
   ［演習3.32］〜［演習3.35］
6. 表記に気をつけましょう　79

[4] 日本語の発音(3) ……………………………………………………………… 81
1. 超分節音（プロソディー）を考える　81
   ［演習3.36］〜［演習3.42］
2. 意味の変化によるイメージトレーニング　89

第4章　日本語の音韻変化 ———————————————————————— 93

[1] 歴史に見る音韻 ……………………………………………………………… 93
1. 奈良以前・奈良時代　93
2. 平安時代　95
3. 鎌倉時代　99
   ［演習4.1］
4. 室町時代　100
5. 江戸時代　102
   ［演習4.2］

2 現在の発音に至るまで …………………………………………………… 106
1. 「エ」の音価の変遷　106
2. 「オ」の音価の変遷　106
3. サ行・ザ行の音価の変遷　107
4. ハ行の音価の変遷　108

3 江戸語から共通語へ ……………………………………………………… 109
1. 江戸ことばは位相語　109
2. 江戸ことばを特徴づけるもの　110
3. 江戸下町ことばは早口なのか　111
4. 江戸っ子のこだわる発音　112
5. 江戸ことばの化石化　113

第5章 『聞いて伝える』——聞く力をつける ——— 115

1 聞くことのメカニズム …………………………………………………… 115
1. 話し手と聞き手に介在するコード　116
2. 実際的なコードの働き　117

2 「きく」ということ ……………………………………………………… 118
1. 聞く，聴く，訊く　119
2. 聴覚に関する心理的な作用　120
3. 効果的に働く3つのスイッチ　121
4. 「聞き方」の2つの側面　123

3 聴く力をつける …………………………………………………………… 123
1. 音を聞く　124
2. 音を聴く　124
   ［演習5.1］［演習5.2］
3. 話を聞く　125
   ［演習5.3］〜［演習5.6］

4 話を聴く ………………………………………………………………… 129
1. 話を聴くために　129
2. 聞き手に作用する心理的なプロセス　131
3. 話は聞き手の主導で聴く　131
4. 聴くための工夫　132
5. 上手なメモの取り方　133
   ［演習5.7］［演習5.8］

5 双方向受容としての聞き方 ……………………………………………… 138
1. 「受容」ということ　138
2. 聞き上手の条件　139
3. 話の聞き方　140
4. 聴くための表現　143
   ［演習5.9］〜［演習5.14］

|6| 主体的に話を聞く ……………………………………………………… 153
   1. 自分のためにするインタビュー　154
   2. 第三者に伝えるためのインタビュー　156

|7| インタビュアーの立場から「きく」……………………………… 157
   1. インタビューの本質　157
   2. インタビューにはどのようなタイプがあるか　158
   3. インタビューを構成する　161
   4. インタビュー構成案の作り方　163
     ［演習5.15］

|8| インタビューのフォーマット ………………………………………… 167

|9| インタビューの実際 ………………………………………………… 169
   1. インタビューの前に　170
   2. 打合せでは相手に自分を知ってもらう　170
   3. 聞き始めの問いを大切に　171
   4. 問いは短く　171
   5. 問いは具体的で，わかりやすく　172
   6. あいづちはほどほどに　173
   7. 聞き手の視線は意志を表す　174
   8. インタビューの終わり方　174
     ［演習5.16］［演習5.17］

|10| 情報のくみ取りとインタビュー ……………………………………… 179
   1. 写真情報をもとに聞き伝える　179
   2. 情報をきっかけにしたインタビュー　183

|11| 話し手しだいでインタビューは変わる ……………………………… 184
   1. 予想外の展開から真実が語られる　184
   2. 沈黙するインタビューもある　184

   演習問題解答　187
   あとがき　203
   索　引　205

第1章　ことばと人間

　人類が誕生したその時点から，すでにことばの存在が考えられていました。人間は生まれるとすぐに，何らかの方法でコミュニケーションのための行為，行動を示します。そこに発声器官を通した音も加わります。この音を乳児のことばと考えるならば，オギャーと泣いて生まれたそのときから，人間はことばを発していることになります。そして，乳児期から幼児期へと発育する段階に応じて，ことばの習得が驚くほどの速さですすめられていきます。ことばの習得はどのように行われていくのか，その過程をたどってみましょう。

1　ことばを覚える予定表

　ことばは誰もが文化の違いに関わりなく，ほぼ同じような時期に，ほぼ同じような予定表にしたがって，ことばを覚え，発達させていきます。同様に，身体的な運動能力も一定の予定表にしたがって発達させていき，ことばの発生，習得は身体の発育とともにすすんでいきます。つまり，ことばの発生，習得は，寝返り，ハイハイ，起き上がり，立つ，歩く，手を使うなどの運動能力と並行的なもので，ことばを覚える予定表は，運動能力の発達と同じような基盤にあると考えられています。
　この予定表は，人間の大脳の発達や，ことばの機能が大脳の左半球にあるという一側化の過程と密接に結びついているということで，人間の赤ちゃんはどこの国の赤ちゃんでも似たような予定表にのっとって，ことばを覚え，発達させていきます。
　ことばの発生と習得については，これまで，言語学的な立場からと発達心理学的な立場から研究がすすめられていますが，乳児から幼児に至るまで，ことばがどのように生まれ，使われていくのか，ことばの習得過程には，次のようないくつかの発達段階が認められています。

```
前言語段階（泣き声，鳩音期　誕生—3カ月ごろまで）
喃語期前半（3カ月ごろ—6カ月ごろ）
喃語期後半（6カ月ごろ—11カ月ごろ）
身振り語の出現（乳児期の終わりごろから）
1語期または全体句期（生後12カ月〜18カ月・1歳半ぐらい）
2語期（18カ月・1歳半〜20カ月・2歳半）
電報文から多語文へ（2歳—3歳）
```

1. 前言語段階・泣き声，鳩音期（誕生―3カ月ごろまで）

　誕生から3カ月ごろまでの，ことばを覚える最も初期段階では，産声とともに音が発せられ，泣いて育つ，寝て育つといわれる時期です。泣き声は叫び声のように聞こえることもありますが，この行為は本能的なもので，動物の発声とあまり変わりません。刺激に対する反射的な反応に過ぎませんが，この泣き声にも，次第にある意味が込められるように変わっていきます。

　泣き声によって空腹をうったえ，おしめなどの不快感を取り除いてもらえるということを覚え，母親とのコミュニケーションができるようになり，発育とともに表情も豊かになります。

　生後6週目ごろから機嫌のよいときは，鳩の鳴くような声を出すようになります。コミュニケーションのための音として，初めて認知できるものです。大人の話しかけることばに反応するようになります。［i］［ɯ］などの母音や，［k］［g］などの軟口蓋音に似た音を盛んに出します。［k］［g］などの音は鳩の鳴き声のような音なので，この時期の音を鳩音(きゅうおん)(cooing)といいます。

　情緒面でも，生後1カ月ぐらいから母親のほほ笑みかけに反応が現れ，社会的な関係における「ほほ笑み」として発達し，3カ月ごろには，あやすと声を立てて笑うようになります。鳩音期は通常生後3カ月ぐらいまで続きますが，3カ月から4カ月を過ぎるころになると，意味のない声を出して一人遊びするような喃語(なんご)期の発達段階を迎えます。

2. 喃語期前半（3カ月ごろ―6カ月ごろ）

　鳩音期から喃語期への移行は，子どもの発育，成長によって一律ではありませんが，喃語(babbling)は3カ月ごろから「発声遊び」として始まり，感覚と運動の反復を楽しむ一種の循環反応であるとされています[1]。

　このころの喃語は，1人でいる場面で発する「独語的喃語」で，［ba］［ma］［da］などのように，子音と母音の結合した1音節音を発するようになり，それを反復して，［baba］［dadada］のような音節が出せるようになります。唇や舌などによる口先で出す音声が主です。この喃語の発達をうながす刺激としては，母親が頻繁に話しかけてやることが必要です。

3. 喃語期後半（6カ月ごろ―11カ月ごろ）

　子どもの運動機能の発達は，行動範囲を広げ，経験活動を広げていきます。子どもが起き上がれるようになるころには，声道や口腔も発達して，発音する母音や子音も種類が増え，発音発声器官の成熟にともない，鼻音など微妙な音や摩擦音などが出せるようになっていきます。

　喃語は生後7カ月ごろまでは，無意味なつぶやき音，いわば「音遊び」ですが，重要なことは，自分で出すつぶやき音を自分の耳で聞いて楽しむということであって，舌や唇など口の動きのタイミングと発声音との関係を自分の耳で確認して楽しんでいるということです[2]。

この喃語のつぶやきによって，発声器官の運動感覚と，耳に聞こえる音との関係が意識されるようになるわけで，音の識別，模倣ができるようになるのです。ですから耳に障害があると，音の識別が十分に行えないためか，喃語のつぶやきは長続きせず，言語の習得が困難になることがあります。

　9カ月ごろになると，喃語はこれまでと少し違ってきます。発音できる音の種類も増えますが，子音と母音からなる結合に，イントネーションが認められるようになります。そして，「音のひとり遊び」のような「独語的喃語」のほかに，人のいる場面で発せられる「社会的喃語」へと分化し，明らかにコミュニケーションの意図が感じられるようになってきます。

　さらに，生後10カ月から11カ月ごろには，つかまり立ちをするようになり，音声を使って，感情や，強調の表現をすることができるようになります。また周囲の人々のことばを真似たり繰り返したりすることも見られ，この時期は，子どもが音声の何たるかを理解し，積極的に発音の練習をしているという解釈もあります。喃語は正常なことばの準備段階といってよいでしょう。

4．身振り語の出現（乳児期の終わりごろから）

　生後1カ月ごろから現れる「ほほ笑み」や，3カ月ごろから見られる，あやされたときに声に出す笑いなどを含めて身振り語といいます。誕生から12カ月を乳児期といい，生後1年から就学前までを幼児期と呼んでいますが，幼児前期の1－2歳児も発達心理学的には乳児期の延長として考えています。一般に赤ちゃんといわれるのも1－2歳児までです。

　乳児期の終わりごろまでには，意思の伝達のために「指さし」「だっこせがみ」「あいさつ」などの「身振り語」が使われます。身振りは，最初は「語」としての働きをもっているわけではなく，驚きや感情の表出として使われているうちに，経験的に伝達の手段，すなわち「身振り語」として機能し始めるようです。

　身振りのなかで，「指さし」は7，8カ月ごろに出現しますが，自分と他のものとを区別し，特定のものを選び出すことができるようになったことを示しており，ことばや身振りなどの，いわゆるシンボルを用いて何かを表現したり，伝えたりの基盤となっています。

　「指さし」行動には2つの段階があり，第1段階は環境の変化や珍しいものを発見したときに，「驚嘆，確認，再認」の表出として，その対象を指でさすというものです。第2段階は，人とのやりとりを楽しむような指さしや，自分ができないことを代わってやってもらおうとする要求伝達・指示のときにみられる指さしです。

　「指さし」は外界の認識の表出手段として始められ，やがてコミュニケーションの道具となるという発達過程が読み取れます[3]。

5. 1語期または全体句期（生後12カ月〜18カ月・1歳半ぐらい）

1歳に近くなるころから，喃語の繰り返しのようなものでなく，意味が理解できるような1つの単位からなる発話，いわゆる1語文をいろいろと発するようになります。「パパ」「ママ」「ネコ」といった語です。こうした発話をする時期を「1語期（いちごき）」といいます。しかも幼児が「ネコ」と言ったとき，「ネコがいる」とか「ネコがきた」というように，句または文として表現されていたりすることから，「全体句期（ぜんたいくき）」とも呼ばれることがあります。この時期の語の種類では，幼児にとって身近な人間，食べ物，おもちゃ，動物などの名詞が多く，つぎにその名詞の属性を表す形容詞，そして動詞は比較的後から使われます。実はこうしたことばを幼児が発したとき，そのことばを単一的に理解するのでなく，そのことばを含んだ叙述的な内容を広く汲み取ってやることが必要です。「マンマ」という幼児語は食べ物を指すこともあれば「お腹がすいた」という訴えのことばでもあるからです。

この1語期は普通1歳半ぐらいまで続きますが，日本語の場合「アッタ」「ナイ」「イタ」「アチー」「ネンネ」「ダッコ」など，50語ぐらい話せるようになるといいます(4)。

幼児は1語期の間は，わずかな語彙を，互いに関連のないさまざまなモノを指すのに用いているようです。ある子どもがワンワンという語を，初めは犬を指すのに用いていたのが，ガラスのような目をして柔らかな毛につつまれているオモチャとか，カフスボタンなどを指すようになりました。どうやら「ワンワン」という語が「小さな光ったもの」という意味に使われていたようです。

また，「ワンワン」という語の意味を拡張して，猫や馬，牛などを指すのにも用いられます。こうした過程を，過剰拡張(Over Extension)と呼んでいます。

過剰拡張でよく見られるタイプは，子どもが，形や色，音，場合によっては，動きや素材などの類似性にもとづいて，1つの語の意味を広く拡張して用いるケースです。「リンゴ」という語をトマトやボールなど丸いものを指すのに用いるなどの例です(5)。

6. 2語期（18カ月・1歳半〜20カ月・2歳半）

次の段階として平均して1歳半ごろから2歳ぐらいにかけて，2つの語を結びつける試みが行われるようになります。2語期といわれる段階です。その結びつきはかなり多様で，大人たちはそれが発せられた脈絡に結びつけて解釈することになります。

幼児の発達過程のなかでのことばの組み合わせの状況をみますと，次のような傾向があります。

① 「マーチャン・ブーブ」（所有者＋体言）……………1歳10カ月
   「コエ・ニャーニャー」（提示＋体言）……………1歳5カ月
② 「コーエン・イクノ」（場所＋用言）……………1歳8カ月
   「ブーブ・イナイ」（主語＋用言）……………1歳8カ月

「コエ・トッテ」（目的語＋用言）……………… 1歳4カ月
③ 「アオイ・ブーブ」（形容詞＋体言）……………… 1歳8カ月
④ 「モウ・イイ」（副詞＋用言）……………… 1歳7カ月
⑤ 「チョット・マッテ」（副詞＋用言）……………… 2歳0カ月
「アー・イター」（感動詞＋用言）……………… 1歳8カ月[6]

「目的語＋用言」の「コエ・トッテ」の言い方が「主語＋用言」の「ブーブ・イナイ」より早く使用され，使用数も多いのです。「副詞＋用言」の形式は，反復の言い方「モウ・イイ」が早く出て，多く使用され，「チョット・マッテ」は2歳になってからで，副詞の言い方は一般的に遅くなります。

こうした語の叙述内容は，幼児のそのときの発話状況によって異なることがあり，「マーチャン・ブーブ」では，「これはマーチャの自動車です」とも，要請の表現「マーチャンの自動車をとってちょうだい」とも「マーチャンを自動車に乗せてちょうだい」とも解釈することができます。発話の場所や脈絡，幼児の発音の強さ・高さ，感情の込め方などによって表現内容が異なります。

このように2語が使われるようになって，1語文ではよくわからなかったことばの組み合わせ方，つまり文法関係がはっきりとした形で現れてくるようになります。そして機能上重要なことは，大人が子どもとの意志の疎通が成立しているかのように，あるいは成立させるように受け答えをしてやる，対応してやることです。子どもは単にことばを発するだけでなく，その発話が「通じた」ことを示す確かな手ごたえを受け取ることによって，コミュニケーションの何たるかを知ることになるのです。

7．電報文から多語文へ（2歳―3歳）

喃語期の終わりから1語文の期間までは比較的時間がかかっているのに対して，2語文以降，とくに2歳前後から，急に語彙数も増え，表現内容も多様になってきます。

この時期の発話は，電報文を思わせるような，テニオハなどの助詞，助動詞を除いた言い方なので，電報文と呼ばれます。「オモチャ　カッテ　ママ」とか，「ネコ　ミルク　ノム」のように，実質的内容のみを並べてその全体的意味を伝える形です。大人が話すような文法規則に合った言い方ができない幼児は，大人の文法規則を縮小したような，自ら作りだした文法規則，言い方にのっとって，文を発話していると考えられています。

幼児は明らかに文を構成する能力をある程度発達させており，それを使って，大人の模倣ではなく，自分で単語を適切に並べることができるのです。興味深いことは，どの子どもの場合でも，その言い方はある共通の規則にしたがっているということです。このことは，幼児自体のなかに独自の「言い方の体系」，文法規則が存在していて，文を拡大したり創造したりする場合に，これが役立っているのではないかと考えられています。

2歳前後から語彙の数が急に増えます。個人差がありますが，3歳ぐらいまでに約900語前後になるといわれています。食べ物の名，親や兄弟の言い方，身近な家具や用具の名など，名詞的な語がよく使われます。また2語文が発話されるようになると，ほんの2，3カ月で3語文が発話されるようになります。2歳半を過ぎると，「それで」「それから」「そして」「そしたら」「だから」などの接続詞を用いて文と文をつないで話せるようになります。2歳前後から3歳ぐらいにかけて，子どもは電報文の時期をへて，「多語文」といわれる，より大人に近い話し方になっていき，発音も大人のことばのようになっていくのです。さらに，語形変化や疑問詞が使えるようになり，文の構造も複雑になっていきます。活動範囲が広がって，経験が豊かになるにつれて，表現の数も増えていきます(7)。

　多語文の特徴として，日本語では助動詞の活用が現れ，助詞の大部分は3歳ぐらいまでに覚えるといわれます。そして関係を表す助詞や，述語部分の習得によって，1文が長くなり，「オカアサンガ　イタイイタイッテ　イッタノ」のような複雑な文が2歳半ごろから話せるようになります。

8．多語文段階

　電報文の段階を卒業し，名詞や動詞の使い方がわかるようになるころ，過剰一般化(over-generalization)という現象も見られます。自分の使える語彙を，他のものの話し方のなかにも入れて使おうとする現象です。

　英語などでは "ed" をつけて過去形を表す語がありますが，不規則変化をする動詞の "go" の過去が，"went" ということがわかっていても，"wented" という言い方になってしまう現象のことです(8)。

　日本語の場合では，子どもが「好きじゃなくないの」という間違った言い方に気づいた母親が，「好きじゃないの」と言わせようとしても，子どもの意識では「好きじゃないの」と言うつもりがあっても，どうしても「好きじゃなくないの」が出てしまうという現象です。

　子どもは大人のことば遣いを模倣して，自分なりのことばを使えるようになっていくと思われがちですが，ことばの模倣は，子どもの言語体験を増やすことに役立っても，あるいは語彙を借用したりすることはあっても，子どものことばの産出は，大人の言語体系とはやはりどこか違っているのです。

　このことは子どもの言語の習得は，周囲の大人の発話などを模倣することによるのでなく，子どもが自分で知覚した言い方に，自分の考えているものを当てはめて，自分のもっている「言い方の体系」に適合するように，ものを言っているということであり，この時期の子どもが習得した体系であるといえそうです。

　子どもの話し方，文は，それなりに規則に支配された独自の構造をもっており，大人から見れば不完全に見える子どもの言語習得にも，順次性，規則性，一貫性などの特徴があるということがいえます。そして，それが絶えず変化するのは，子どもがより豊かな言語入力に接する

につれて，自分の仮説を修正し発展させていく積極性，創造的な営みを反映していることにほかなりません。

2 言語形成の問題

　子どもが使用する語彙の数は，個人差もありますが，3歳ごろまでに900語前後となり，4歳ごろには1500語前後，5歳ごろまでに2000語に達し，6歳ごろには2500〜3000語を使い，日常表現については成人に劣らないほどになります。

　そして学童期には，同年代の友だちとのコミュニケーションを通じて，表現や理解の能力は著しく発達します。11, 12歳ごろになると，十分とはいえないまでも，抽象的な内容の把握や表現までも可能となり，物事の因果関係を適切に論理的に表現できるようになるので，1歳から始まった言語形成期は12歳ごろで終わると考えられています。

　言語形成期と関連して2つの問題を指摘しておきます。それは，聴覚障害児の「9歳の壁」といわれる現象と，経験的にいわれている「言語環境の変化による言語の取り替え年齢の問題」です。

　「9歳の壁」とは，聴覚障害児の学力が小学校3年のころから停滞する傾向があって，その原因が言語発達の不十分なことに起因していることをいいます。この問題は従来から，6歳以前に適切な教育を始めると効果が大きいといわれていましたが，1歳未満のころからの早期教育や，補聴器によって聴覚機能を助けてやることなどの適切な指導で克服できることが明らかにされつつあります。

　もう1つの問題，「言語環境と言語の取り替え年齢の問題」です。言語形成期の途中で，別の言語が話される社会に移った場合，10歳以下であれば簡単に新しい言語環境に同化することができますが，10歳以上になると，移動以前の言語が記憶に残る傾向があって，年齢が高くなればなるほど強く残るといわれることです[9]。

　このことは，成人した後では新しい言語環境になじみにくくなるので，英語などの外国語の学習では，11歳からせめて16歳ぐらいの間が最適期であるということになります。つまり母語の学習が外国語の学習にも影響を与えるため，母語の言語表現が完成段階に近いほど外国語の習得には効果があがるのです。11歳から16歳ぐらいの時期は，言語形成がかなりすすんでいますが，言語習得機能の「柔軟性」はまだあるし，いろいろな知識も発達しているので，学習中の外国語から規則的な特性を見出すのが可能な時期です[10]。

　逆に，10歳以下の子どもが外国語環境で生活した場合，新しい言語に同化しやすいものの，日本語と外国語の区別の意識が希薄なため，よほど注意して習得させないと，母語である日本語も，また外国語も中途半端になる恐れがあります。10歳を過ぎたころに外国語環境で生活した子どもは，母語の習得記憶が残っているうえ，他の言語の特徴を受け入れる柔軟性や自由さが失われていないので，母語によって習得した抽象的な表現や論理的な表現をになう言語機能

がよい影響を与えながら外国語の習得に役立つものと考えられます。いわゆるバイリンガルの存在も不可能ではないということになります。

3 ことばと脳

これまで説明してきたように，言語の習得には，発達段階に応じた一定の予定表のようなものがあって，大人との言語的接触を通して，子ども自身のなかに言語に対するある体系が生みだされ，それを年齢とともに，創造し，修正し，発達させていくものです。では，言語使用能力は何によって依拠しているのでしょうか。

人間のことばは，発声を可能にする喉頭構造の発達，大脳の前頭皮質（ぜんとうひしつ）の発達と一側化などの生物学的進化があって初めて可能になりましたが，大脳は人間のことばとどのようなつながりをもっているのでしょうか。人間のことばを大脳生理学的レベルで考えてみましょう。

大脳は右半球と左半球に分かれていることはよく知られています。言語機能が左半球に一側化していることも知られていますが，この発見は，人類の歴史から見れば，ごく最近のことなのです。

大脳の左半球を右半球と切断し，左半球を接断面を上にして置くと，図1.1に示すように見えます。

図の(1)がブローカ領域，(2)がウェルニッケ領域，(3)が補足運動野，と呼ばれるいずれも人間の言語と深い関係のある部分です。

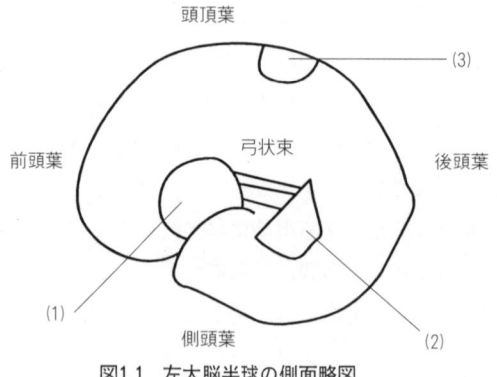

図1.1 左大脳半球の側面略図
（Penfield & Robertz 1959による）

1．ブローカ領域

ブローカ領域は前部言語皮質と呼ばれている部分です。1861年にフランスの外科医ポール・ブローカ(Paul Broca)によって発見されました。彼は，脳のこの特定の部分が損傷を受けると，ことばを産出するのがきわめて困難になるという事実を報告しました。ところが，右脳のこれ

に対応する部分に損傷があっても，そのような影響が出ないことも確認されました。この発見をもとに，言語能力は左半球に局在するという説が提唱され，これ以降，ブローカ領域は，ことばの産出，発話に決定的な役割を担っていると考えられるようになっています。

2．ウェルニッケ領域

　ウェルニッケ領域は後部言語皮質と呼ばれる部分です。1874年，ドイツの医師カール・ウェルニッケ(Carl Wernicke)は，ことばの理解に障害をもつ患者が脳のこの部分に損傷をもっていることを報告しました。これによって，ことばの理解の中枢は発話をつかさどるブローカ領域とは異なった部分に局在し，その間を連絡する「弓状束(きゅうじょうそく)」が言語情報の伝達に深くかかわっていることが明らかになりました。

　つまり，ブローカ領域とウェルニッケ領域をつなぐ「弓状束」という連合繊維が，ことばの文法機能に重要な役割を果たし，ウェルニッケ領域においてことばが理解されるということを示唆しています。

3．補足運動野

　上部言語皮質として知られる部分です。ペンフィールド(W. Penfield)とロバーツ(L. Robertz)という2人の脳外科医が1950年に報告したもので，この領域が実際の話しことばの調音(発音)に関係しているというのです。2人は，脳のいろいろな部分に微量の電流を流して，その電気的刺激によって，ことばの正常な産出が妨げられる部位があることを発見しました。

　補足運動野(ほそくうんどうや)は，手足や腕を動かすなどのさまざまな身体の運動の多くをコントロールする働きのある，脳の溝に近いので，話しことばの産出に必要な肉体的運動が，この補足運動野によってコントロールされているというのです。

　大脳生理についての研究は，今ではCTスキャンからMRI(磁気共鳴画像)などの診断によってすすめられるようになり，大きな期待が寄せられていますが，以上のような3つの領域がつきとめられ，その働きが分析されるようになって，言語使用能力が左半球のどのような作用によって結びついているかということがわかりました。

　人間の脳の複雑なメカニズムを，言語の側面からのみとらえようとするのは，あまりにも短絡した考え方ではありますが，言語と脳との関わりについては，このように考えてよさそうです。それは，「語はウェルニッケ領域で聞きとられ，理解される。この信号は次のブローカ領域に送られ，ここで語を発するための準備が行われる。それから，信号が補足運動野に送られて，実際の調音(発音)がなされる」ということです[11]。

注
(1) 内田伸子（1994）『読む書く話すの発達心理学』放送大学教育振興会　12ページ
(2) 大江孝男（1994）『言語学』放送大学教育振興会　25ページ
(3) 内田　前掲書　13ページ
(4) 金田一春彦他編（1995）『日本語百科大事典』大修館　1251ページ
(5) George Yule（1987）*The Study of Language*　今井邦彦他訳　大修館書店　211ページ
(6) 金田一春彦他　前掲書　1252ページ
(7) 大江　前掲書　26ページ
(8) George Yule　前掲書　205ページ
(9) 大江　前掲書　27ページ
(10) George Yule　前掲書　218ページ
(11) 同上　181〜182ページ

第2章　日本語はどんな言語か

　世界にはいったいいくつぐらいの言語があるのだろうか。これまで何人かの言語学者によって世界の言語が数えられてきましたが、この問いに正確な答えを出すのは困難です。
　1939年にアメリカのL.H.グレイは2795という数を出しました。1979年にドイツのマイヤーは4200〜5600ぐらいだろうと述べています。同じ頃、B.F.グライムズは5103という説を出しました。そしてロシアのヤールツェバは5000〜8000という数字をあげています。どうして、このような大ざっぱな数字になってしまうのでしょうか[1]。
　世界中の言語が一国家一言語であれば、ことは簡単で、世界の国数がそのまま世界中の言語の数に当てはまります。ところが、そうはいかない事情があるのです。
　それは、まず第1にアフリカの奥地、アマゾンの密林、オーストラリア内陸部の先住民族の諸語などに未確認の言語が多いことがあげられます。
　第2に、一国で数カ国語が公用語とされていたり、一国に数カ国語が混在していたりするからです。カナダでは英語とフランス語の二カ国語が公用語とされています。インドでは公用語の数は14にも及んでいます。またスイスなどではドイツ語、フランス語、イタリア語、古いラテン語と関係のあるロマンシュ語などが混在しています。
　そして第3には、「方言」か「別言語」かの判断次第で、言語数が変わるということもあります。たとえば沖縄のことばを、日本語の一方言と考えて数に入れないか、別言語と考えて数に入れるかなどによって、言語数が増えたり減ったりするわけです。中国の北京語や広東語は中国語の二大方言と考えられていますが、実際にはまったく別の言語といってもよいくらい体系が異なっています。
　このような言語事情によって、世界の言語の数を明快に打ち出すことはできませんが、現在のところ、各国、各地域の諸事情を考慮して、世界には8つの語族があり、5000〜8000の言語があると考えてよさそうですし、世界の言語学者たちにも、大筋において納得できる数のようです[2]。
　それでは、世界の言語のなかで、日本語はどのような系統の言語なのでしょうか。日本語は孤立的な言語だとか、特殊な言語だとかいわれますが、本当にそうなんでしょうか。

1　日本語らしさの決め手

　よく日本語は「ユニークな言語」だといわれますが、他の言語の特徴、共通点、規則性などから考えると、一概に日本語を「ユニーク」と考える根拠は希薄なようです。そこで日本語と

いう言語を比較言語学や対照言語学，社会言語学等の側面から考えてみましょう。

1．祖語のタイプを推定する

英語をある程度勉強してみると，英語と日本語との間にはある種の共通点のあることに気がつきます。たとえば，英語では small syze「小さなサイズ」のように，形容詞の修飾語 small が被修飾語の名詞 syze の前に置かれますが，これは日本語と同じ語順です。/小さな/サイズ/も，/small/syze/も，ともに形容詞が名詞の前に置かれるのは，しごく当たり前のように思われます。

ところが，フランス語では「形容詞＋名詞」の語順は，ごく一部の形容詞に限られていて，「名詞＋形容詞」の語順が多いのです。

　　　art nouveau（アール・ヌーボー）＝「芸術＋新しい」
　　　moulin rouge（ムーラン・ルージュ）＝「風車＋赤い」

というように，「名詞＋形容詞」の語順が原則です。

　　　haute couture（オート・クチュール）＝「高級な＋仕立て」のような，「形容詞＋名詞」の語順が許されるのはごく一部の形容詞に限られています。

この例からもわかるように，日本語の特徴は日本語だけを見ていたり，ある特定の言語とだけ比較対照していたのでは見えてこないのです。多くの言語のあらゆるデータを比較検討し，その特徴をとらえ出さなくてはなりません[3]。

そこでいろいろな研究が行われますが，世界の言語のタイプをどう区分けするか，その方法として比較言語学の系統的な分類と，言語のさまざまな類似点，相違点，規則性などを観察する類型的な分類，それに地理的分類等によって世界の言語が区分されています。

世界の言語のルーツを探ることを目的にした比較言語学は，各言語が共通に由来するおおもとのことば，つまり祖語を推定し，その祖語から各言語がどのように変化してきたかを系統的に明らかにしようとするものです。つまり，歴史的系統をもとに言語の異同を観察し，「語族」を構築する研究分野です。

その具体的な考察は次の3点の手法で行われます。

1．1言語1起源説：1つの言語は必ず1つの起源にいきつくという考え方。
2．一　元　論　説：すべての言語はおおもとにおいて，単一のものにたどりつくという考え方。
3．多　元　論　説：すべての言語は一元論的なものではなくて，複数の起源に分けられるという考え方。

この比較言語学の，祖語を推定していく系統的方法では，インド・ヨーロッパ語族の分類は一元論が見事に当てはまり系統立てられました。図2.1に見るように，英語，ドイツ語など具体的言語がゲルマン語派に属し，それをたどると，インド・ヨーロッパ（印欧）祖語にいきつくということがわかりました。

しかし他の語族については，残念ながらどれも適合させることができませんでした。まして や日本語はどの語族に属するかも定かでなく，この方法では，その系統を推定することはでき ません。音韻対応の面でも解明することは不可能で，孤立した言語として扱われています。日 本語やヨーロッパ・ピレネー山脈西部のバスク語*，それにアイヌ語などは系統が不明で，近 隣の言語とも親族関係が見られません。さあ，日本語はどんな言語なのでしょうか。

> *バスク語：スペインとフランス国境地帯のバスク地方の言葉。僧ララマンディがバスクに派遣されてバス ク語と取り組んだが，文法も発音も難しく，習得するのに30年もかかったという難解な言語。

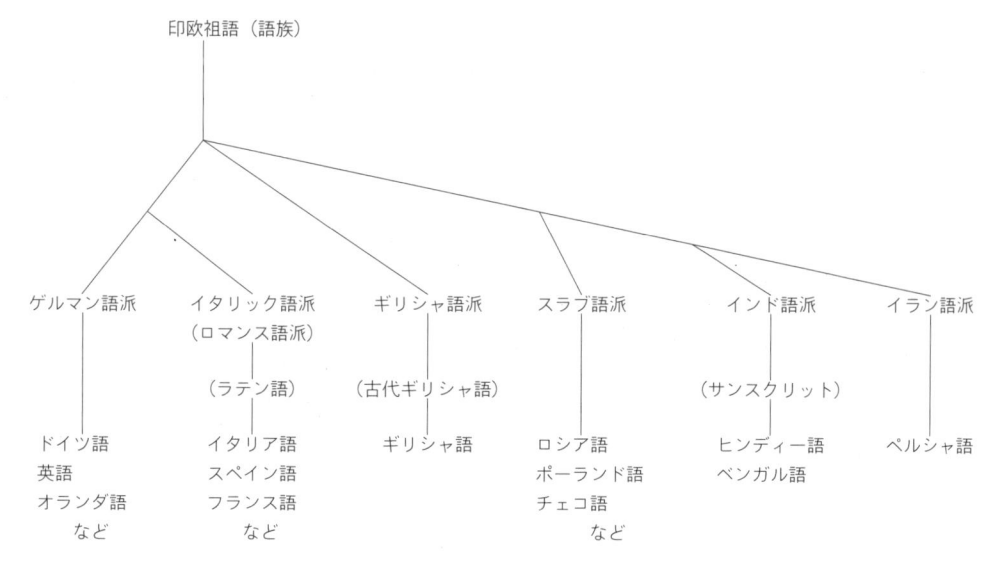

```
                        印欧祖語（語族）
        ┌──────┬──────┬──────┬──────┬──────┬──────┐
     ゲルマン語派  イタリック語派  ギリシャ語派  スラブ語派   インド語派   イラン語派
              （ロマンス語派）
                 （ラテン語）  （古代ギリシャ語）       （サンスクリット）
     ドイツ語     イタリア語    ギリシャ語    ロシア語    ヒンディー語   ペルシャ語
     英語        スペイン語                ポーランド語  ベンガル語
     オランダ語    フランス語                チェコ語
     など         など                    など
```

図2.1　インド・ヨーロッパ語族の系統図(4)

2．言語形態から見た日本語

系統ではなく，文法項目，音韻項目，語彙項目に分けて，各言語のもつ類似点，相違点，共 通規則性などの，ある特定の特徴に従って諸言語を分類することが行われています。言語類型 論による分類法です。類型論では各言語間に観察される普遍的な特性，言語普遍性(Linguistic universals)を明らかにすることをねらいとしています。

類型論のうち最も早期に発展したのは，内容概念と文法的関係がどのように表されるかとい う形態的特徴に注目したものです(5)。

19世紀のドイツの言語学者，フリードリッヒ・シュレーゲル(F.von Schlegel　1772-1829)や ヴィルヘルム・フォン・フンボルト(W.von Humboldt　1767-1835)らは，各言語の形態的特徴 から世界の言語を4つのタイプに分類しました。すなわち，(a)孤立語　(b)膠着語　(c)屈折語 (d)抱合語の分類です。

このシュレーゲルとフンボルトの分類で，ようやく日本語の出番を迎えることになるのです。 彼らの分類によれば，日本語は膠着語に分類できるというのです。

(1) 膠着語 (agglutinating language)

　膠着語の「膠」とは「ニカワノリ」のことですが，日本語では内容概念を表す動詞・形容詞に，文法的関係を表す助動詞がペッタン，ペッタンついて，「働か―せ―られ―た―そうだ―と―聞い―た―こと―が―あっ―た」のような長い文ができます。「だれかに，だれかに，こ―れ―あ―げ―ない」なども，膠着表現の典型であり，最後まで聞かないと表現の意味が理解できないことになります(6)。

　つまり，膠着語は実質的な意味を示す独自の単語に，文法的な意味を示す接辞(助詞・助動詞)が接着して文法的機能が果たされる言語です。語幹に接辞がつぎつぎに付加されるタイプです。

　　　働かせられた/hatarak - ase - rare - ta/
　　　　　　　　　　語幹　使役　受身　過去

日本語の文法上の特色として，述語(動詞)が文末にくるとか，修飾語が被修飾語に先行するというのは，日本語が膠着語だからです。日本語は，この２点を守れば，後の語順は比較的自由です。

　　　つまり基本語順は　主語・目的語・動詞(猫が　ネズミ　を食べた)ですが，
　　　　　　　　　　　目的語・主語・動詞(ねずみを　猫が　食べた)も可能だということです。

　日本語，トルコ語，モンゴル語，フィンランド語などが膠着語の仲間です。では，その他の言語はどのように特徴づけられるのでしょうか。

(2) 孤立語 (isolating language)

　単語がまったく語形変化せず，主語や目的語などの文法機能が語順によって示される言語。中国語が代表例です。中国語では１つの漢字が１つの意味をもつ最小単位，形態素となり，１語彙，１形態素で１つの文法的単位となっています。したがって，語順が変わると意味が変わります。

　　　我　　愛　　你　（私は　あなたを　愛する）
　　　/wo　　ai　　ni/

　　　你　　愛　　我　（あなたは　私を　愛する）
　　　/ni　　ai　　wo/

　この例に示すように，日本語のいわゆる格助詞(接辞)にあたるものがなく，１語１語が実質的な意味をもち，行為者と非行為者の区分け，つまり主語・目的語は語順によって区別されます。言い換えるならば同じ語であっても，それが置かれる位置によって文の意味が変わってきます。

(3) 屈折語 (inflecting language)

　順々に語形変化するものを屈折といいます。単語そのものが語形変化するような言語です。文を構成する要素の間の関係を，活用だけによって規定する言語です。ラテン語，英語・ドイ

ツ語・フランス語・イタリア語など，インド・ヨーロッパ語族が当てはまります。

 英語 sing [siŋ] sang [sæŋ] sung [sʌŋ]
     go   went   gone
     write   wrote   written

 テンスによって母音交替，語形変化します。

(4) **抱合語**（incorporating language）

 文を構成するすべての要素が密接に結合して，1語であるかのように見なされる言語です。1語が1文をなしています。エスキモー語，いくつかのアメリカ先住民のことば，バスク語などがその典型です。

 デンマークの言語学者イェルムスレウ（Louis Hjelmslev 1899-1965）があげている例ですが，グリーンランドのエスキモー語にこんな表現があるそうです。

  kavfiriorniarumagaluarpunga

これが1語であり1文をなしているのです。「私は喜んでコーヒーを作りましょう」という意味なのだそうです。

 バスク語では，ponetekilakoarekin という表現があり，「帽子をかぶった人と一緒に」の意味だそうです。どこからどこまでが，どういう形態素なのかわかりにくいです。

 しかし，これらの形態的分類によって，世界の言語がきちんと分けられるかということになると，疑わしくなります。

 例えば英語の場合，I‐my‐me のように，代名詞には格変化があるので屈折的ですが，動詞の過去，過去分詞の作り方や，名詞の作り方などを見ると，work‐worked‐worked, book‐books のように —ed や s が後ろにペタペタついて膠着語的です。語順にしても，I love you.→You love me. のように孤立語的です。

 また典型的な膠着語といわれる日本語でも，「来る」「する」などの変格活用動詞はこ，き，くる，くる，くれ，こい し（せ），し，する，する，すれ，せよ（しろ）と変化し，屈折語的だとも解釈されます。つまりどんな語にも，孤立語的性質，膠着語的性質，屈折語的性質が混在しているものなのです。

3．語順から見た日本語

 日本語が膠着語に区分されることはわかりましたが，内容概念を表す動詞・形容詞に助詞・助動詞がペッタンペッタンくっついて長い語ができるとき，最後の一言が出るまで yes なのか no なのかわかりません。

 「だれかに，だれかに，こーれーあーげーない」の例を見てもわかるように，日本語では述語動詞が，そしてそこに含まれる打ち消しの助動詞などが，常に文末にきます。「動詞が文末

にくる」というのは，日本語の特質の一つなのでしょうか。

　英語をはじめ，われわれが思い出せるいくつかの外国語では，フランス語，スペイン語，ロシア語，イタリア語，中国語……，など，どれをとっても，I have a pen 式の「主語，動詞，目的語」の語順の言語ばかりです。日本語のような動詞が文末にくる「主語，目的語，動詞」の言語は珍しいのでしょうか。

　1963年，アメリカのグリーンバーグ(J. Greenburg)が歴史的系統や地理的分布などを考慮して30の言語を選び，その語順を調査しました。主語(Subject)，述語動詞(Verb)，目的語(Object)などの語順によって言語を分類しようとしたのです。その結果，世界の言語の大半はSVO型(主語・動詞・目的語)，SOV型(主語・目的語・動詞)，VSO型(動詞・主語・目的語)の3つのタイプの語順に区分できるということがわかりました。

　　　[英語]　　　　I　go　to　school.
　　　　　　　　　(S) (V) 前置詞 (O)　　　　SVO型

　　　　　　　　　　　　　　　　　　　英語，フランス語，スペイン語，中国語，イタリア語，ギリシャ語，ノルウェー語，フィンランド語，マレー語，アフリカ東部のスワヒリ語など。

　　　[日本語]　　　私　は　学校　へ　行きます。
　　　　　　　　　(S)　　(O) 後置詞 (V)　　　SOV型

　　　　　　　　　　　　　　　　　　　日本語，朝鮮語（学術用語），トルコ語，ラテン語，モンゴル語，ヒンディー語，ビルマ語，バスク語など。

　　　[タガログ語]　Pumatay si Huwan ng aso
　　　　　　　　　　殺した　は　ジョン　を　犬
　　　　　　　　　　(V)　　　(S)　前置詞　(O)　VSO型

　　　　　　　　　　　　　　　　　　　タガログ語，アラビア語，ヘブライ語，アイルランド語など。

　ではこの3つのタイプのうち，世界の言語で最も多いのはどのタイプかというと，一般には欧米言語のSVO型が主流で，動詞が文末にくるのは珍しいと考えられがちですが，実は意外なことに，日本語と同じSOV型の語順が世界の言語の約半数をしめているのです。

　次に多いのが，英語と同じ欧米言語のSVO型の語順です。世界の言語の4割くらいがこのタイプだと考えられています。

　そして3番目はVSO型の語順で，これに含まれるのは世界の言語の1割程度と考えられています。

　こうした語順のタイプ別に各言語の文の構造を見ると，各言語に共通した現象が見られます。

これをグリーンバーグは「含意の法則」(Implicational Law)といいました。すなわち，ある言語がVSOという構造をとるならば，必ず前置詞が用いられるということです。英語などのSVO型でも前置詞をとり，日本語などのSOV型では後置詞をとります。

その他の類型
母音体系：3母音体系/i/a/u/　　　　　アラビア語，タガログ語
　　　　　5母音体系/i/e/a/o/u/　　　 日本語，イタリア語，スペイン語
　　　　　豊富な母音体系　　　　　　英語，フランス語，ドイツ語
アクセント：高低アクセント(Pitch Accent)　日本語，中国語，スウェーデン語，ベトナム語，アフリカ諸語
　　　　　　強弱アクセント(Stress Accent)　英語，スペイン語，ロシア語，フランス語，朝鮮語(学術用語)，トルコ語

　日本語の特色について，他言語との比較によってどこか違いがあるのかを見てきました。また言語の形態，統語的構造の面からもその特徴をとらえようとしてきました。
　その結果は，日本語という言語について，世界の言語のうち，どの語族にも属さない孤立した言語であることが，比較言語学的研究からわかりました。さらに言語の類型論的分類から考えて，日本語はその形態から朝鮮語，トルコ語などと同じ膠着語として区分され，語順などの構造面から，世界の言語のなかで多数派をしめるSOV型であるということがわかりました。

2　生活言語面からの特定

　言語をあらゆる角度からその性質・特徴を考察していくと，その言語についての特徴的なものが浮かび上がってきますが，しかし問題は，その特徴が他言語との比較においてユニークなものであるかどうかということなのです。どうも日本語は世界の言語のなかで孤立した存在のようではありますが，それでいて，日本語独自の特徴は何かということになると，なかなかそれを指摘することが困難です。
　いくつかの言語環境のなかから，他言語に較べて比較的独自性がありそうだと考えられる点を項目的にあげてみましょう。

1．社会言語的な特徴

(1)　政治的境界区分である国家・国民と，言語の話し手がよく一致しており，かつ，話し手の数が非常に多い。
　　　人口1億2千万人の日本には，琉球語(90万人)，アイヌ語(ごく少数)，朝鮮語(57万人)，中国語(6万人)などをはじめとするさまざまな言語が存在するし，琉球語に関しては，本

土方言に対する一方言とする解釈と，別言語とする見方がある[7]。(アイヌ語，朝鮮語は学術用語として例示した)。

(2) 日本語は世界の言語のなかで話者の多い言語であり，世界ランキング8位に入る。

言語の話者数の統計（『言語学大辞典』「世界言語編」三省堂）によれば，中国語を第1位とし，2位が英語，3位がヒンディー（インド）語と続き，日本語は世界の言語の8位にあげられている。つまり日本語は大言語というに十分あたいする言語なのである。

(3) 日本語は，日本国外で母国語として使用する話者が移民以外にはほとんどいない，このことは，世界の主要言語のうちでは珍しいことである。

(4) 日本語は公用語が1言語に限られる比較的単純な言語社会で使われている。日本語の公用語は日本語だけ。

(5) 待遇表現(尊敬語，謙譲語，丁寧語)に代表されるさまざまな「社会方言」が区別して使われている。

「社会方言」というのは，いわゆる「地域方言」とは別で，ことばの使用者の性別・職業・教養・立場などの違いからくる言語変種。たとえば，「男女間の言語の区別」「書きことば，話しことばの区別」などが明確に存在していた。

(6) 日本語の「地域方言」は多様で変化に富んでいる。

金田一春彦氏の区画によれば，日本の地域方言は，東日本方言，西日本方言，九州方言に大別され，東日本方言は，さらに東部方言，北部方言，八丈島方言，などに区分されている。

(7) 平安時代から江戸時代までは，社会階層が多様で，さまざまな「社会方言」があったが，身分制度が失われた現代社会にあって，「社会方言」の簡素化，単純化が進んだばかりでなく，「男女間の言語の区別」も「書きことば，話しことばの区別」も減少し，ことばの「ゆれ」の原因ともなっている[8]。

2．語彙論から見た特色

(1) 日本語は他の言語に比べて語彙数が多い。

英語，フランス語は90％以上理解するのに5千語が必要とされるのに，日本語では，2万2千語も覚えなければならない。その原因について，

① 日本人の生活文化が，外国からの影響の強い雑種文化であること。

② 漢字，カタカナなど，新しい語彙を作りやすい言語体系をもっていること。

　　明治時代：漢語の急増(漢字)　　外来語の急増(カタカナ)

③ その結果，同音異義語，類義語，多義語が多い。

　　同音異義語：気管・期間・機関，箸・橋・端
　　類　義　語：手紙―書簡，きれい―美しい，一生―生涯
　　多　義　語：一つの単語でいくつかの異なった意味を表すもの。

　　　　　きく―話を聞く
　　　　　　　言うことをきく
　　　　　　　薬が効く

(2) 語の出自の面から分類すると，語種が多い。
　　和　語(やまとことば)：日本人がもともと使っていたことば。
　　　　　　　音で聞いて意味がわかるため，話しことばに多く使われる。
　　　　　　　語頭に濁音，ラ行音はこない。あめ，はこ，あそぶ　など
　　　　　　　接頭語「お」が付きやすい。「おでかけ」「おのぞみ」など
　　漢　語：語の生産性が高く，同音異義語が多い。
　　　　　　　接頭語「御」が付きやすい。「御著書」「御酒」など
　　外来語：室町時代にポルトガル語が入ったのが始まり。カタカナ表記。
　　　　　　16世紀以降に入ってきた西欧起源の語を外来語として扱う。現代中国から入った
　　　　　　「マージャン」「ギョウザ」は外来語。
　　混種語：違った語種どうしでできた合成語。
　　　　　　　ナウい(外来語＋ひらがな)　　サボる(外来語＋ひらがな)　　事故る(漢語＋ひらがな)
　　　　　　　黒字(和語＋漢語)　　ボール紙(外来語＋和語)　など

(3) 接遇表現(敬語)が発達している。

(4) 擬態語，擬声(音)語などの副詞が多い。
　　擬態語：そそ(とした)　そわそわ(した)　せいせい(した)　など
　　擬声(擬音)語：ガラガラ　ゴロゴロ　など

(5) 自然や気候，地理，動植物(自然現象，魚，木，季節など)に関する語彙や，心情を表現する擬態語が発達している。
　　「恥」「義理」「恩」「甘える」などは日本語的。

(6) 和語には内臓を表す語彙はごくわずか。「きも」(肝)と「わた」(腸)しかない。
　　星や鉱物の名も少ない。

(7) 抽象的に自然の美を表す独特なことばがあり，翻訳しにくい。
　　「わび」「さび」「いき」「しぶい」「風流」など
　　その他，日本語独特のことばと考えられるものとして，
　　感情を込めた副詞：どうせ，せめて，さすが，なまじ，せっかく　など
　　漠然とした意味を持つ語：ぼつぼつ，ちょっと，なんとなく，よろしく　など

(8) 親族の呼び方には日本語独特なものがある。
　① 同一身分の人に対して，呼び方が多い。
　　　父：父上，お父さま，お父さん，とうちゃん，ちゃん
　② 「おじさん」「おばさん」「おばあさん」などの呼称を肉親以外の人にも用いる。
　③ 家族のなかで「あなた」「おまえ」のような二人称代名詞が使えるのは，対等か，序列の上のものに限る。従来の日本の家族制度の反映である[9]。

3　音声言語としての日本語

「言語とは何か」という問いに対して，言語学者キャロル(J.B. Carroll 1956)は，言語とは 1．対人間の(人間同士の)　2．コミュニケーションに役立つ　3．任意の音（人の口，鼻，のどなどを用いて発する音）を利用した記号体系である，といっています。そして，言語を次のように分類しています。

　　一次言語……音声言語（話しことば）
　　二次言語……文字言語（書きことば）
　　三次言語……機械語，モールス符号，コンピュータ言語

キャロルの主張では，言語はコミュニケーションのために発する音声を利用した記号体系ということになります。人間の発する音声について考えてみましょう。人間の発する音声でもコミュニケーションを意識しない音声もあります。そこでどんな場合の音声がコミュニケーションに役立つ音声なのでしょうか。

人間の生理的な音を，「咳」「咳払い」「口笛」などで考えてみると，「咳」は「風邪をひきました」ということを伝えるために出るのではなく，単なる生理的な現象であり，コミュニケーションの役には立たないので言語ではありません。「咳払い」はどうでしょう。生理的現象というよりは，自分の存在を伝えようとしたり，騒がしいので静かにしてほしいときにしたり，気まずいときにしたり，私たちは咳払いによって意図的に何かを伝えようとします。つまりコミュニケーションの道具として使っているわけです。ですから「咳払い」は，言語と考えられます。

では口笛はどうかといえば，気分がよくて思わず出た口笛やうそぶくような口笛は，気分晴らしや得意な気分の発散なので，コミュニケーションには直接役立ちません。言語とは考えられません。しかし「ジュリエットを呼ぶロミオの口笛」は，伝達意図が非常に強く，コミュニケーションそのものなので，これは言語と考えてよいでしょう。

このように，人間の発音発声器官を通して出てくる音にも，コミュニケーションに役立つか否かによって言語と非言語に分けることができます。

一般に，言語には①音声言語と，②文字言語，③行動言語があるとされています。

音声言語は「話ことば」ともいわれ，声帯を振動させ，空気を粗密波に変え，相手の聴覚器官(鼓膜)に伝播させて，理解をうながすことばです。声に出したものを耳で受けとめて，話し聞く言語です。言語学，音声学の研究対象になっています。

それに対して文字言語は，書きことばといわれ，文字の発明により，音声言語では十分に目的を果たしえなかった部分，伝達の範囲が時間空間の範囲を超え，伝達内容が知的に複雑なものについては，文字によって視覚的に理解をうながすことばです。

そしてもう1つ，「行動言語」と呼ばれることばもあります。私たちの言語生活では「話し・聞く」，「読み・書く」という，音声，文字両言語の他に，「身振り」や「目くばせ」などで物

事を伝えようとすることもあります。これを行動言語といいます。身振り，手まね，顔の表情，動作，行動などで，音声言語による意味の伝達を補足したり，時には独自に何らかの意味を伝達しようとするものです。「身振りことば」，「身体言語」(Body Language)と呼ばれることもあります。「目は口ほどに物を言い」とはよくいったものです。

このように，言語には①「音声言語」と，②「文字言語」，③「行動言語」の3種類と，キャロルがあげた3次言語としての機械言語など特殊な言語があるとされています。

1．文字との出会い

世界の文字について見てみると，アルタミラの洞窟で発見された絵文字が歴史的に最も古いものとされています。紀元前2万5000年から2万年頃の，旧石器時代後期の洞窟画ですが，そこに絵文字も発見され，紀元前3100年頃のシュメール文字の，もっとずうっと古い文字だということがわかったのです。シュメール文字からエジプト文字が誕生し，フェニキア文字，ギリシャ文字，ラテン文字の誕生へと続いていきます。いずれも絵文字から派生していったものです。

やがて絵文字は，抽象化されて，記号的な性格を帯びた象形文字へ。さらに象形文字から楔形文字(くさび形文字)へと発展していきますが，現在，ロンドンの大英博物館に収蔵されているロゼッタ・ストーンに刻まれている碑文は，より文字としての形態を整えてきています。ナイル河口で1799年にナポレオン軍によって見つけられたもので，紀元前196年に布告された政令が刻まれています。

この碑文は3段に別れており，最上部が古代エジプト語の象形文字，次が古代エジプト語の民用文字，最後にギリシャ文字が記されています。この石碑が発見された当時，ギリシャ文字はすぐに解読されましたが，他の二字体は解読されていませんでした。多くの学者たちが研究に没頭しましたが，とりわけフランスのJ.F.シャンポリオンは20年余りにわたる骨の折れる解読作業の結果，ようやくこの二字体を解く鍵を見つけ，消え失せた文明の，長い間失われていた謎を解明することができたのです。

図2.2 ロゼッタ・ストーン
（大英博物館収蔵）

わが国の文字の歴史をざっとたどってみると，中国から漢字がもたらされたのが西暦400年とも500年ともいわれますが，その漢字から，カタカナ，ひらがなが生まれ，もともとわが国にあったとされる和語(やまとことば)と漢字が併用され，わが国の言語文化は文字文化によって作り上げられていきました。

漢字が中国から朝鮮半島をへてわが国に移入されたのは，西暦285年，応神天皇の第16年と記紀にありますが，どうもはっきりしません。

漢字もヨーロッパの言語と同様に，絵文字から派生して ⋀⋀ が「山」，///が「川」のように，文字自体が意味をもった象形文字となりました。

その漢字はまず，わが国の音韻体系にあわせて「音」で発音されました。そして，もともとわが国のことばである和語（やまとことば）と結びついて，漢字の「訓」の用法が成立しました。さらに漢字の「音」と「訓」の音声面を借りて万葉仮名が作られ，奈良時代には『古事記』『日本書紀』『万葉集』などが著されるようになりました。つまり，奈良時代には漢字の訓や万葉仮名などによる日本語表記がようやく定着したのです。漢字は「真名」と呼ばれ，形，音，義（意味）をもつ表意文字です。

9世紀末から10世紀初めの平安の中頃になると，万葉仮名を草書体に書き崩した草仮名から平仮名が生まれます。「以」→「い」，「呂」→「ろ」，「波」→「は」のように作りだされたものです。漢字が「男手」といわれるのに対し，平仮名は「女手」と呼ばれました。『伊勢物語』『古今集』の成立を初めとして，『源氏物語』『枕草子』などの出現で，平安時代の日本語が完成したと考えてよいでしょう。

一方，9世紀初めの平安初期には，万葉仮名から字画の一部を取り出して作られた音節文字である片仮名が使われるようになりました。「阿」→「ア」，「伊」→「イ」，「宇」→「ウ」のように作りだされたもので，僧侶が仏典を読むための記号として工夫された文字です。平安末期の『今昔物語』などが片仮名で書かれています。鎌倉時代には，漢字・片仮名まじり文が主流となり，説話や軍記物語が書かれました。

これが，室町時代には，平仮名が主流となり，次第に庶民にも広まり，漢字・平仮名まじり文が用いられました。またポルトガルの宣教師からローマ字が伝えられたことも，この時代の特色です。

江戸時代になると，寺子屋の普及，書物の流布，出版などで識字層が広がりましたが，武士と町人，上方と江戸などのことばの対立がみられるようになります。明治になって，諸外国からのことばが移入され，いわゆる外来語が使われるとともに，漢字と漢字を組み合わせて次々と漢語を造成してゆき，現在の文字体系に近いものへと変っていきました。

そして現在では，漢字，片仮名，平仮名，数字，ローマ字（アルファベット）などと，使用文字の種類が大変多くなっています。

デパートの売り場でこんなはり紙を目にしました。「Yシャツ一枚　¥3,000より」と書いてありました。このはり紙にはどんな種類の文字が使われているのでしょうか。

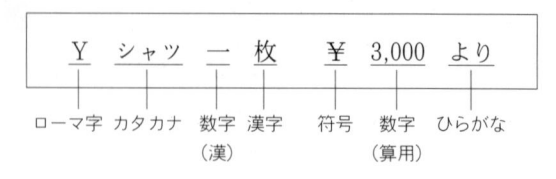

Y	シャツ	一	枚	¥	3,000	より
ローマ字	カタカナ	数字（漢）	漢字	符号	数字（算用）	ひらがな

このように5つの種類の文字と符号が使われているのがわかります。

文字にはある決まった形が必要で，その形にもとづいて，どう読み，どう発音するかが決められています。漢字には形と音のほかに意味が備わっています。この意味が備わっているということが重要で，漢字は意味を表す表意文字といわれます。そしてカタカナやひらがなは形と音を備えていますが，その文字自体が意味を表すことはありません。カタカナやひらがなは音

を表す文字なので表音文字と呼ばれます。

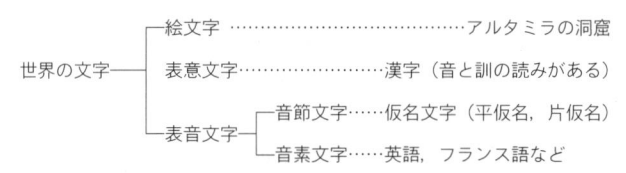

```
                   ┌─ 絵文字 ……………………… アルタミラの洞窟
世界の文字 ─┼─ 表意文字 ……………………… 漢字（音と訓の読みがある）
                   └─ 表音文字 ┬─ 音節文字 …… 仮名文字（平仮名，片仮名）
                                └─ 音素文字 …… 英語，フランス語など
```

　わが国の「ことばの教育」は，国語教育で，文字言語を主体とする教育が行われてきました。昔から「よみ，かき，そろばん」といわれるように，「よみ，かき」を中心とする教育です。音声言語・話しことばは普段使っているので，特別に学校で教える必要はないと考えられたのかも知れません。中学の段階で，英語教育が始まり，英語の発音の指導によって，初めて音声教育が行われるのが実情です。

　外国の場合では，アメリカやヨーロッパの各国とも，初等レベルから母音や子音の発音指導が取り入れられ，音声言語の指導が重要視されています。文部科学省ではここ数年，ようやく学校教育に音声言語の指導を取り入れることの大切さが認識され，「話し，聞く」ことの教育を始めましたが，指導内容も指導法も現場の工夫にまかされています。

2．音声言語（話しことば）の特徴

　文字は，絵文字を別にして，最も古いとされるエジプト文字が約5000年前に発明されたとされていますが，それ以前に言語がなかったわけではありません。人類（ホモサピエンス）の誕生とともに言語が使われていたとすれば，音声言語の歴史は5万年程度にはなります。文字の歴史はその10分の1程度にしか過ぎないのです。人類の歴史上最初にあったのは音声言語であり，文字言語はそのあとから生まれてきたものです。

　現在，世界には5000から8000の言語があるといわれています（『言語学大辞典』三省堂）。その言語のうち，固有の文字をもたない言語もありますが，音声をもたない言語はありません。むしろ世界の言語のなかでは，文字言語が完備していないもののほうが多いのです。

　日本語ですら文字言語が完備しているとはいえないのです。日本語には，ひらがな，カタカナ，漢字などの共通日本語を書く文字がありますが，日本語の方言を文字で書き表そうとしても，どうもうまくいきません。つぎのような語の東北訛りの発音を正確に文字で書くとしたら，どのように表記したらよいのでしょう。

　「寿司」→「すし」→（東北訛り）→?
　「獅子」→「しし」→（東北訛り）→?
　「煤」　→「すす」→（東北訛り）→?

　外国語を日本語の文字で正確に書き表すこともできません。発音記号の助けを借りなくてはなりません。ですから方言や外国語などの微妙な音レベルまで書くことのできる文字は日本語には完備されていないということがわかると思います。

　人間の言語習得の過程をみても，音声言語は，成長の過程でいわば無自覚的に覚えるのに対

して，文字言語は音声言語をある程度身につけた後，それを基礎に学習を始め，意識的な努力を積み重ねて身につけていくものです。これを怠ると文字言語をきちんと使うことができなくなります。文字言語は音声言語に追随しているのです。

　こうしたことから，音声言語こそ言語の最も自然な姿であり，一次的であり，文字言語はそれを，不完全ながら視覚に訴える形にした二次的な姿であるといわれるのです(10)。ヨーロッパでは，今世紀初頭，スイスの言語学者ソシュール(Ferdinand de Saussure　1857-1913)が，19世紀まで続いてきた歴史言語学の研究手法を改めて，言語の研究は文字の上ですすめるのではなく，音声言語そのものを研究対象にしてすすめなければならないと主張し，自らそれを実践し「ヨーロッパ構造言語学」という近代言語学を創設しています。

　ソシュール以前の言語学は，文献学をもとにした歴史言語学でしたが，音声言語を対象にした研究により，文献の解読は言語研究の中核ではなくなり，生きた言語が中核となりました。音声言語の録音，解析，合成ができるようになり，音声の研究は長足の進歩をとげました。しかも，A・B・S(Anarisis by Synthesis)＝合成音分析などによって，肉声の分析からエラー・ノイズなどの無駄な情報を排除した学際的な研究が行われるようになりました。

　音声言語の特徴を整理してみると，まず，
① 人類の歴史とともにあった言語は音声言語。
② 世界の言語のうちで，文字言語をもたなくても音声言語をもたない国や地域はない。
③ 音声言語の研究によって，科学的な言語研究ができるようになった(19世紀以降)。
④ 直接的であり，情報量が多い。普通，人間は1日20分は音声言語を発するといわれる。400字づめの原稿用紙にして20枚から25枚相当の情報量である。
⑤ 即時性がある。あらゆる言語行動にはどんな場合でも必ず脈絡(context)がついているが，それが，発話とともに消滅してしまうので，即時的なものである。その場限りのものなので修正，言い直しがきかない。
⑥ 人間が成長過程とともに習得してきた言語であり，日常的で誰にも理解されやすく，誰もが使える。日常的，卑近的である。
⑦ 音声には，その性質として高さ・強さ・音色．抑揚・リズムなどの特色があり，時間的な性格が強い。したがって，直接的に伝達者の感情をつたえることができる。

ことばの仕組み，文法的な側面からみると，
① センテンスが短い。
② 耳で聞いてわかる語，聞いて理解しやすい語が使われる。
③ 文の構造が単純。
④ 同じ語や文を繰り返すことが多い。
⑤ 主語などの文の成分が省略されたり，倒置されたり，補充されたり，繰り返されたりする。
⑥ 修飾語を用いることは比較的少ない。

⑦ 感動詞(間投詞,感嘆詞:あれ,え,おや),「ね,さ,よ」などの助詞,あいづち,指示語(コソアド)が多用される。
⑧ 待遇表現(敬語)が多い。
⑨ 漢語が用いられることは少ない。

音声言語は文字言語に比べて不都合な点も少なくありません。音声言語のデメリットとして,次のようなことが考えられます。

(1) 整合性に欠ける

音声言語を文字化してみると,論理の一貫性に欠けたり,文としての脈絡,ことばのつながり,語順などに統一性がないことがわかります。その日その時に必要とされるあらゆる情報をすべてとらえるということが難しく,つまみ取りのような表現,部分的な側面しか表出できません。これらの具体的な事実は音声言語を文字化することによって確認できますが,音声言語を文字化すること自体に問題がなきにしもあらずです。

音声言語はライブです。生きたことばなので,その時々の脈絡情報(context)によって発せられるので,部分的な情報にすぎないのです。

(2) 一過性

音声言語は音として伝わるものですから,その場で聞くだけで瞬間的に消滅してしまい,永続性がありません。保存がききません。記憶のなかの内容も時間とともに薄れてずれが生じやすいものです。複雑な内容を伝えるにはある程度の反復表現が必要です。この一過性の欠陥を補うために,現在では録音や録画が使われますが,録音や録画は,コミュニケーションの前後の脈絡を絶ち切った一部であることを認識する必要があります。音声言語による脈絡情報は再現できません。「ことばは消しゴムがきかない」といわれる所以です。

(3) 抽象化しにくい

音声言語は線条構造のため,高度に複雑な内容を表現したり,地図で示したりするのには不向きです。時系列的に,順次,時間にそって情報を繰り出してやらなければならないので抽象化しにくいということがあります。

(4) 話し手としての立場が保持しがたい

音声言語には,それを使用する立場が絶えず変わるという性質があります。特殊な場合を除いて,日常的には話し手・送り手が,同時に聞き手・受け手になるのです。ですから,話し手としてその立場を保持したいと考えるなら,音声言語の相互性を絶ち切らねばなりません。そのためには,講演とか講義,解説などの特別な場を設定しないと,一人勝手な長広舌と受け取られることがあります。

(5) 伝達範囲が限られる

　音声言語は，相手がたとえ見えないところにいてもかまいませんが，肉声が直接届く範囲でないと伝達できません。時間的・空間的に隔たっていて音声の届かない範囲では伝達ができないのです。したがって，時間的・空間的な隔たりのある場面での言語行動は文字言語に頼ることが多いのです。手紙のやりとり，記録の保存，大勢の人への周知・伝達などは，音声言語よりは文字言語の得意とする分野です。

　複雑なことの伝達は文字言語の視覚的効果に頼るほうがしやすく。音声言語による伝達に文字言語が補助的に使われることがあります。道順を教えるのに，音声言語の聴覚的効果だけよりも，文字と略図も駆使したほうが理解しやすくなるのは，そのためです。

　しかし，こうした音声言語のデメリットも電話，放送，録音，インターネットなどのIT（情報技術）の普及により，音声と文字のことばの二元構造にさまざまな変容がもたらされて，その実態が次第に変りつつあります。

注
(1)　城生佰太郎，松崎寛（1995）『日本語らしさの言語学』講談社　22ページ
(2)　三省堂編『言語学大辞典』三省堂
(3)　風間喜代三他（1996）『言語学』東京大学出版会　139ページ
(4)　George Yule（1987）*The Study of Language*　今井邦彦他訳　大修館書店　243ページ
(5)　城生佰太郎他　前掲書　117ページ
(6)　同上　124ページ
(7)　同上　30，31ページ
(8)　名柄迪（1992）『日本語教育能力検定試験傾向と対策Vol.1』バベル・プレス　15ページ
(9)　同上　22ページ
(10)　田中春美他（1993）『言語学演習』大修館書店　4ページ

第3章　日本語の音声

　私たちが何かを伝え合うとき，一番直接的なのはことばを声に出して表現するやり方です。声は発話意図にもとづいて「音」を組み合わせてできた「語」の音声表現です。語と語を組み合わせて多くのことばを造り，それが「文」となり，文をつぎつぎにつなげて表現することによってまとまった内容を伝えることができるのです。

　このことを逆に，文を区分けして語に分け，語を音に分け，その音を組み合わせると，また別の語になり，文に組み上げられることから，フランスの言語学者マルチネ（A. Martinet）は「言語は無限の生産性がある」ということを説きました。そのもとになるのが言語の二重分節性です。私たちが何かを伝え合うとき，ある内容をもった文をつぎつぎにつなげて表現していきますが，その文を最小の単位まで仕分けていくと，「単語・語」のレベルに細分化できます。この語のレベルで仕分けできることを，マルチネは第1分節と呼びました。

　次に，語を細分化すると，音のレベルに仕分けすることができます。そしてそれ以下には分けられないというところにいきつきます。この音のレベルでの仕分けのことを，マルチネは第2分節と呼びました。ある内容をもった文，表現は，語のレベルの分節性と音のレベルの分節性があり，この仕組みをマルチネは「ことばの二重分節性」といったのです。

　語のレベルの第1分節の単位は，日本語では漢字と漢字を結びつけて大変な数の漢語，ことばを造り上げていった例でもわかるように限りがありません。ところが第2分節の音のレベルの単位には限りがあります。日本語の場合，音の単位は111しかありません。音素という考え方からしますと，日本語では22前後，英語の場合なら三十数個しかありません。この少ない音を組み合わせることによって，数万あるいは数十万の「単語・語」が作られ，その単語を組み合わせることで無限の数の文，表現を作り出すことが可能になります。

　このことから，言語の仕組みにいかに「音」というものが大切な役割をになっているかということがわかります。

　さて私たちは，普段何気なく，「音」とか「音声」とか，「声」とか「言語音」とかいろいろな言い方をしていますが，それを表現する立場によって言い方が違います。音声学的な立場からは，「音声」とか「音」とか「言語音」といった言い方をします。その解釈は，音声学的には，声帯の振動の有無を経過して発せられたものを「音」と言い，「音」が口腔などで調音されたものを，時によって「声」と言ったりしています。

　では，その声はどのような仕組みで出るのでしょうか。

1　声とことば

　声の素材は呼気，つまり吐く息です。呼吸作用と大きな関係があります。
　肺から呼気が気管を通って声門に達します。声帯の入り口です。呼気は声帯を通過して，音になります。声帯を振動させる音と，振動させずにただ通過するだけの音に分かれます。そして音は発話者の意図に従って発音器官によって，ことばとしての音に加工されます。これを調音（ちょうおん）と呼びます。ことばとしての音は口腔（こうくう）や鼻腔（びくう）で共鳴を受けて，初めて音声として産出されるのです。
　発声のためには私たちの身体のいろいろな筋肉が働きます。発声は一種の筋肉運動なのです。
　人間が発声，発音する仕組みは，4つの機能から成り立っています。
① 　呼吸運動（肺から呼気を気管，声帯の開いたところ・声門を通す）
② 　声帯振動（有声音・無声音）
③ 　調音（唇，歯，口蓋，舌などで，ことばとしての音を作りだす）
④ 　共鳴作用（音の流れが，のど，口腔，鼻腔などの共鳴腔に広がって音色を持たせる作用。共鳴腔は，他に腹腔，胸腔，咽頭腔，頭腔などがある）

1．声と楽器

　声を出すことは，楽器を鳴らすことによく似ています。バイオリンは弓と弦で音が発せられますが，人間の声帯に当たるものが弦です。そして呼気に当たるものが弓です。バイオリンの胴に張られた4本の弦を弓で弾きますと，弦が振動しますが，実は，そこで発せられる音はごく小さなものです。その小さな音を大きく響かせるために，あのバイオリンの中の，中央がくびれた平たい箱のような本体が大切な役割を担っているのです。つまり共鳴作用をしているのです。
　発声の素材である呼気という点で考えますと，発声，発音は笛を吹くことにもよく似ています。笛は息を吹き込むと，その息が管を通って外へ出ていきます。笛にはマウスピースの部分，つまりピーという基本的な音を作る部分と，管の穴の部分があります。私たちはその穴を指で押さえて，音を調節していろいろな音を作り出しています。
　人間の場合には基本的な音を作る部分が「声帯」と呼ばれるところで，ちょうどノドぼとけの裏にあります。声帯で作られた基本的な音は，口腔や鼻腔で調節され，いろいろな声となって出ていきます。口腔と鼻腔が，笛では穴の沢山開いた，音を調節する部分にあたります。
　笛の場合はマウスピースの部分をうまく振動させないと，スーという息しか出ませんが，人間の場合は口を大きく開けて息を出すと，息の音だけのハーという音も，アーという声も出すことができます。

2. 声か息か

ノドぼとけのところに手を当ててみると、ハーと息だけのときは何も感じませんが、アーと声を出しているときは、手に震えを感じることができます。これは声帯の振動が伝わっているからです。

この声帯の振動を伴った呼気で作られる音を有声音といい、声帯の振動を伴わない単なる息で作られる音を無声音と呼んでいます。「あ」や「お」のような音は有声音、静かにしろの「シー」のような音は無声音です。

有声音を出してみましょう。ノドぼとけに指を3本横に当てて、「アー」と発音しましょう。声帯の振動が指に伝わってきます。無声音の場合はどうでしょう。息を吹きかけるように「ハー」と言ってみましょう。声帯の振動は指に伝わってきません。有声音か無声音か、声帯の振動の有無によりますが、ノドぼとけに伝わる振動で区分けがつきます。

ア、イ、ウ、エ、オと発音してみましょう。どれも声帯が振動しているのがわかります。母音は有声音です。

子音にも有声音があります。マ、ミ、ム、メ、モと発音してみましょう。子音の後にすぐ母音がくるのでちょっとわかりにくいかも知れませんが、これも声帯が振動しています。

バ、ビ、ブ、ベ、ボと発音してみましょう。これも声帯が振えます。

このように子音でも、鼻音やラ行音(弾き音―流音)、濁音や半母音(j, w)などは有声音です。そして、その他の多くの子音は無声音です。

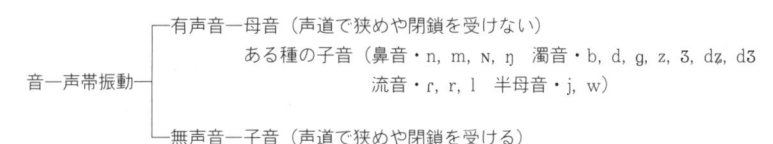

```
                ┌─有声音―母音（声道で狭めや閉鎖を受けない）
                │       ある種の子音（鼻音・n, m, N, ŋ  濁音・b, d, g, z, ʒ, dz, dʒ
音―声帯振動―┤                    流音・ɾ, r, l  半母音・j, w）
                │
                └─無声音―子音（声道で狭めや閉鎖を受ける）
```

これらの音が発音されているときの声門の状態は次のようになっています。

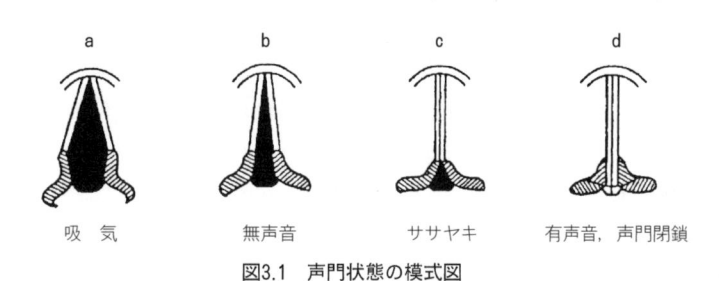

a	b	c	d
吸　気	無声音	ササヤキ	有声音，声門閉鎖

図3.1　声門状態の模式図

3. 日本語の音はいくつあるか

日本語の音はいくつあるのでしょうか。五十音図を思い浮かべてみましょう。五十音図は清音のほかに濁音やパ行音などの半濁音、それに拗音などがあって、実際の音は50音をはるかに

```
           ─── 44 ───                    ─── 23 ───
    ア カ サ タ ナ ハ マ ヤ ラ ワ      ガ ザ ダ バ パ      ガ
    イ キ シ チ ニ ヒ ミ   リ        ギ ジ ヂ ビ ピ      ギ
    ウ ク ス ツ ヌ フ ム ユ ル        グ ズ ヅ ブ プ      グ
    エ ケ セ テ ネ ヘ メ   レ        ゲ ゼ デ ベ ペ      ゲ
    オ コ ソ ト ノ ホ モ ヨ ロ (ヲ)    ゴ ゾ ド ボ ポ      ゴ
           ─── 33 ───
    キャ シャ チャ ニャ ヒャ ミャ リャ ギャ ジャ ビャ ピャ  ギャ
    キュ シュ チュ ニュ ヒュ ミュ リュ ギュ ジュ ビュ ピュ  ギュ
    キョ ショ チョ ニョ ヒョ ミョ リョ ギョ ジョ ビョ ピョ  ギョ
```

超えます。

　五十音図の上の欄のア行からワ行までは，44音あります（「オ」と「ヲ」の区別を認めていない）。

　上の欄の右側，濁音，半濁音はガ，ザ，バ，パ行が5音ずつ，ダ行のヂ，ヅの発音は，共通語ではジ，ズの発音と区別がありませんので，3音になります。この欄は23音です。

　下の欄の拗音は，各行とも3音ずつで，33音あります。

　ここまでで，44＋23＋33で，ちょうど100音になります。

　さらに，日本語の発音には，この他に大事な要素があります。それは，はねる音・撥音の「ン」，つまる音・促音の「ッ」，長音の「ー」の3つです。先程の100音に撥音，促音，長音の3つを加えて，103になります。

　上の欄の右端のガ行鼻音（鼻濁音）という鼻に抜けるガ行音を含めると，ガ，ギ，グ，ゲ，ゴ，ギャ，ギュ，ギョの8音がプラスされて111音となります。

　日本語の発音の単位は単音で111音，拍数でも111拍となります（金田一春彦氏は「ヲ」を認めて，112音としている）。

4．音節（シラビーム）と拍（モーラ）

　日本語の音の単位は111あるということがわかりましたが，これらの音のつながりによって，ことばができています。ことばをはっきり発音しようとすると，「あ・し・た」のように，区切りの間隔がほぼ同じようになります。このことから日本語には等拍性があるといわれます。

　このように時間的にほぼ等しい長さで区切って発音される仮名1文字に相当する音の単位を「拍」（モーラ）と呼びます。

　「音節」が子音と母音の結合によるひとかたまりの音群であるのに対して，「拍」というのは，音声化に際して生じるリズム上の単位です。「かな1文字が1拍」です。俳句や短歌を詠むとき指折り数えることがありますが，これが「拍」の単位です。撥音「ん」，促音「っ」，長音「ー」は特殊拍と呼ばれ，これも1拍です。

　拗音の場合は，「きょう」（今日）と「きよう」（器用）を比べてみると，どこか違いが感じられます。「きゃ，きゅ，きょ」のような拗音は，仮名2文字で1拍と数えます。

　音節として考える場合は，特殊拍の「ん」，「っ」，「ー」は，前の拍について2拍で1音節を

形成することになります。
　　音節：音声学的音節～音そのものを解析
　　　　　音韻論的音節(シラビーム)＝子音と母音の結合による音群
　　拍（モーラ）：音節とは別の概念，音声化によるリズム上の単位。
　　　　　　　構造言語学・プラーグ学派のロシアのトゥルベツコイ（Trubetzkoy 1939)が
　　　　　　　モーラと呼び，これを日本で服部四郎氏が取り入れた。
　　直音：仮名1字で1拍1音節
　　拗音：仮名2字で1拍1音節(ウィ，ツェ，など，外来語の表記も1拍1音節)
　　特殊拍は，
　　　　①　撥音「ん」：/N/
　　　　②　促音「っ」：/Q/（または/T/）　　2拍で1音節
　　　　③　長音「ー」：/R/
促音の/Q/または/T/はIPA(国際音声字母)にはありません。長音の/R/もIPAの用法とは違います。

[拍と音節の対比]⁽¹⁾
　　A　直音，拗音　　「い」「さ」「か」「しゅ」……単独で1音節
　　B　撥音　　　　　「ん」
　　C　促音　　　　　「っ」　……Aに付いて2拍で1音節
　　D　長音　　　　　「ー」
1音節・1拍
　　　直音，拗音　「い」「さ」「か」「しゅ」
1音節・2拍
　　　（直音，拗音）＋　撥音　　A＋B「いん」「さん」「かん」「しゅん」
　　　（直音，拗音）＋　促音　　A＋C「いっ（た）」「さっ（た）」「かっ（た）」
　　　（直音，拗音）＋　長音　　A＋D「イー」「サー」「カー」「シュー」
1音節・3拍
　　　（直音，拗音）＋長音＋撥音　　A＋D＋B「カーン」
　　　（直音，拗音）＋長音＋促音　　A＋D＋C「かーっ（と）」
1音節・4拍
　　　（直音，拗音）＋長音＋撥音＋促音　　A＋D＋B＋C「ウィーンッ（子）」

この事例からもわかるとおり，直音，拗音に関しては音節と拍の数は一致しますが，撥音，促音，長音が加わると，カウントの仕方が異なります。特殊拍は，音節として考えるといずれも前の拍について1音節で数え，拍として考えるといずれも2拍で数えます。つまり2拍で1音節を形成することになります。

[実際例]

	ことば	日本語	勝った	共同
拍	コ・ト・バ（3）	ニ・ホ・ン・ゴ（4）	カ・ッ・タ（3）	キョ・ー・ド・ー（4）
音節	コ・ト・バ（3）	ニ・ホン・ゴ（3）	カッ・タ（2）	キョー・ドー（2）

演習 3.1

次の語の音節数と拍数を書き入れなさい。

複写　　散髪　　三号車
マント　カッター

演習 3.2

次の語の音節数と拍数を書き入れなさい。
(1) ベランダ　　コンピュータ
(2) 東京都　　　大阪
(3) 客観的　　　コミュニケーション
(4) 瞬間　　　　出発

5．日本語の音素

　ことばによるコミュニケーションでは，人それぞれに厳密な意味で音の出し方が違っています。しかしそのことは，何らコミュニケーションに支障を与えません。

　「ハナシ」と言っても，「ハナスィ」と言っても，[hanaɕi] と言っても，それこそ話が通じてしまいます。何故でしょうか。実は私たちは，実際に聞こえてくる音のなかから必要なものだけを聞き出して，不要な音は通常は無視しているので，「スィ」でも [ɕi] でも一向にかまわないのです。

　「さか」でも「θaka」でも，人は"slope"の意味と解釈して話をすすめます。ところが「たか」という言い方をすると，"slope"の意味からは全くはずれてしまいます。どんな音ならば意味が変らないで，どんな音ならば意味が変るのでしょうか。

　音の仕組みを考えるとき，意味の違いをもたらす音の違いは重要です。この「意味を区別する働きのある最小の音の単位」を音素といいます。その音素を体系化して考えたものを音韻と呼んでいます。音声学上の単音とはべつのものです。表記は//内に書いて示します。

　その音素の取り出し方の一つにミニマルペアー（最小対語）を見つけるというやり方があります。「赤」/aka/と「朝」/asa/のように，1カ所だけ違い，あとは全く同じ1対の語をミニマルペアーといいます。「赤」/aka/と「朝」/asa/では，/a—a/という環境で，/k/と/s/の1カ所だけの違いで意味が異なるので，/k/と/s/は別々の音素であるということがわかります。つまりある音が別の音と同じ環境に現れ，しかも意味を区別するならば，それらの音は対立して

います。このように対立する音を音素といいます。

ミニマルペアー(最小対語)から音素を導きだすと、日本語の音素は次のようになります。
① 母音音素
/a, i, u, e, o/の5つで、比較的簡単な構造である。このような5母音音素の言語は、世界の言語のなかで26％をしめ、最も一般的だといわれる。アラビア語、タガログ語、沖縄首里方言などは/a, i, u/の3つ、名古屋方言は8つぐらい、英語、フランス語では母音音素は10を超える。拍との関係で考えると、母音音素は単独でも1拍になる。
② 子音音素
日本語の子音音素については、学者によって数え方が異なる。現行一般的なのは、子音音素と特殊音素を合わせて17個としている。

カ、ガ、バ、パ行のk, g, b, p　　タ、テ、トのt　　ダ、デ、ドのd	（閉鎖音）	6個
サ、ザ、ハ行のs, z, h	（摩擦音）	3個
チ、ツのc（服部式）	（破擦音）	1個
ナ行のn、マ行のm（ŋについては、音素の異音として考える）	（鼻音）	2個
ラ行のɾ	（弾き音）	1個
この他に、半母音のヤ、ユ、ヨの母音を除いたj、ワの母音を除いたwがある。		2個

③ 特殊音素
撥音「ん」の/N/、促音「っ」の/Q/（長音を入れる学説もある）　　　　　　　2個

日本語の子音音素
```
p - t - s - k
|   |   |   |
b - d - z - g
|   |   |   |
m - n - ɾ - h
```
左の図に見るように、17個の子音音素を数えることができる。
両唇音/p, b, m/　歯（茎）音/t, d, n/　歯茎音/s, z, ɾ/
軟口蓋音・声門音/k, g, h/の他に、破擦音チ、ツの/c/
半母音の/j, w/　撥音の/N/　促音の/Q/（長音を入れる学説もある）

このことから、日本語の音素は、母音音素と子音音素を合わせて22前後ということになります。

先程のミニマルペアー、「さか」/saka/と「たか」/taka/を見てみると、/―aka/という環境に音素/s/、/t/がついて意味の違いがあり、/s/と/t/は/―aka/という環境では対立していますので、これを音素と呼ぶのはすでに説明のとおりです。同じ環境で2つの音がそれぞれ意味の違いをもたらすことを「対立的分布」といいます。

「さか」という語は、実際に発音されるときは、ある人は[saka]と発音し、またある人は[θaka]と発音するかも知れません。でも意味の違いは起きません。このように音素/s/は実際に発音するときは[s]や[θ]という音で表されることになります。このような同一音素に属する音を「異音」といいます。

異音のうち、[s]や[θ]のように同じ環境で自由に入れ替わり、意味が変らないことを

「自由変異」といい，こうした異音を「自由異音」といいます。

英語の場合では［siŋk］と［θiŋk］では全く意味が異なりますので，［s］と［θ］はそれぞれ別の音素とされます。このような音素は言語によって異なった体系をもっています。

次に音声的によく似た音が，ある特定の環境，つまり出現場所が決まっているような環境に出てくる異音を「条件異音」といいます。たとえば，音素/h/がある特定の環境/i/の前ならば［ç］という条件異音が現れます。

この日本語のハ行の発音は，大変特殊で，ハ［ha］，ヒ［çi］，フ［ɸɯ］，ヘ［he］，ホ［ho］のように3つの異音（子音）が現れます。しかもこの3つの異音（子音）はア，イ，ウ，エ，オの5母音と相補うように結びついています。［h］は［a, e, o］の前，［ç］は［i］の前，［ɸ］は［ɯ］の前にだけ現れるという具合に，それぞれ現れる環境が違うので，相補的分布をなすという言い方をします。

相補的分布をなすものは次の通りです。

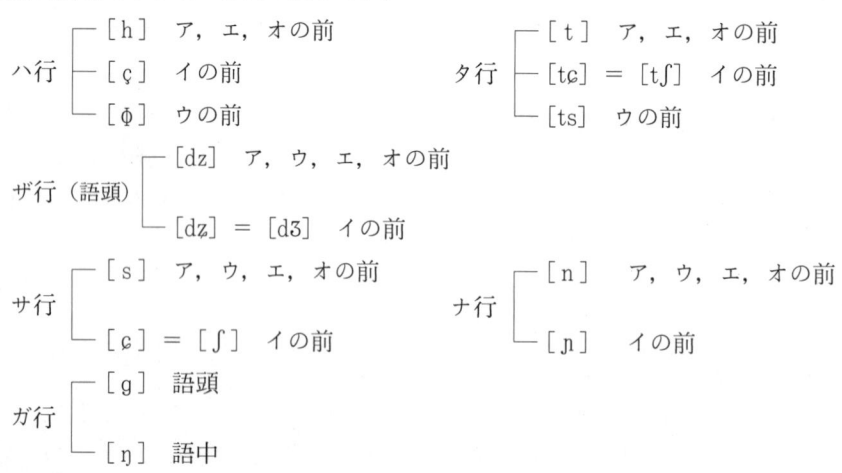

ハ行
- ［h］　ア，エ，オの前
- ［ç］　イの前
- ［ɸ］　ウの前

タ行
- ［t］　ア，エ，オの前
- ［tɕ］＝［tʃ］　イの前
- ［ts］　ウの前

ザ行（語頭）
- ［dz］　ア，ウ，エ，オの前
- ［dʑ］＝［dʒ］　イの前

サ行
- ［s］　ア，ウ，エ，オの前
- ［ɕ］＝［ʃ］　イの前

ナ行
- ［n］　ア，ウ，エ，オの前
- ［ɲ］　イの前

ガ行
- ［g］　語頭
- ［ŋ］　語中

演習 3.3

次の解説文を読み，(1)〜(3)に入る適当な子音の音声記号を，また(4)〜(8)に入る適当な母音の音声記号を記入しなさい。

> 日本語のハ行の子音には3つの音が現れる。いずれも無声の摩擦音で，1つは声門の（　1　），1つは硬口蓋の（　2　）1つは両唇の（　3　）である。これらの子音はそれぞれ異なる母音の前に立つ。
> 　(1)は母音（　4　）（　5　）（　6　）の前。
> 　(2)は母音（　7　）の前。
> 　(3)は母音（　8　）の前。
> 　これらの3つの子音は，相補う形で5つの母音と結合するので「相補的分布」をなすという。相補的分布をなす類似した音は1つの音素の異音とみなされる。したがって，［h］［ç］［ɸ］は音素/h/の異音ということになる。

6．実際の発音と音素

　舌の位置，唇の状態，口の開きなどを確かめながら「三番」「三段」「三階」「三人」「三」を順に発音してみましょう。

　「サン」の「ン」に注意してください。同じように「サン」と聞こえても，この5つの「ン」は発音の仕方が違っていて，それぞれ別の音であることに気がつくはずです。どう違っているのでしょうか。

　三番の「サンバン」と言ったときの「ン」の音の状態は，唇をつぐんでいます。

　三段の「サンダン」と言ったときは，「ン」の状態は舌先が歯茎についています。

　三階の「サンガイ」と言ったときは，「ン」の音の状態は舌の奥が口蓋の奥に接して，音が鼻に抜けるようになっています。

　三人の「サンニン」と言ったときは，「ン」の音の状態は舌先が硬い口蓋についています。

　三の「サン」と言ったときは，「ン」の音の状態は，舌の奥と口蓋の奥の一部が接していることがわかります。

　これを発音記号で表示しますと，

　　三番　[saᵃmbaᵃN]　　　　　　　　┌─[m]　両唇音（p, b, m）
　　三段　[saᵃndaᵃN]　　　☞/ん/ →　├─[n]　歯茎音（t, d, n, ɾ, ts, dz, tɕ, dʑ）
　　三階　[saᵃŋŋai]　　　　（撥音/N/）├─[ŋ]　軟口蓋音（k, g, ŋ）
　　三人　[saᵃɲɲiN]　　　　　　　　　├─[ɲ]　歯茎硬口蓋音（硬口蓋音）（ɲ）
　　三　　[saᵃN]　　　　　　　　　　└─[N]　口蓋垂音（語末N）

　その他，撥音/N/の後に母音（a, i, ɯ, e, o），半母音（j, w），摩擦音サ，シ，ザ，ジ，ハ行（s, z, ɕ, ʑ・z, h, ç, ɸ）がくるときは鼻母音となります。鼻母音は一般に[Ṽ]で表しますが，[Ṽ]意外に，次のように表記されることもあります(発音記号の上の〜は鼻音化の符号です)。

　　[ɾeṼai]・[ɾeẽai] [ɾeãai] 恋愛，　　　[koṼja]・[kojja] 今夜，

　　[keṼsa]・[keᵉNsa] 検査，

　　[tokɯsaṼɕiN]・[tokɯsaᵃNɕiN] 特産品

　このような発音の仕方の違いによって，音素/N/の実際音，つまり音声は同じ「ン」に聞こえても，実は[m, n, ŋ, ɲ, N]の音だったりして，厳密には異なった音だということがわかります。この場合，音素/N/には/m, n, ŋ, ɲ, N/の条件異音があり，相補的分布をなしているという言い方をします。

　以上を整理すると，音素/N/の異音は，

　　撥音の後に続く子音がない語末であれば……………………………/N/ [saN]

　　後に続く子音がp—，b—，m—の両唇音であれば　…………/m/ [samban]

　　後に続く子音がt—，d—，n—の歯茎音であれば………………/n/ [sandan]

　　後に続く子音がk—，g—，ŋ—の軟口蓋音であれば……………/ŋ/ [saŋŋai]

　　後に続く子音がɲ—の歯茎硬口蓋音（硬口蓋音）であれば　……/ɲ/ [saɲɲiN]

撥音/ん/はそれぞれの条件によって、別の音であることがわかりました。「あんぱん」「あんたい」も同じ「ん」と意識されますが、実は異なった音なのです。

また、「一杯」イッパイ、「一体」イッタイ、「一切」イッサイなどの、小さい「ッ」で表される促音の音声も、同じように注意してみると違う音声だということがわかるはずです。

音素/Q/には/p, t, s, ……/の条件異音があるという言い方をします。

ちなみに促音と撥音の国際音声字母によるIPA表記は次のようになります。

/イッパイ/ [ip̚p'ai]　　/アンパン/ [amp̚p'aN]

私たちは耳で音を聞いていますが、耳には選択性があって、雑音や騒音のなかから必要な音だけを選んで聞いています。言語音に関していえば、「意味の区別」に関係のない音声は、音として耳に入ってきても無視しているのです。言語によって音素は異なっていますので、ある言語で意味を区別するために使われる音素が、他の言語では無視されるということがあります。このため外国語を聞き取ることが難しいのです。

日本語　[saka] [θaka] は、[s] でも [θ] でもいずれでもかまわない。/s/の自由異音 s, θ
英語　　[siŋk] [θiŋk] では、意味の区別にかかわる別々の音素。/s/, /θ/

7. 開音節構造から見た発音

音の単位に、音素としての考え方、拍や音節としての考え方があることがわかりました。音素は意味を区別する最小の音声的単位です。ある言語の音の組織を考える上での抽象的な音の単位です。ローマ字表記のときローマ字1字で表されるものです。

また、拍は仮名1文字に相当し、音声化に際して生じるリズム上の単位です。

では音節はどうでしょう。音節は形態素や語の構成要素であって、母音1個を中心とした発音上のひとまとまりを音節といい、それ自体は意味を表しません。この「音節」ということから日本語の発音を見てみましょう。

次のことばを発音してみてください。そして、ことばの終りの部分に注意してください。「ことば」「日本語」「父」「母」。どのことばも語末の音は、母音で終わっていることがわかります。日本語の音節はいつも母音で終わるという大きな特色があります。ほとんど、母音1個の前に子音1個という組み合わせになっています。このように、母音で終わるものを開音節構造といい、CV構造とも呼びます（ConsonantとVowelの繰り返し）。世界的に見て最も単純な音節構造です。

日本語の他、イタリア語やスペイン語も開音節構造なので、日本人にとっては発音しやすい言語です。これに対して、英語やフランス語は、母音の前だけでなく後ろにも子音がつく言語、子音で終わる言語です。このような言語は閉音節言語、CVC構造といわれます。ヨーロッパの諸言語の大部分や朝鮮語(学術用語)などがそうです。

もう少し具体的に説明しますと、「カ」「キャ」「カー」などのように母音で終わる音節を開音節、「カン」「キャン」「カッ」「キャッ」などを含めて、子音で終わる音節を閉音節というの

です。日本語でも，撥音・促音を含む音節は例外的に閉音節です。

開音節構造のことばを話す日本人は，英語の最後の子音に母音をつけて，"nock" を「ノックウ」のように発音してしまったり，英語を聞くとき最後の子音が聞き取れなかったりすることがありますが，2つの言語の構造の違いによるものです。

また，英語には短い [o] や [e] で終わる音節がないので，日本語の「酒」「いじめ」などの発音が「サキー」[saki:]となったり，「イジーメィ」[idzi:mei] のような二重母音になったりしがちです。外国人が「きれいな着物ですね」と発音しますと，「キレーィナキモーゥノゥデスネーィ」という具合に聞こえます[2]。

外国人学習者が，開音節言語の日本語を話すときに，なかなか発音が思うようにいかないことがいくつかあります。「ン・ッ・ー」の特殊拍の場合によく見られます。

① 撥音/ん/の場合

音節としての音連続の発音がしにくいということがあります。「ニ・ホン・ゴ」（日本語）と発音するのに「ニ・ホ・ゴ」となったり，「ニ・ホ・ン・ゴ」と，4拍の間延びした発音になったりします。これは，「ニ・ホン・ゴ」という音節としてのとらえ方をしっかり教える必要があります。

また撥音/ん/は，後ろに母音がくると鼻母音になりますが，これを鼻音化しないで，逆行同化で，リエゾンさせて言うことがあります。

「本を読む」が「ホ・ノ・ヨ・ム」になったり，「日本へ来ました」が「ニ・ホ・ネ・キ・マ・シ・タ」になったりします。これも音節としての音連続で「ホン・ヲ・ヨム」，「ニ・ホン・ヘ・キ・マ・シ・タ」のように指導することが必要です。

ある音が，その前後の音の影響で変化する現象を同化といいます。順行同化や逆行同化などがあります。

＊順行同化：前の音が後の音を同化する。

　　cat [kæt] → cats [kæts̠]（無声子音の後では無声音）

　　dog [dɔg] → dogs [dɔgz]（有声子音の後では有声音）

　　英語の複数の －s の発音は，前が無声子音のときは無声音の [s]（cats [kæts]），前が有声子音のときは，有声音の [z]（dogs [dɔgz]）のようになります。このように前の音が後ろの音を同化するのを順行同化といいます。

＊逆行同化：後の音が前の音を同化する

　　news [nju:z] → newspaper [nju:speipə]

　　news [nju:z] の [z] の後ろに paper の [p] の音，つまり無声子音がくると，その影響で news [nju:z] の [z] が無声音の [s] の発音になります。このように後の音が前の音を同化するのを逆行同化といいます。

撥音や促音を発音するとき，次の音と同じ口の構えとなるのも逆行同化の一つです。

② 促音の場合

促音としての1拍分の間が取りにくい傾向があります。

「ニッ・ポン」というように促音のついた前の音を発音した段階で，後続子音［p］の口の構え（逆行同化）をとっているため，促音の1拍分の間が設定しにくく，「ニッ・ポン」と発音するところが「ニ・ポン」になってしまいます。欧米系，英語圏の学習者には/pp/では，stop point, /tt/では，what time, /ss/では，bus stop などの発音で拍感覚を思い起こさせることができます。1拍分の間の設定です。

③ 長音の場合

連母音化しやすいということがあげられます。たとえば，「ケー・ザイ」（経済）［ke:zai］が「ケ・イ・ザ・イ」[keizai]となりやすい傾向があります。

また，長母音と短母音を混同しやすいという傾向もあります。たとえば，「コー・トー・シ・モン」（口頭試問）が「コ・ト・シ・モ・ン」になりがちですので，要注意です。

2 日本語の発音(1)

私たちが音声を発するためには，音声器官に頼らなくてはなりません。音声器官は音声を発することと同時に，呼吸をしたり，ものを食べたり飲んだり，つまり生命を維持していく上での大切な器官です。

私たちは発音するときに，普段は音声器官がどのように働いているのかを意識することがありません。それでも大脳から「音を発しなさい。発音しなさい」という指令が出ると，音声器官を働かせて指令通りの音を出そうとします。私たちは発音するときに音声器官をどのように使っているのでしょうか。ノドから口の中，顎（あご）の状態，舌の動きなどに関心をむけてください。そして音声器官の名称や位置を図で確かめて，舌の位置，唇の形などを実際に確認しながら日本語の発音について考えてみましょう。

1．音声器官

まず舌で上の門歯の裏側を探ってみてください。そうすると歯の後ろにプクッとした小さな膨らみがあるのに気がつきます。これを「歯茎（しけい）」といいます。

次にもう少し舌先を後ろにやって上顎（うわあご）を探ります。そのときに歯茎からそのまま後ろに舌先を送りますが，同時に左右に舌を動かして探ってみてください。左右にギザギザ，デコボコのあるのに気がつきます。歯茎から舌先を後ろに送ってデコボコの始まりの辺り，少し硬くなっているところを「硬口蓋歯茎（こうこうがい）」といいます。

舌をもう少し送りますと，デコボコの部分の真ん中辺り，少しくすぐったく感じるところがあります。そして硬いです。ここを「歯茎硬口蓋」といいます。

さらに舌を送り，デコボコの終わりかけた硬いところを「硬口蓋」といいます。一般に「硬口蓋歯茎」と「歯茎硬口蓋」を含めて，単に「硬口蓋」ということもあります。

もう少し舌を後ろというか奥に送ってみましょう。すると柔らかい部分にさしかかります。ここを「軟口蓋」といいます。

それ以上は舌先を奥の方に送るのは困難になるので，今度は鏡で上顎の奥の方を見てみましょう。口蓋の垂れ下がった部分が見えます。「口蓋垂」です。その口蓋垂の少し上の方で，口蓋垂と一緒に動かすことのできる部分，これを「口蓋帆」と呼んでいます。

自分の口の中，上顎の部分を舌で触ってみて，名前と照らし合わせてみると具体的で実感が湧いてくるのではないかと思います。

今度は舌を見てみましょう。[θ]の音を出してみてください。舌の先が前歯で軽く挟まれています。その前歯に軽く触れている部分を「舌先」あるいは「舌尖」といいます。次は，口を軽くつぐんで唾を飲み込みます。そして唾を飲んだときの舌の状態を意識します。この時に，歯茎に接している部分を「舌端」といいます。

そして同じように口をつぐんで唾を飲み込んだときの舌の状態をもう一度意識しましょう。今度は舌端の後ろの方を意識してください。硬口蓋に向かい合っているところを「前舌」，軟口蓋に向かい合っているところを「後舌」または「奥舌」といっています。そして「前舌」と「後舌」の中間を「中舌」と呼んでいます。この舌の位置，状態については，図を見てもなかなかわかりにくいですから，口の中の状態を意識して，具体的に覚えていくのがよいでしょう。

いま舌先で探った上顎の部分や上唇などの部分は，顔の構造として固定していますので動かせません。これを「調音点」といいます。これに対して，下顎や下唇，舌などの動く方を「調音者」といいます。

演習 3.4

音声器官（調音器官）の名前を書き込んでください[①]。

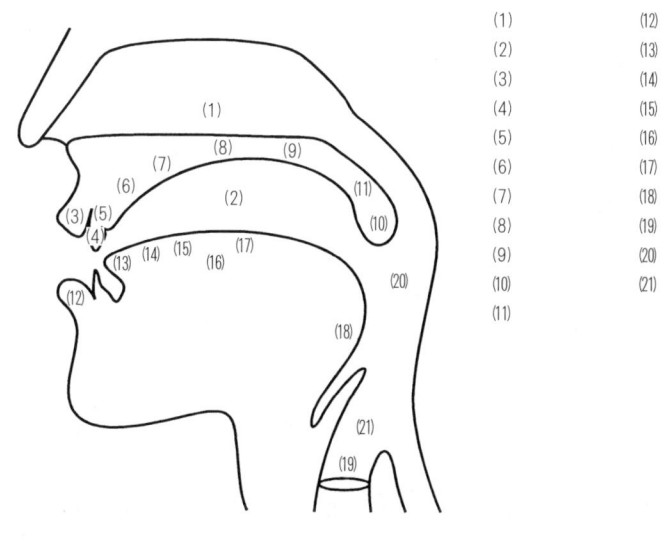

(1)　　　　(12)
(2)　　　　(13)
(3)　　　　(14)
(4)　　　　(15)
(5)　　　　(16)
(6)　　　　(17)
(7)　　　　(18)
(8)　　　　(19)
(9)　　　　(20)
(10)　　　 (21)
(11)

図3.2　音声器官とその名称

2．調音点と調音法

　声帯のある喉頭から，咽頭，口腔，鼻腔を含めて，口唇に至るまでの空間を「声道」と呼びます。そして，声道上部の余り動かない部分(上唇，上歯，歯茎，硬口蓋，軟口蓋など)を「調音点」と呼び，比較的動きやすい下唇，舌などを「調音者」と呼びます。

　声帯の振動により有声音か無声音かに区分けされた音は，ノドの上部にあたる咽頭をへて，口の中(口腔)に送られます。そして時には鼻腔にも送られます。ここでは主に「舌」の上顎に向かっての運動，あるいは「下唇」の上唇ないし上の門歯に向かっての運動によって，それぞれにふさわしい変調がかけられ，さまざまな音色が作られます。この調音点と調音者で行う音の狭めや閉鎖による変調作用を「調音法」といっております。つまり発音の仕方をさしております。

　音声を考えるとき，「どこで」といったら調音位置のことをさしますが，それは調音点の位置で決まります。「どんなふうに」といったら調音法のことをさします。調音点の位置と調音者の状態で決まります。通常その調音法で発音される音の名前を使い「～音」のように呼びます。

演習 3.5
自分の口で確認しながら，①～⑩で示される調音点の名前を書き入れなさい。

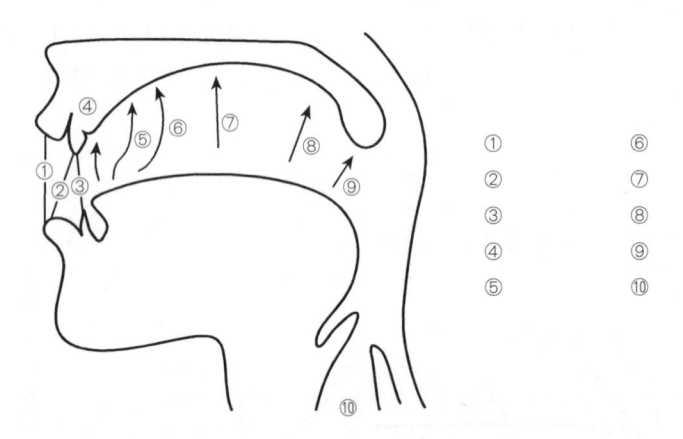

① _____　⑥ _____
② _____　⑦ _____
③ _____　⑧ _____
④ _____　⑨ _____
⑤ _____　⑩ _____

演習 3.6
次の語の語頭の子音がどこの調音点で作られているか明記しなさい。

(1) とり (　　　)　(2) しか (　　　)　(3) ねぎ (　　　)
(4) さか (　　　)　(5) へや (　　　)　(6) ライオン (　　　)
(7) ブリ (　　　)　(8) かばん (　　　)　(9) ひげ (　　　)
(10) しし (　　　)　(11) テン (語末のン) (　　　)　(12) つき (　　　)
(13) くつ (　　　)　(14) five (　　　)

　さて，日本語の発音は母音単独か，[子音＋母音]の形で発音されます([ン]だけは例外)。
　母音は私たちの耳に心地よく響き，音が安定していて発音しやすい音です。母音の発音が悪

いと，すべての発音の切れ味が悪くなってしまいます。

日本語の発音のなかで，母音はどのような仕組みで発音されるのでしょうか。

3．母音の発音

肺から気管を通ってきた呼気が声帯の振動を伴い，口の中で共鳴を起こして，口から発せられる音で（鼻音化したものは鼻からも発せられる），声道（声の通り道）を狭めたり，ふさいだりしないで発音される音を母音といいます。口腔内にいかなる気流の妨害も伴わずに調音されます。

共通語の母音には，イ，エ，ア，オ，ウの5つがあります。この5つの音の違いは音色の違いです。声帯を通って出てくる音は，通り道にある空洞（喉頭，咽頭，口腔，鼻腔など）に共鳴していろいろな音形を作ります。空洞の形を変えますと音色が変わります。

たとえば，舌の位置を変えることによって口の中の共鳴腔の容積が変化し，音の響きが変って母音の音質が変わります。音色の違いが生じます。舌は前にも後ろ（奥）にも，高くも低くも動かせます。「イ，エ，ア，オ，ウ」と発音すると，「イ，エ，ア」の順に，舌の位置が上顎の唇寄りの位置からだんだん下っていきながら口の奥の方に引かれ，「オ，ウ」で，また上がっていくのが，何となくわかると思います。

母音の発音は，①舌の位置　②口の開け方（開口度）　③唇の形（円唇，非円唇）により，口の中の共鳴腔が変化して，大別して5つの種類の音色となるのです。

(1) 基本母音

母音を舌の位置や，口の開き方，唇の形などから考えて，どのように分類できるのでしょうか。イギリスの言語学者ダニエル・ジョーンズ（D. Jones）は生理的な観点から母音を分類しようとして，X線による実験によって，第1次基本母音と第2次基本母音という考え方を提唱しました。これは，母音の発音による記述の基準となるものです。

ジョーンズは，母音を発音するときの舌の位置の限界を次のように考えました[②]。

1　舌が最も高く，最も前に出た状態　　　i
2　舌が最も低く，最も前に出た状態　　　a
3　舌が最も高く，最も奥に引っ込んだ状態　ɯ
4　舌が最も低く，最も奥に引っ込んだ状態　ɑ

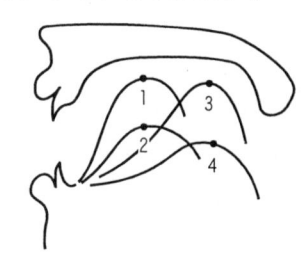

この4つの音を基準にして，1と2の間，3と4の間を3等分した中間の高さを含めた合計8カ所を舌の基準の位置として定めました。そして唇の丸めを考慮に入れた16個と，非円唇中舌狭母音［i］と円唇中舌狭母音［ʉ］を加えて，18の母音を基本母音としました。

これを模式化したのが図3.3です。

図の外側に位置する8つの母音が第1次基本母音です。

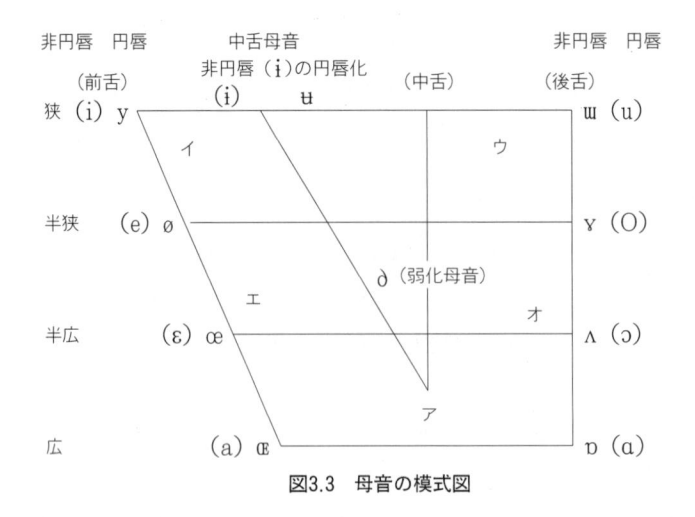

```
              非円唇  円唇     中舌母音          非円唇  円唇
              （前舌）   非円唇（ɨ）の円唇化  （中舌）   （後舌）
                    (i)   ʉ
       狭  (i) y                            ɯ (u)
                     イ            ウ
       半狭  (e) ø                          ɤ (O)
                                ə (弱化母音)
                          エ           オ
       半広  (ɛ) œ                          ʌ (ɔ)
                               ア
       広   (a) ɶ                           ɒ (ɑ)
```

図3.3　母音の模式図

中舌母音
「言う」［iɯ］と発音すると舌が前後に移動するのがわかる。［ʉ］に近い音になる。
［ɯ］の位置で［i］と発音すると［ɨ］に近い音になる。東北方言の［ɕiɕi］

[i]：非円唇　前舌狭母音
[e]：非円唇　前舌半狭母音
[ɛ]：非円唇　前舌半広母音　米語の end, seven の発音にみられる。
[a]：非円唇　前舌広母音
[ɑ]：円唇　後舌広母音　米語の hot[hɑt], 通称あくびのアといわれる。音色やや暗い。
[ɔ]：円唇　後舌半広母音　英語の all[ɔːl]
[o]：円唇　後舌半狭母音
[u]：円唇　後舌狭母音　関西方言にみられるが、最近は共通語圏でも発音される。

図の内側に位置する8つの母音が第2次基本母音です。
[y]：円唇　前舌狭母音　ドイツ語のüの発音に近い。
[ø]：円唇　前舌半狭母音　ドイツ語öの発音に近い。
[œ]：円唇　前舌半広母音　唇を丸めて「ヤー」と発音した音に近い。
[ɶ]：円唇　前舌広母音　唇を丸めて「ヒェ」「イェ」と発音した音に近い。
[ɒ]：非円唇　後舌広母音　英語の hot[hɒt]、「ア」と「オ」の中間の音に聞こえる。
[ʌ]：非円唇　後舌半広母音　英語の cut[kʌt], sun[sʌn]
[ɤ]：非円唇　後舌半狭母音　唇を丸めず「オーイ！」と言ったときの「オ」の音に近い。
[ɯ]：非円唇　後舌狭母音　共通日本語の「ウ」の音がこれに該当する。
図の［ɨ］［ʉ］の2つの母音を含めて、基本母音は18母音となります。
[ɨ]：非円唇　中舌狭母音　［ɯ］の位置で［i］と発音した音に近い。東北方言［ɕiɕi］
[ʉ]：円唇　中舌狭母音　［ɨ］の円唇化した音。

演習 3.7

（ ）と［ ］に適当な語句を入れなさい。

母音は声道を狭めたり（　　）を受けたりしないで発音されます。声帯を振動させる（　　）音です。調音のときの（　　　　）の有無，舌の盛り上がり，つまり舌の（　　　）の位置，舌の（　　　）の位置によって分類されます。世界の言語の母音の分類の基準となるのは（　　　　　　　）によって決められた次の8つの基本母音です。

第1次基本母音は次の8つです。　　　　第2次基本母音は次の8つです。

 1 ［　　　］　　　　8 ［　　　］　　　 1 ［　　　］　　　　8 ［　　　］
 　2 ［　　　］　　　7 ［　　　］　　　　 2 ［　　　］　　　7 ［　　　］
　　　3 ［　　　］　6 ［　　　］　　　　　　3 ［　　　］　6 ［　　　］
　　　　　4 ［　　　］　5 ［　　　］　　　　　　4 ［　　　］　5 ［　　　］

(2) 日本語の母音

日本語の母音を第1次基本母音の模式図で見ると，ダニエル・ジョーンズの実験した舌の位置とは少し違っています。母音を発音する際に舌のとる位置は，実際には無限の段階があり，それに応じて種類があるわけです。それを日本語では5段階に分けていますから，「ア」の音に聞こえる音といってもかなり広い範囲の位置をしめることになります[3]。そこで一応の目安として，基本母音の各音の中間位置が，日本語の母音の各音の位置になるとみなしています。

「イ」は基本母音の［i］と［e］の間にあり，しかも［i］にかなり近い前舌の母音です。
「エ」は基本母音の［e］と［ɛ］の間の高さの前舌の母音です。
「ア」は広い（低い）母音であれば，舌の前後の位置は関係ありません。基本母音の［a］と
　　［ɑ］の間の母音。
「オ」は基本母音の［o］と［ɔ］の間の高さの後舌の母音で，口唇をやや丸めた弱円唇母音
　　です。
「ウ」は唇の丸めのない後舌の母音で，舌が前（中舌）寄り（ただし関西では円唇）。

日本語では口の開き方，つまり開口度は3段階に分かれていますので，「狭(高)・中・広(低)」とします。西欧語では「狭・半狭・半広・広」の4段階に分けています。したがって日本語の母音はつぎのような表記になります。図3.4と合わせて参照してください。

　　イ / i /　［i］　非円唇　　前舌　　狭母音　　蜆＝シジミ　中舌化［ï］（前舌→後寄りの
　　　　　　　　　　　　　　　　　　　　　　　　　　　　　　　　中舌）
　　エ / e /　［e］　非円唇　　前舌　　中母音
　　ア / a /　［a］　非円唇　　　　　　広母音
　　オ / o /　［o］　(弱) 円唇　後舌　　中母音
　　ウ / u /　［ɯ］　非円唇　　後舌　　狭母音　　（ス，ツ，ズでは，中舌化するので舌が前寄り
　　　　　　　　　　　　　　　　　　　　　　　　　　になる［ɯ̈］か［ʉ］）

雀＝ス(ズ)メ　中舌化 [ɯ̈] [ɯ]（後舌→前寄りの中舌）

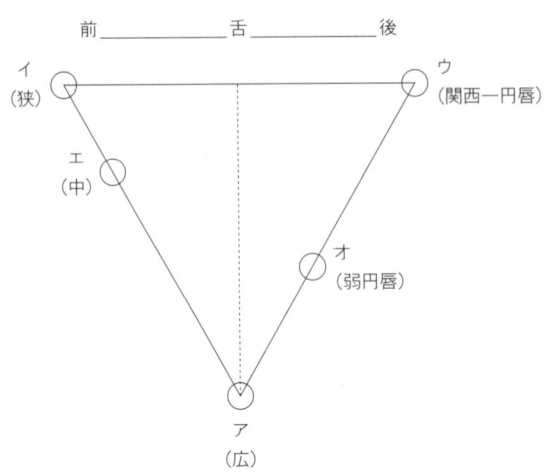

前＿＿＿＿＿舌＿＿＿＿＿後

イ（狭）　　　　　　　　ウ（関西—円唇）
　エ（中）
　　　　オ（弱円唇）
　　　　ア（広）

図3.4　日本語の母音の模式図

[母音の発音の際の開口度と口唇形状]

　5つの母音を発音する際の，口の開け方，唇の状態の模式図は次の通りです[(4)]。人により，口唇周辺の顔面筋の発達の違いから若干の差異を生じます。模式図は一応の目安です。

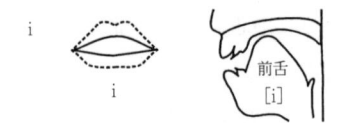

i　　　前舌 [i]　　唇は横に引き，口の開け方は小さい。前舌はもりあがる。舌先は下の歯茎の後につく。

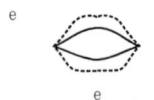

e　　　　　　　　唇は横に引くが [i] ほどではない。口の開け方ももう少し大きくなる（半狭）。

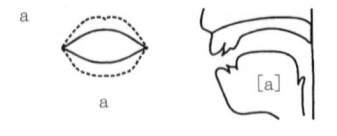

a　　　[a]　　　　唇の緊張感がなく，口は十分に開いている。舌は口の中に自然に納まっているが，奥の方(後舌)が少し上がっている。

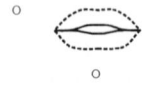

o　　　　　　　　唇を少し丸め(弱円唇)，口の開け方もやや小さくなっている（半狭）。

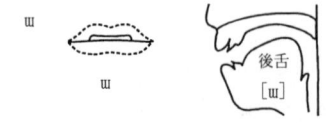

ɯ　　　後舌 [ɯ]　　唇を丸めない(平唇)，口の開きは小さい（狭）。舌の奥がもり上がる。
　　　　　　　　「ウ」は共通語発音では [ɯ] だが，一般に京都以西では円唇性が強まり，[u] になる傾向がある。

演習 3.8

(1) 次の音で舌の位置が違うのはどれか。
　① ク　② ツ　③ ム　④ ル　⑤ ユ

(2) 次の音で舌の高さが違うのはどれか。
　① ケ　② ソ　③ モ　④ ツ　⑤ ヘ

演習 3.9

日本語の母音を（例）のように規定してみましょう。

(例)　[e] →　（非円唇）　（前舌）　（中母音）
(1)　[i] →　（　　）　（　　）　（　　）
(2)　[ɯ] →　（　　）　（　　）　（　　）
(3)　[a] →　（　　）　　　　　（　　）
(4)　[o] →　（　　）　（　　）　（　　）

演習 3.10

次の文章を読み，語群のなかから正しいものを選んで空欄を埋めよ。語群のなかのことばは何回使ってもよい。

　　母音とは，声帯振動を伴う（　　）で，声道のどこにも（　　）を受けたり（　　）されたりすることのない音である。
　　（　　）である「イ」は，舌の最高点が前寄りで，（　　）と言われる。「エ」は舌の高さが「イ」よりもやや下がる（　　）で，舌の前後の位置は「イ」と同じ前寄りである。（　　）と言われる。
　　次に「ア」は，声道のどこにも妨害を受けないという点では，最も響きのよい母音で，舌の位置が最も低い（　　）である。「オ」は，「エ」と同じ（　　）で，後舌寄りの（　　）である。唇を少し丸めた（　　）でもある。次に「ウ」は，「イ」と同じ（　　）で，舌の前後の位置は，「イ」と対照的な（　　）である。
　　ところで，ダニエル・ジョーンズが提唱した第1次基本母音は，世界の多くの言語がそうなのだが，（　　）が（　　）で，後舌母音が（　　）となる傾向がある。日本語の母音も，（　　）である「オ」は，弱い（　　）が見られ，「ウ」も，共通語の発音では（　　）だが，一般に京都以西では円唇性が強まる傾向がある。また最近では，発音の明瞭化を考えて（　　）した「ウ」を意図的に発音する人もいる。

[語群]
　　狭母音　　広母音　　中母音　　前舌母音　　後舌母音　　有声音
　　狭め　　　閉鎖　　　円唇　　　非円唇　　　円唇化　　　弱円唇母音

演習 3.11

エジプトの料理店で肉料理が出ました。日本人のお客が「これは何の料理ですか」と聞いたら、ウェートレスがにこにこしながら「ネコ」と答えました。日本人は卒倒しそうになりました。実は、ウェートレスは「ニク」と言ったつもりが、「ネコ」に近い発音になってしまったのです(5)。

図で、「ネコ」の「ネ」は、舌の高さを示すa, b, c, dのうちのどれかを答えなさい。

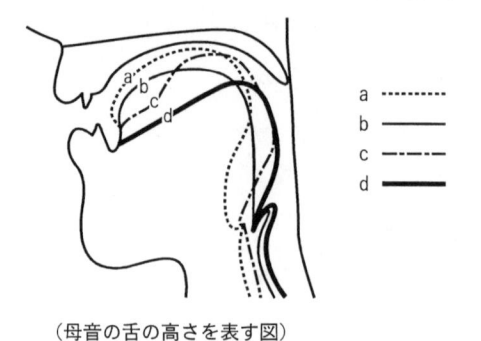

a ·········
b ———
c —·—·—
d ━━━

（母音の舌の高さを表す図）

演習 3.12

（　）に「狭, 中, 広, 前, 後」のうちの適当なものを入れなさい。

母音の発音は舌の位置や口の開け方などにより、音色が変わります。舌は前にも後ろにも、高くも低くも動かせます。

「アイウエオ」と、連続して発音するとき、舌はどのように動くのでしょうか。舌の前後の位置を「前, 後」で、舌の高さを「狭, 中, 広」で表すと、舌の動きはこのようになります。

　　ア（　　）→イ（　　）→ウ（　　）→エ（　　　）→オ（　　　）

つまり、舌は前から後へ、狭から中へと、口腔の中をまんべんなく動きます。

次に、「イエアオウ」と、連続して発音したら、舌はどう動くでしょうか。

　　イ（　　）→エ（　　）→ア（　　）→オ（　　　）→ウ（　　　）

舌は前から後へ、狭から中、広へ、そして再び中、狭というように、母音の模式図をなぞるように動きます。

「アエイウエオアオ」のように、いろいろに舌の位置や高さを変えて発音し、実際に舌がどう動くかを確かめましょう。

---

(3) 半母音

ヤ行やワ行の音を出すとき、口の中の舌の状態に注意してみてください。この二音を発音するときは、口蓋と舌の頂点の間が、きわめて狭くなっています。どの程度の狭さかといえば、摩擦が起こらない程度の狭さであり、また母音のように響くほど広くなっていない状態です。このような発音環境にあるヤ行やワ行の音を、「半分母音のような子音」という意味で、半母音と呼んでいます。子音の一種として接近音と呼ぶこともあります。有声音のみで比較的響きのよい音です(6)。

　　[j]　／ヤ・ユ・ヨ／の子音(硬口蓋半母音)
　　[ɰ]　／ワ／（軟口蓋半母音）唇の丸めがない(日本語の「ワ」)。
　　[w]　／ワ／（両唇・軟口蓋半母音）唇の丸めがある(英語のwood, wife, quick, swimming club)。

演習 3.13
（　）内に適当な語句を入れなさい。
[j] → （　声）（　　　　）（　　　　　）→（　　　　　）の子音。
[ɥ] → （　声）（　　　　）（　　　　　）
[w] → （　声）（　　　　）（　　　　　）→（　　　　　）の子音。

4．環境変化による母音の音変化

　ことばによるコミュニケーションでは，言語音が単音として発せられることはあまり多くありません。単音のみの伝達は情報量に限りがあり，私たちの言語生活では極めて特殊な場合の伝達行為といえそうです。私たちは音を言語の伝達内容に沿って，複雑に組み合わせながら，巧妙に調音してことばを発しているわけで，その調音に必要とされる技巧，技術はそれぞれの言語形体によって異なります。

　音を組み合わせて調音する際に，前にくる音が後の音に影響を与えたり，ある音を調音しているときに，次にくる音を瞬時にして準備しようとしたりすることによって，調音している音が影響されるといったことがあります。

　第3章7でも説明したように，ある音の特徴が隣接する音に影響を与えて変化することを同化といいます。前の音が後の音の影響で変化する現象を逆行同化といい，撥音や促音が次の音と同じ調音点をもつ音になったり，news [njuːz] という発音が，newspaper [njuːspeipə] という発音に変わったりします。また，前の音が後の音を同化するのを順行同化といいます。英語の複数のsの発音は前が無声子音なら後も無声音の [s]（cats [kæts]），有声子音の後なら有声音の [z]（dogs [dogz]）となります。

　このように言語音は音環境の影響を受けて変化しますが，環境による母音の音変化の代表的なものをみてみましょう。

(1) 連母音の長音化

　母音と母音がつながっている状態を連母音とか二重母音とかいいます。日本語には連母音はありますが，二重母音のケースというのは稀です。

　母音と母音がつながっているというのは，たとえば，[ii] とか [ei] とか [oɯ][oo] といった状態のことで，日本語では，これを連母音と呼んでいます。

　そして日本語の連母音では，「きいろ」（黄色）が「キーロ」，「おおかぜ」（大風）が「オーカゼ」のように長音化しますが，[ei] という音と [oɯ] という音も長音化するので，要注意です。これを連母音の長音化といい，長音化したものを長母音といいます。

　　［例］　せんせい（先生）[sensei] → [senseː] となります。
　　　　　　つまり [ei] → [eː] となり　　せんせい（先生）→せんせー
　　　　　　　　　　　　　　　　　　　　けいざい（経済）→けーざい

おうとう（応答）[oɯtoɯ] → [oːto:] となります。
　　　　　　　　　　　　　　　えいが（映画） →えーが
　　　　　[oɯ] → [o:] となり　　おとうさん（父）→おとーさん
　　　　　　　　　　　　　　　ぎんこう（銀行）→ぎんこー

ただし，母音がつながっても，意味を明確にするために意識的に分けて，短母音で発音する場合もあります。

　[例]　にわか雨→ニワカアメ　　×ニワカーメ　　薄々　→ウスウス　　×ウスース
　　　　仕入れ，安うけあい，赤々と，影絵，里親（砂糖屋）などの発音は要注意です。

このように，日本語には連母音はありますが，二重母音は稀です。英語の "I" を発音してみましょう，[ái] という発音になり，明瞭度の高い [a] の音が主音となり，少しぼやけた発音の [i] の音が副音となります。このようなタイプの母音の連続を二重母音といいます。

ところが日本語の「愛」を発音しましょう。すると [ai] のように発音の明瞭度は [a] も [i] も同じで，主音，副音の区別がありません。2つの母音は別々の音節を形成しているのです。このような母音の連続は連母音です。

日本語の二重母音は，稀ですが，「貝」「三杯」「一枚」「一回」などがあげられます。

hour [áuə]　fire [fáiə] などは三重母音です。[ə] 弱化母音・そり舌音が加わります。

(2)　母音の無声化

環境による母音の音変化に，もう1つ母音の無声化といわれるものがあります。

「月」「光」「くすり」と発音してみてください。その発音で，母音が無声音になっているのに気がつきませんでしょうか。

母音は本来声帯振動を伴う有声音ですが，その母音が，無声子音に挟まれるなどの条件で，声帯振動を失うことを，母音の無声化といいます。

無声子音というのは，/フ，ク，プ，ス，ツ，ヒ，シ，チ/といった子音部分の音のことです。[f, h, k, p, s, ts, ç, ʃ, ɕ, tʃ, tɕ]

一般に母音の無声化が行われるのは，口の開きの少ない [i] と [ɯ] の母音が次のような状態のときです。

　①　無声子音に挟まれたとき
　　　[kɯse]（癖）　[tsɯki]（月）　[kikɯ]（菊）　[pikari]（ピカリ）
　②　ときに，一方が有声子音でも無声化することがある
　　　[mɯsɯme]（娘）　[sɯgi]（杉）
　③　無声子音の後ろで，語末，文末にくるときで，いずれも [i] [ɯ] を含む拍がアクセントの核にならないという条件のとき。
　　　[desɯ]（です）　[masɯ]（ます）　[gozaimasɯ]（ございます）
　　　[arimasɯ]（あります）　[kakɯ]（書く）　[katsɯ]（勝つ）　[asi]（葦）
　④　そこにアクセントがある場合は無声化しない

「シ̥ソン」[sis̥on]（子孫），「チ̥シ̥キ」[tʃ̥iʃ̥iki]（知識）
例外：父［チ̥チ］[tɕit̥ɕi]　悲喜こもごも［ヒ̥キ］[hi̥ki]
この傾向が日本語アクセントに増えつつある。
　　　　契約金　ケイヤク̥キン　　窒息死　チッソク̥シ　　冷血漢　レイケツ̥カン
　　　　隣接地　リンセツ̥チ　　冷却水　レイキャク̥スイ

⑤　例外的に［a, o］の母音も無声化することがある
［kḁkasi］（案山子）　［tokoroteɴ］（トコロテン）　［kḁkato］（かかと）　もちろん有声化の発音の方が望ましい。

1音節ごとに、はっきり区切って発音すれば無声化は起こらないはずですが、生活テンポが早くなってくると、ことば遣いも速くなって無声化現象が起こってきます。

現在、名古屋の西、木曾三川（木曾川、長良川、揖斐川）より西側、つまり関西以西は無声化しない発音が多く見られます。母音の無声化は発音の歯切れのよさを感じさせます。

(3) 母音の発音の問題点

外国人学習者は母語の影響から音環境を変えて発音しがちです。母音についても発音上いくつかの問題点が指摘できます。発音指導上、つぎの点に留意してください。

①　[ə]（弱化母音）のようなあいまい母音の多用。
　　朝［asa］→［asə］［əsə］

②　「ウ」の発音が[u]になりやすい。
　　円唇母音でないことを理解させる。
　　[ɯ]（非円唇、後舌母音）の発音にこだわる。
　　「うえ、うち、うしろ、うた」となめらかに言えるように練習。
　　「馬（うま）」「梅（うめ）」「埋める」など、マ行直前の「ウ」は、日本人は昔から「ン」「メ」のように、[m]音で発音し、今でもその名残がある。しかし、外国人に非円唇の[ɯ]を定着させるには、両唇音[m]の発音は避けたほうがよい。

③　「ス、ツ、ズ」の音は、中舌化し[ɯ̈]になることを教える。
　　舌が前寄りになる[ɯ̈]もしくは[ɯ̟]の表記。雀＝スズメ　[sɯ̥zɯ̈me]
　　「好く」「突く」「吸う」などの語で確認させる。
　　タイ、インドネシアなどアジア系の学習者に「ツ」→「チュ」になることが多い。

④　連母音を二重母音として発音。
　　「愛」→英語の"I"の発音になりやすい。[ái]→[ai]
　　「回」→[kái]は[kai]と連母音で発音させる。
　　「母音」[bóin]→[boin]
　　「体育」[táikɯ]→[taiikɯ]

⑤　長母音と短母音の混同
　　スキー[sɯkʲi:]　通り[to:rʲi]　好き[sɯkʲi]　鳥[torʲi]

⑥ 1拍と2拍の間に，わたり音として半母音が入る。

試合　[ɕijai] → [ɕiai]
見合い　[mʲijai] → [miai]
場合　[bajai] [bawai] → [baai]

演習 3.14

次の語と文を発音してみましょう。
「菊」，「しかし」，「鹿」，「菊池さん」，「薬」，「光る」，「深い」
足腰を伸ばして，一直線に進む。
科学者が国産の液体ロケットの発射を打ち切る。
奥様の味付けは素晴しい。

演習 3.15

次の(1)〜(4)の語の語頭に立つ音はどのように発音されるか，a〜dの条件のうち，正しいものを選びなさい。

(1) 人間
　a　前舌を歯茎につけ，鼻から息を出す。
　b　前舌を硬口蓋につけ，鼻から息を出す。
　c　後舌を軟口蓋につけ，鼻から息を出す。
　d　舌先を歯茎につけ，鼻から息を出す。

(2) 風景
　a　上の唇に下の唇を近づけ，その間から息を流す。
　b　上の唇を下の唇につけ，下の唇を引き離して息を出す。
　c　上の歯を下の唇に近づけ，その間から息を流す。
　d　舌先を歯茎につけ，舌先を引き離して息を出す。

(3) 梅
　a　唇を横に張り，後舌を硬口蓋へ近づける。
　b　唇を丸め，後舌を硬口蓋へ近づける。
　c　唇を横に張り，後舌を軟口蓋へ近づける。
　d　唇を丸め，後舌を軟口蓋へ近づける。

(4) 月
　a　舌先を歯茎につけ，ゆっくり離しながら発音する。
　b　舌先を歯茎につけ，急に引き離して発音する。
　c　前舌を硬口蓋歯茎につけ，ゆっくり離しながら発音する。
　d　前舌を硬口蓋歯茎につけ，急に引き離して発音する。

3 日本語の発音(2)

1. 子音の分類

母音以外の単音を子音と呼びます。子音は声道内の狭めや閉鎖などによってつくられる音です。つまり呼気の流れを妨害することによって作られる音で，その妨害の仕方を調音法といいます。

声帯の振動の有無により有声子音と無声子音とに分けられ，発せられた呼気が音声器官のどこで，どんなふうに調音されるかによって，子音の種類が決まります。

① 声帯振動の有無（有声，無声）　有声音：母音，半母音，濁音，鼻音，弾き音
② 調音点（音声器官のどこで調音されるか……音声器官名）
③ 調音法（どんなふうに呼気が妨害されるか……調音されるか）

この３つが子音の音を決定する要素(組成)ということになります。

表3.1　日本語の子音と半母音③

調音法\調音点		両唇音	歯茎音	歯茎―硬口蓋音	硬口蓋音	両唇・軟口蓋音	軟口蓋音	口蓋垂音	声門音
鼻音	有声音	m	n	ɲ			ŋ	N	
閉鎖音（破裂音）	無声音	p	t				k		ʔ
	有声音	b	d				g		
摩擦音	無声音	ɸ	s	ʃ (ɕ)	ç				h
	有声音		z	ʒ (ʑ)					
破擦音	無声音		ts	tʃ (tɕ)					
	有声音		dz	dʒ (dʑ)					
弾き音	有声音		ɾ						
半母音	有声音				j	w			

肺からの呼気が声帯の振動の有無を経て，声道を通り，どこで妨害(調音)されるかによって，音の加工のされ方が違います。それによっていろいろな子音となります。

1）呼気が止められてしまう（閉鎖・破裂）
2）呼気の通り道（声道）が狭められてしまう（摩擦）
3）あるいは，止められた呼気が瞬時にして狭い通り道を抜け出る（破擦）
4）呼気が鼻に抜ける（鼻音）
5）口腔内のどこかを舌で１回弾く（弾き音）
6）声帯が振動するか（有声音：子音では濁音，鼻音，弾き音），しないか（無声音）
　　日本語では，有声／無声の別が語の意味を区別する働きをもっている。
　　　炊く［takɯ］／抱く［dakɯ］

中国語，韓国語では，声帯振動の有無が，意味の区別に役立たない。

7) 中国語，韓国語，タイ語では，子音の発音で，息が外にもれる気息の有無，有気音／無気音の対立が，意味上の違いをもたらすことがある

　　有気音：発音のとき呼気が大量にでるもの。気息を伴う音。帯気音ともいう。[ʰ] の表記を用いる。

　　日本語，英語では，無声閉鎖音 [p, t, k] の発音に自然に備わっている。

　　　大変だ！ [tʰaihenda]　table [tʰeibl]　pan [pʰæn]

　　日本語では，無声音を有気音として，有声音を無気音として発音する傾向が強い。日本語は有気／無気の意味上の対立はない。

　　中国語，韓国語，タイ語では，有気／無気によってことばの意味が違ってしまうので重要である。

　　　中国語　　打 [ta]（打つ）　／　塔 [tʰa]（塔）
　　　　　　　　八 [pa]　　　　　／　伏 [pʰa]（伏せる）

　　中国語，韓国語話者は，日本語の清濁と，有声音・無声音が一致しない。中国語話者は「ぼく」「じかん」の発音が，「ほく」「しかん」にならないで，「ぽく」「ちかん」になる。

演習 3.16

次の文章を読み，語群の中から正しいものを選んで，空欄を埋めよ。

　　日本語では清音と濁音の違い，つまり（　　　）の違いで意味を区別している。たとえば，無声音「タ」と有声音「ダ」の違いは，（　　　）のように意味を区別している。

　　ところが，中国語や韓国語，タイ語では，子音の発音で息がもれるかどうか，つまり気息の有無で意味の区別をしている。気息の有無は（　　　）の違いである。

　　このことから，中国語，韓国語，タイ語を母語とする学習者が，日本語を話そうとするとき，有声／無声と有気／無気の混同を起こしやすい。

　　彼らは，日本語の有声音を（　　　）として，また無声音を（　　　）として発音する傾向がある。「学校」[gakkoː] が [kakkoː] になったり，「私」[wataɕi] が [wadaɕi] になったりする。

　　無声音と有声音を誤って発音したとき，「バビブベボ」は「ハヒフヘホ」ではなく（　　　）になり，「ジャジュジェジョ」は「シャシシュシェショ」にならないで，（　　　）になる傾向がある。

　　だから，「ぼく」「じかん」の発音が「ほく」「しかん」にならないで，（　　　）になる。

[語群]　　a　無声音　　b　有気音　　c　無声音と有声音　　d　有気音・帯気音／無気音
　　　　　e　「パピプペポ」　　f　「チャチチュチェチョ」　　g　「ぽく」「ちかん」
　　　　　h　「炊く」／「抱く」

[解説]　中国語，韓国語等では，[pʰa] と [pa]，[tʰa] と [ta] などの気息の有無で語の意味の区別をしており，有声音・無声音は語の意味の区別に役立たない。日本語では，語頭の無声音の気息は，語頭以外のそれよりも強くなる傾向が強いため，学習者は，無声音を有気音としてとらえがちになる。発音や聞き取りができない背景には，学習者の母語の音韻の問題がある[7]。

2．子音の発音

① 閉鎖音（破裂音） ……声道のどこかで呼気が止められてしまう
② 摩擦音……………………声道のどこかで呼気が狭めを受ける
③ 破擦音……………………声道のどこかで呼気が瞬間的に止められ，狭めを受けながら抜け出る
④ 鼻音………………………呼気が鼻に抜ける
⑤ 弾き音……………………歯茎を舌で1回弾く
⑥ 有声子音…………………声帯が振動する（濁音，鼻音，弾き音）
⑦ 無声子音…………………多くの子音
⑧ 有気音（帯気音） ……日本語では［p, t, k］の発音に備わっている

では調音法から，それぞれの子音を見ていきましょう。

(1) 閉鎖音（破裂音）

　私たちがことばを発せず沈黙状態のとき，唇は閉じられています。それが，突然「パン」と発音しますと，上下の唇が開いて勢いよく呼気がほとばしります。まるで両唇が破裂したような感じで音が飛び出します。こうした音を閉鎖音（破裂音）と呼びます。

　口腔のどこかに閉鎖を作り，閉鎖状態のまま呼気を送り込み，口腔内に呼気がたまったところで閉鎖を解き，音とともに勢いよく呼気を出します。瞬間的な音なので長く伸ばせません。

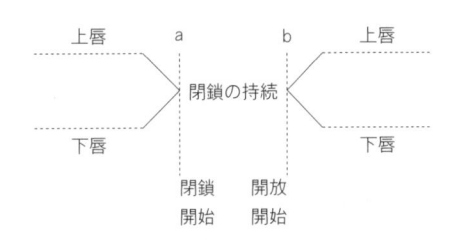

a 閉鎖開始に着目する場合に，閉鎖音
b 呼気の開放開始に着目すると，破裂音

図3.5 ［p］の発音

閉鎖音

	両唇	歯茎	軟口蓋	声門
無声	［p］	［t］	［k］	［ʔ］
有声	［b］	［d］	［g］	

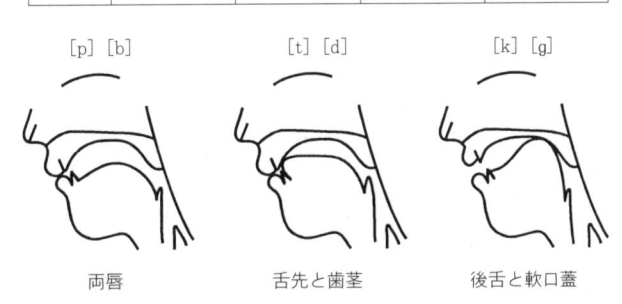

［p］［b］　　　　　［t］［d］　　　　　［k］［g］

両唇　　　　　舌先と歯茎　　　　後舌と軟口蓋

図3.6 閉鎖音の口腔断面④

ではどのような音があるのかというと，カ，ガ，バ，パ行，タ，テ，ト，ダ，デ，ド，アッ（声門閉鎖音）の各音です。

各音を表記してみましょう。

[p]　無声両唇閉鎖音　　[pa] [pʲi] [pɯ] [pe] [po]
[b]　有声両唇閉鎖音　　[ba] [bʲi] [bɯ] [be] [bo]
[t]　無声歯茎閉鎖音　　[ta] [ ] [ ] [te] [to]　　チ [tɕi]　　　ツ [tsɯ]
[d]　有声歯茎閉鎖音　　[da] [ ] [ ] [de] [do]　　ジ [zi] [ʒi]　ズ [zɯ]
[k]　無声軟口蓋閉鎖音　[ka] [kʲi] [kɯ] [ke] [ko]　ヂ [dzi] [dʒi]　ヅ [dzɯ]
[g]　有声軟口蓋閉鎖音　[ga] [gʲi] [gɯ] [ge] [go]
[ʔ]　無声声門閉鎖音　「アッ！」の「ア」の前の緊張の部分と「ッ」の部分の音

[有気音・帯気音]

破裂の直後に息の音が聞こえることがあります。これを「有気音・帯気音」といい，[ʰ] の表記を用います。「パン」[paN] という言い方に対して，「パーン」[pʰaN] というときの音が有気音です。

中国語，韓国語，タイ語などでは，有気音の有無が意味の違いを生じるので大切です。日本語では，人によって有気音の発音が見られます（p, t, k の発音に備わっている）が，意味の違いにはなりません。

[子音の口蓋化]

閉鎖音を表記するときに [pʲi]，[bʲi]，[kʲi]，[gʲi] という書き方をしましたが，五十音図のイ段の音は後舌が硬口蓋寄りになりますので，これを口蓋化といって，ヨッド [ʲ] を用いて表記します。詳しくは「3．子音の口蓋化」で説明します。

[ガ行の子音]

有声軟口蓋閉鎖音ですが，鼻音化して鼻濁音になったり，緩い閉鎖で摩擦音化する場合があります。有声軟口蓋摩擦音 [ɣ] です。カガミ [kaɣamʲi]，テカガミ [tekaɣamʲi] という発音になることがあります。決して正しい発音ではありません。その他，カギアナ，ワナゲと発音するときにも現れます。「カガミ」を口をゆるめて発音したときのように，「カガーミ」のように聞こえる音です。

演習 3.17

（ ）や [ ] に適当な語句や音声記号を入れなさい。

口腔のどこかで呼気を（　　　）させ，その状態で呼気がたまったところで，瞬間的に呼気とともに出す音を（　　　）と言います。瞬間的な音なので，長く伸ばせません。

声門を閉じて出す音やノドの奥の軟口蓋を閉じて出す [　] や [　] の音，歯茎と前舌で閉鎖して出す [　] や [　] の音，そして，上下の唇を閉じて，勢いよく破裂するように出す [　] や [　] の音があります。閉鎖音は呼気の開放開始に着目して，（　　　）とも言わ

第3章 日本語の音声

れます。
　破裂の直前に息の音が聞こえることがあります。このような音を，（　　）とか（　　）と呼び，[　]の記号で表示します。
　中国語，韓国語などでは，（　　）の有無が意味の違いを生じますので大切です。日本人では，人により有気音の発音が見られますが，意味の違いにはなりません。

演習 3.18

次の音について，（　）と「　」に適当な語句を入れ，音を規定しなさい。
(1) [t]（　　）（　　）閉鎖音「　，　，　」の子音。
(2) [d]（　　）（　　）閉鎖音「　，　，　」の子音。
(3) [p]（　　）（　　）閉鎖音「　，　，　，　」の子音。ピ[pʲi]
(4) [k]（　　）（　　）閉鎖音「　，　，　，　」の子音。キ[kʲi]
(5) [ʔ]（　　）（　　）閉鎖音　悲鳴「アッ！」の「ア」の前の緊張部分と「ッ」の部分の音。

演習 3.19

次の語の発音を音声記号で書きなさい。
(1) あ[　]・い[　]・う[　]・え[　]・お[　]
(2) か[　]・き[　]・く[　]・け[　]・こ[　]
(3) が[　]・ぎ[　]・ぐ[　]・げ[　]・ご[　]

(2) 摩擦音

「サクラ」と発音するとき，「サ」の音は舌の先と上の歯茎との間が狭くなったところから呼気が出ていることがわかります。口腔のどこかに狭めを作り，そこを呼気が通るときに摩擦が起きて出る音を摩擦音といいます。サ，ザ，ハ行の音です。

　無声……サ行，ハ行
　有声……ザ行（語中）

ハ行音は調音位置がさまざまです。

　ハ・ヘ・ホ（声門摩擦音）………[h]
　ヒ　　　　（硬口蓋摩擦音）……[ç]
　フ　　　　（両唇摩擦音）………[ɸ]

では各音を見ていきましょう。

[s]　無声歯茎摩擦音　[sa][　][sɯ][se][so]　「シ」は別音
[z]　有声歯茎摩擦音　[za][　][zɯ][ze][zo]　「ジ」は別音
　　　「ヒザ」「カズ」「カゼ」「カゾエル」などを比較的早く発音したときの音。
　　　語中の「ザ，ズ，ゼ，ゾ」
[θ]　無声歯摩擦音　[θa]

摩擦音

	両唇	唇歯	歯	歯茎	硬口蓋歯茎	歯茎硬口蓋	硬口蓋	軟口蓋	声門
無声	ɸ	f	θ	s	ʃ	ɕ	ç	x	h
有声	β	v	ð	z	ʒ	ʑ		ɣ	ɦ

[ɸ] [β]　　　　[f] [v]　　　　[θ] [ð]　　　　[s] [z]

両唇　　　　　唇歯　　　　　歯　　　　　　歯茎

[ʃ] [ʒ]　　　　[ç]　　　　　[x] [ɣ]　　　　[h] [ɦ]

硬口蓋歯茎　　硬口蓋　　　　軟口蓋　　　　声門

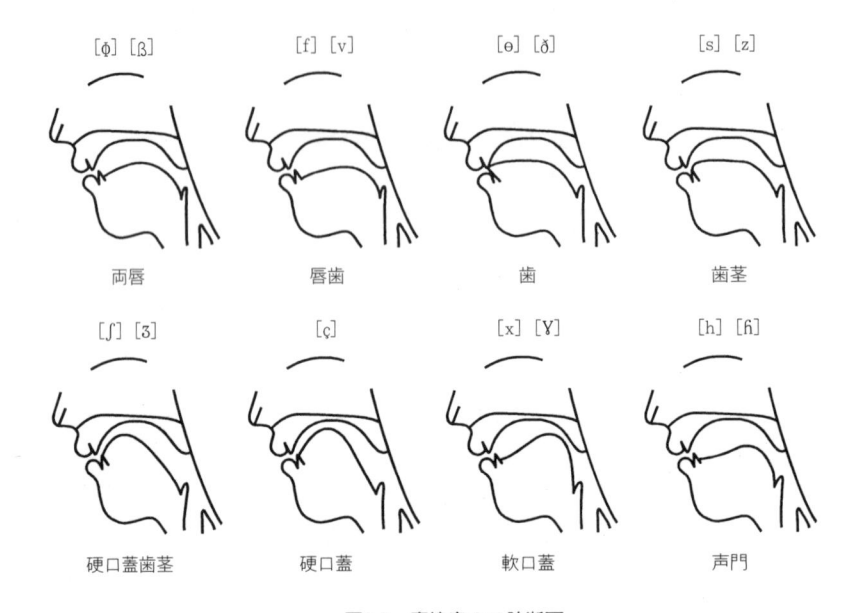

図3.7　摩擦音の口腔断面

[ð]　有声歯摩擦音　[ða]

[ʃ]　無声硬口蓋歯茎摩擦音　[ʃa][ʃi] 英語の ship の最初の子音 [ʃɯ][ʃe][ʃo]

[ʒ]　有声硬口蓋歯茎摩擦音　[ʒi] ジ（語中）
　　[z]の口蓋化音「ジ」の子音。日本語の「ジ」より少し前で狭めを作る。
　　日本語では普通使わない。語中の[iʒi][aʒi]の「ジ」
　　日本語の音だけを問題にするときは[ʒ]を[z]で表記することもある。

[ɕ]　無声歯茎硬口蓋摩擦音　[ɕi]シ　[ɕa]シャ　[ɕɯ]シュ　[ɕo]ショ
　　日本語の音だけを問題にするときは，[ɕ]を[ʃ]で表記することもある。

[ʑ]　有声歯茎硬口蓋摩擦音　[ʑi] ジ（語中）
　　「オヤジ」のジの子音。歯茎硬口蓋で狭めを作る。[ojaʑi]
　　日本語の音だけを問題にするときは[ʑ]を[ʒ]で表記することもある。

> 四つ仮名　ジ [ʑ] ＝ [ʒ]（富士）　　ズ [z]（葛）　　摩擦音
> 　　　　　ヂ [dʑ] ＝ [dʒ]（藤）　　ヅ [dz]（屑）　破擦音
> 　　　　　　　　　　　　　　　　　（九州，四国の一部に残る）

[h]　無声声門摩擦音　[ha][　][　][he][ho]　「ヒ，フ」は別音

第3章　日本語の音声　63

[ç]　無声硬口蓋摩擦音　［çi］ヒ　［ça］ヒャ　［çɯ］ヒュ　［ço］ヒョ
　　　ドイツ語の ich の子音。
[ɸ]　無声両唇摩擦音　［ɸɯ］　ローソクを「フッ」と吹き消すときの要領の「フ」。
[β]　有声両唇摩擦音　［βɯ］　口をゆるめた感じの/アブナイ/の「ブ」。
[x]　無声軟口蓋摩擦音　ドイツ語の ach の子音。/アッハ/の「ハ」。
　　　軟口蓋で狭めを作る。
[ɣ]　有声軟口蓋摩擦音　口をゆるめて/カガミ/といったときの「ガ」。
　　　［kaɣami］（記号が非円唇母音の［ɣ］に似る）
[ɦ]　有声声門摩擦音　［h］の有声音　/ゴハン/ご飯→/ゴア̱ン/
　　　　　　　　　　　　　　　　　　/ゴヘンジ/ご返事→/ゴエ̱ンジ/

演習 3.20

（　）と「　」に適当な語句を入れなさい。
(1)　［ɸ］（　　）（　　）摩擦音　「　」の子音。
(2)　［β］（　　）（　　）摩擦音
(3)　［f］（　　）（　　）摩擦音
(4)　［v］（　　）（　　）摩擦音
(5)　［θ］（　　）（　　）摩擦音
(6)　［ð］（　　）（　　）摩擦音
(7)　［s］（　　）（　　）摩擦音　「　，　，　，　」の子音。
(8)　［z］（　　）（　　）摩擦音　「ゴザ」の「　」の子音。

演習 3.21

次の語の発音を音声記号で書きなさい。
(1)　さ［　　］・す［　　］・せ［　　］・そ［　　］
(2)　た［　　］・　　　　・て［　　］・と［　　］
(3)　は［　　］・ひ［　　］・ふ［　　］・へ［　　］・ほ［　　］
(4)　(語中) ざ［　　］・じ［　　］=［　　］・ず［　　］・ぜ［　　］・ぞ［　　］
(5)　しゃ［　　］・し［　　］・しゅ［　　］・しょ［　　］

演習 3.22

（　）に適当な語句を入れなさい
(1)　［ʃ］（　　）（　　）摩擦音
(2)　［ʒ］（　　）（　　）摩擦音
(3)　［ɕ］（　　）（　　）摩擦音　「シ」の子音。
(4)　［ʑ］（　　）（　　）摩擦音　「オヤジ」の「ジ」の子音。
(5)　［ç］（　　）（　　）摩擦音　「ヒ，ヒャ，ヒュ，ヒョ」の子音。
(6)　［x］（　　）（　　）摩擦音

(7) [ɣ] (　　　) (　　　) 摩擦音
(8) [h] (　　　) (　　　) 摩擦音　「ハ，ヘ，ホ」の子音。
(9) [ɦ] (　　　) (　　　) 摩擦音

(3) 破擦音

「シシ」と発音すると，「シ」は摩擦音なので舌はどこにも触れませんが，「シチ」と発音すると，[チ]が破擦音なので，「チ」の音を出すとき前舌が一瞬，硬口蓋寄りの歯茎に触れるのがわかります。「チ」の音を長く延ばして発音すると，摩擦の部分だけが延びて「チシー」のような音に聞こえます。

このように閉鎖と摩擦がほとんど同時に，しかもほぼ同じ調音点で発せられる音を破擦音といいます。語頭に現れるザ行・ジャ行の音とチ，ツの音です。

語頭　ザ行・ジャ行・チ・ツ
無声　チ・ツ
有声　ザ行・ジャ行・ヂ・ヅ

破擦音

	両唇	歯茎	硬口蓋歯茎	歯茎硬口蓋
無声		[ts]	[tʃ]	[tɕ]
有声		[dz]	[dʒ]	[dʑ]

特殊音素(撥音，促音)の後では語中でもザ行音は破擦音になります。

　：コンザツ [kondzatsɯ]　　エンジン [endʑiɴ]

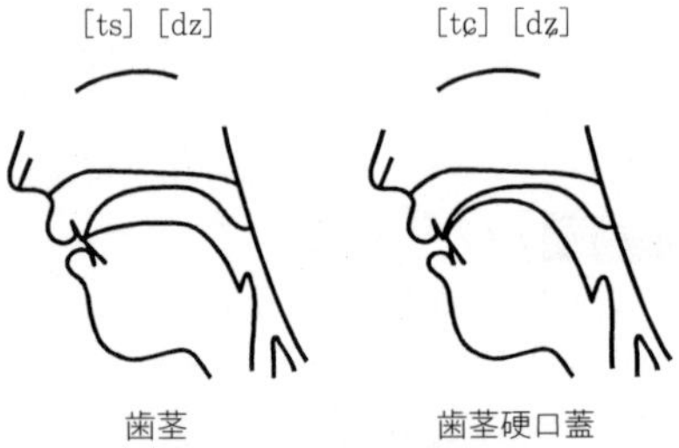

[ts]　無声歯茎破擦音　「ツ」の子音。[tsɯ]

[dz]　有声歯茎破擦音　語頭の「ザ，ズ，ヅ」の子音。[dza] [dzɯ]
歯の裏から歯茎辺りに舌をつけて閉鎖を作り，その後同じ調音点で摩擦を起こす無声の子音。

[tʃ]　無声硬口蓋歯茎破擦音　英語の check の最初の子音。
日本語の「チ，チャ，チュ，チョ」の調音点より，少しまえで閉鎖を作り，摩擦を起こす無声の子音。

[dʒ]　有声硬口蓋歯茎破擦音　英語の Jack の最初の子音。[tʃ] の濁音と思ってよい。

[tɕ]　無声歯茎硬口蓋破擦音　日本語の「チ，チャ，チュ，チョ」の子音。[tʃ] の表記を使うこともある。

[dʑ]　有声歯茎硬口蓋破擦音　語頭の「ジ，ジャ，ジュ，ジョ・ヂ，ヂャ，ヂュ，ヂョ」の子音。[dʒ] の表記を使うこともある。語中の「ジ」は，摩擦音で [ʑi]（オヤジ）。

図3.8　破擦音の口腔断面

演習 3.23
(　) に適当な語句を入れなさい。

> 破擦音は（　　　）と（　　　）が同時に調音される子音です。つまり，口腔内のどこかで（　　　）を作り，口腔内に呼気をためます。ここまでは，閉鎖音と全く同じですが，その後，閉鎖をゆっくり開放することによって，閉鎖のあった調音点に（　　　）ができて，（　　　）を起します。この場合，閉鎖と摩擦が2つの音の連続ではなく，1つの音に聞こえます。原則として閉鎖と摩擦は同じか，ごく近い調音点で行われます。

演習 3.24
次の語の発音を音声記号で書きなさい。
(1) た [　] ・ ち [　] ・ つ [　] ・ て [　] ・ と [　]
(2) (語頭) ざ [　] ・ じ [　] [　] ・ ず [　] ・ ぜ [　] ・ ぞ [　]
(3) ちゃ [　] ・ ち [　] ・ ちゅ [　] ・ ちょ [　]
(4) (語中) ざ [　] ・ じ [　] [　] ・ ず [　] ・ ぜ [　] ・ ぞ [　]
(5) じゃ [　] ・ じ [　] ・ じゅ [　] ・ じょ [　]

演習 3.25
[　] に音声記号を記入し，語例と音声記号を線で結びなさい。

・有声歯茎破擦音　　　　　　[　]
ちず・　　・無声硬口蓋歯茎破擦音　[　]
ずれる・　・無声歯茎硬口蓋破擦音　[　]
じょうやく・・無声歯茎破擦音　　　[　]
つき・　　・有声歯茎硬口蓋破擦音　[　]
　　　　　・有声硬口蓋歯茎破擦音　[　]

(4) 鼻音

口腔の奥，鼻腔に共鳴させて出す音で，どれも有声音（無声音だと単なる鼻息）。息が続く限り，長く延ばして発音できます。

有声　ナ行・マ行・ン・ガ行鼻音（鼻濁音）
[m]　有声両唇鼻音　「マ，ム，メ，モ」の子音。「ミ」は [mʲi]
[n]　有声歯茎鼻音　「ナ，ヌ，ネ，ノ」の子音。「ニ」は [ɲi]
[ɲ]　有声硬口蓋鼻音　「ニ，ニャ，ニュ，ニョ」の子音。
[ŋ]　有声軟口蓋鼻音　鼻濁音
[ɴ]　有声口蓋垂鼻音　語末の「ン」

鼻音

	両唇	歯茎	硬口蓋	軟口蓋	口蓋垂
有声	[m]	[n]	[ɲ]	[ŋ]	[N]

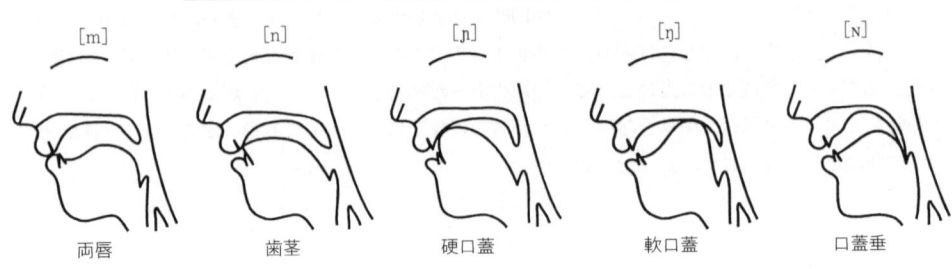

図3.9　鼻音の口腔断面

ナ行音は「ニ」の調音位置が違う　ナ・ヌ・ネ・ノ……………………[n] 歯茎鼻音
　　　　　　　　　　　　　　　　ニ・ニャ・ニュ・ニョ（口蓋化）……[ɲ] 硬口蓋鼻音
　　　　　　　　　　　　　　　　日本語では，硬口蓋より少し前寄りの発音になるので，歯茎硬口蓋鼻音として扱われる。

演習 3.26

［　］に音声記号を記入し，「　」に音をカナで入れなさい。
［　］有声両唇鼻音「　，　，　」の子音。「　」は［mʲi］
［　］有声歯茎鼻音「　，　，　」の子音。
［　］有声硬口蓋鼻音「　，　，　」の子音。
［　］有声軟口蓋鼻音　鼻濁音
［　］有声口蓋垂鼻音　語末の「　」

演習 3.27

次の語の発音を音声記号で書きなさい。
(1) な［　］・に［　］・ぬ［　］・ね［　］・の［　］
(2) ま［　］・み［　］・む［　］・め［　］・も［　］

ガ行鼻音・鼻濁音

　ガ行鼻音・鼻濁音とは環境による音変化の1つです。ガ行音ガ，ギ，グ，ゲ，ゴは，有声軟口蓋閉鎖音［g］に母音がついた音で，カ行の濁音です。それに対して鼻に抜けたガ行音があります。これをガ゜，ギ゜，グ゜，ゲ゜，ゴ゜と表記します。有声軟口蓋鼻音［ŋ］に母音がついた音で，ガ行鼻音とか鼻濁音といいます。

　日本語の共通語発音では，鼻濁音と濁音の使い分けをきちんとすることになっていますが，最近は，この鼻濁音を出せる人が少なくなってきています。

濁音は生理的にあまり心地よい響きではありませんが，鼻濁音が使われることによって，その人の発音に柔らかさ，滑らかさがあるように感じられるものです。

しかしこの鼻濁音は幼少時から発音に気をつけていないと，出せなくなってしまうことがあります。とくに最近の日本人の顔立ちは面長型の人が多く，上咽頭部が丸顔の人に較べて狭くなっていますので，構造的にも鼻濁音が出しにくくなっています。

ゴツゴツした感じのする発音に少しでも柔らかさを感じさせる鼻濁音をきちんと出せるようにしたいものです。

・表記の注意

正確に母音のアを表記しようとするとき，調音点が硬口蓋より前で発音される歯茎音 [t, d, n] には，前舌母音の [a] を記し，硬口蓋より後ろで発音される軟口蓋・声門音 [k, g, ŋ, h] には，後舌母音の [ɑ] を記すようにしましょう。

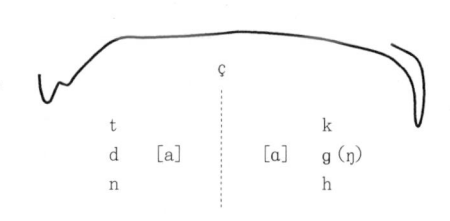

```
         ç
  t              k
  d  [a]   [ɑ]  g (ŋ)
  n              h
```

・鼻濁音になる音

① 語中語尾に出るガ行音

　　山羊 [jaŋʲi]　乳牛 [ɲɯːŋʲɯː]　あげる [aŋerɯ]　籠 [kaŋo]

② 格助詞や接続助詞の「が」

　　わたしが [wataɕiŋa] = [wataʃiŋa]　しましたが [ɕimaɕitaŋa] = [ʃimaʃitaŋa]

③ （結びつきの強い）複合語のガ行音

　　大学 [daiŋakɯ]　科学 [kaŋakɯ]　信号 [siŋŋoː]　小学校 [ɕoːŋakkoː]

④ もともとカ行清音で発音されている語が，複合語になってガ行音となったとき。いわゆる連濁でガ行音となったとき。（連濁：語頭が清音である語が複合語になったため，濁音になる現象。）

　　株式＋会社＝カブシキガイシャ [kabɯɕikʲiŋaiɕa]

　　笑い＋声＝ワライゴエ [waraiŋoe]

　　雨＋傘＝アマガサ [amaŋasa]

　　小＋切手＝コギッテ [koŋʲitte]

　　（例外）複合語化でお互いに独立要素の強い語の場合

　　　　音楽＋学校＝オンガクガッコウ [oŋŋakɯgakkoː]

　　　　高等＋学校＝コウトウガッコウ [koːtoːgakkoː]

・鼻濁音にならない音

① 語頭のガ行音

　　外国 [gaikokɯ]　画廊 [garoː]

② 外来語中のガ行音

　　エネルギー，プログラム，セネガル

　　（例外）イギリス [iŋʲirʲisɯ]　オルガン [orɯŋaɴ]　キング [kiŋŋɯ]

　　　　　　日本語化した語，「ン」の後のガ行音，原音で鼻音［ŋ］のものは鼻濁音化の傾向。
　③　数詞の「五」
　　　　十五［dzɯːgo］　五十五［gozɯːgo］
　　　（例外）数の意味が転化したもの。
　　　　　　十五夜［dzɯːŋoja］　七五三［ɕitɕiŋosaɴ］　七五調［ɕitɕiŋotɕoː］
　④　軽い接頭語の後のガ行音
　　　　お元気［ogeŋkʲi］　朝ご飯［asagohaɴ］　不合理［ɸɯgoːɾi］
　⑤　擬声語，擬態語，漢語の重ね語
　　　　ゴトゴト［gotogoto］　ぐずぐず［gɯzɯgɯzɯ］　ケンケンゴーゴー［keŋkeŋgoːgoː］

・鼻濁音の練習

　鼻濁音がよく出せない人は，発音するときに「ン」をつけて，ンガ，ンギ，ング，ンゲ，ンゴとゆっくり繰り返すことから始めてください。この繰り返しをだんだん速くして，呼気が鼻へ通るのを確かめてください。

　もう1つ，鼻母音を利用する方法もあります。まず，鼻母音のあることばで鼻母音の存在を意識させます。たとえば，「恋愛」［reṽai］と発音させ，鼻母音［ṽ］の存在を意識させます。その後で［reŋnai］と発音させます。それができたら「煉瓦」［reŋa］と発音させますと，たいてい鼻濁音に近い音が出せるようになり，鼻濁音というのはどういうものなのかが理解できてくるようです。

　　　恋愛［reṽai］→［reŋnai］→［reŋa］煉瓦→ガ

　次に，ガとガを交互に繰り返して，両者の違いを知ることが大切です。

　　　雅楽［gaŋakɯ］　疑義［gʲiŋʲi］　具現［gɯŋeɴ］　午後［goŋo］

　このような語の発音で鼻濁音になれるようにしましょう。

　　　四月，仕事，医学，資源，作業，地固め，ヤギとウサギ，油揚げ，口車，国々

演習 3.28

次の文の（　），または［　］の中に適当な語句を入れなさい。

> 　鼻濁音はガ行鼻音とも言われ，（軟口蓋）鼻音［ŋ］に母音がついた音です。濁音のガ行音によく似た音ですが，鼻腔に共鳴させるときに鼻濁音となります。
> 　語中語尾にでてくるガ行音は鼻濁音になります。また（助詞）の「が」や，「目薬」［meŋɯsɯɾi］などの（連濁）によって生じたガ行音なども鼻濁音になります。
> 　鼻濁音にならないのは，「外国」［gaikokɯ］などの（語頭）のガ行音，「ガス」［gasɯ］などの（外来語）のガ行音，数詞の（5），ゴロゴロ，ナヨナヨなどの（擬声語）や（擬態語），それに，漢字の重ねことばのガ行音や軽い接頭語の後のが行音などの場合です。

演習 3.29

次の語の標準的な発音を音声記号で表記しなさい。

(1) 文学　　[　　　　　　　]
(2) うぐいす [　　　　　　　]
(3) 世界銀行 [　　　　　　　]

(5) **流音**（弾き音・震え音・側面音）

弾き音

舌先で上の歯茎を軽く1回弾いて出す音。日本語のラ行音。有声音のみ。

　　有声……ラ行［ɾ］

「ダラダラ」とゆっくり言いながら舌先の動きをよく観察してみると，「ダ」のときは，舌先が歯茎に押しつけられているのに，「ラ」のときは，舌先が歯茎の後部を軽く弾いているのがわかります。こうした音を「弾き音」［ɾ］といいます。舌先を歯茎に押しつける「ダ」の音を「ア」に代え，「アラ」と言って「ラ」の舌の位置をたしかめましょう。

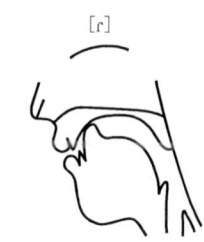

図3.10　弾き音の口腔断面

震え音

歯茎より少し奥（硬口蓋より）に舌先を当て，2回以上震わせて出す音。有声音のみ。

　　有声……（ベランメェ口調の）ラ行［r］

　　　　　　（スペイン語の語頭の）［r］　rosa［rosa］［ルロサ］（ばら）

側面音

［l］の音

　　有声……lip, love

歯茎に舌先を当て，舌の両脇から呼気を通す音。舌の両脇を開けて出さなければなりませんが，側面音の構えをしてから息を吸ってみると，舌の両脇がスースーと涼しくなる感じがします。

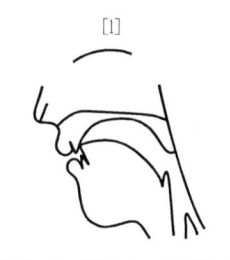

歯茎に舌先が当たっている状態は［t］［n］と同じですが，［t］［n］は舌と上あごで閉鎖しているのに対して，［l］では，奥歯の辺りに隙間があり，空気の流出が感じられます。

図3.11　側面音の口腔断面

以上の，弾き音，震え音，側面音を合わせて流音とよびます。

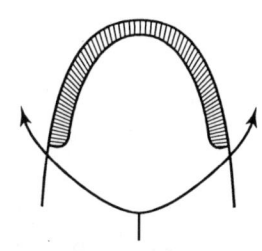

流音

	歯茎
有声	［ɾ］［r］［l］

舌の両脇に隙間
（斜線部分は口蓋に接触）
図3.12　側面音の空気の流出

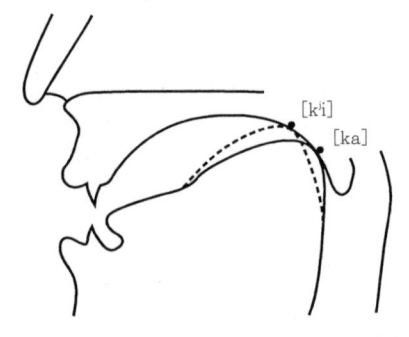

演習 3.30

いくつかのミニマルペアー(最小対語)があります。それぞれのことばの対になる1カ所の音について，有声・無声の別，調音点，調音法の違いについて考え，例のように音を規定してから，a, b, cの中から最も適当なものを選びなさい。2つ以上選ぶ場合もあります。

　a　調音点　　b　調音法　　c　声帯振動

　例：カメ　カベ　　有　両　㊗(有声両唇鼻音)　　有　両　㊗(有声両唇閉鎖音)　　b
　　　サル　ハル　　無　㊗　摩(無声歯茎摩擦音)　　無　㊗　摩(無声声門摩擦音)　　a

① カス　カズ　　　　　⑨ ジシュウ　シシュウ
② ハナ　ハラ　　　　　⑩ キッカリ　キッパリ
③ ハチ　ハジ　　　　　⑪ オヒサマ　オジサマ
④ カイ　タイ　　　　　⑫ ケイシキ　セイシキ
⑤ ブタ　フタ　　　　　⑬ シンソウ　シンゾウ
⑥ ツム　ツグ　　　　　⑭ ヒョウゲン　ショウゲン
⑦ キリン　キジン　　　⑮ シュンコウ　ジュンコウ
⑧ ペンキ　デンキ

［解説］　この問題では，実際に，声に出してその違いを感じ取り，音が規定できるようになっていたいものです。
　　　　　聴解問題を考える手がかりとして，母音，子音とも次のことに留意しましょう。
　　　　　母音では，円唇化，舌の高低，舌の前後の位置，声帯振動，鼻腔の関与です。
　　　　　子音では，調音点，調音法，気息の有無，有声・無声(声帯振動)，鼻腔の関与です。

3．子音の口蓋化

いわゆる五十音図のイ段のイ・キ・シ・チ・ニ・ヒ・ミ・リ：ギ・ジ（ヂ）・ビ・ピの子音や，拗音のキャ・キュ・キョなどの子音は，後舌が硬口蓋寄りの音のため，口蓋化しているといいます。

「柿」というとき，「カ」と「キ」の音は調音位置が少し違うことがわかると思いますが，このような現象を子音の口蓋化といい，キ・キャ・キュ・キョの子音では［kʲi］のようにヨッド［ʲ］を用いて表記します。

・直音・イ段子音

　［kʲi］［gʲi］［ɣʲi］［ŋʲi］［bʲi］［βʲi］［pʲi］［mʲi］
　［ɕʲi］［rʲi］［lʲi］

・拗音

　［kʲa］［kʲɯ］［kʲo］　　［gʲa］［gʲɯ］［gʲo］
　［ɣʲa］［ɣʲɯ］［ɣʲo］　　［ŋʲa］［ŋʲɯ］［ŋʲo］
　［bʲa］［bʲɯ］［bʲo］　　［βʲa］［βʲɯ］［βʲo］
　［pʲa］［pʲɯ］［pʲo］　　［mʲa］［mʲɯ］［mʲo］
　［ɕʲa］［ɕʲɯ］［ɕʲo］　　［rʲa］［rʲɯ］［rʲo］

[lʲa] [lʲɯ] [lʲo]

次の場合は口蓋化の程度が大きいので，音声記号も特殊なものになります。

 シ・シャ・シュ・ショ……無声歯茎硬口蓋摩擦音の［ɕ］または［ʃ］
 語頭のジ・ジャ・ジュ・ジョ（ヂャ・ヂュ・ヂョ）……有声歯茎硬口蓋破擦音［dʑ］または［dʒ］
 語中のジ・ジャ・ジュ・ジョ（ヂャ・ヂュ・ヂョ）……有声歯茎硬口蓋摩擦音［ʑ］または［ʒ］
 チ・チャ・チュ・チョ……無声歯茎硬口蓋破擦音の［tɕ］または［tʃ］
 ニ・ニャ・ニュ・ニョ……有声硬口蓋鼻音の［ɲ］
 ヒ・ヒャ・ヒュ・ヒョ……無声硬口蓋摩擦音［ç］

演習 3.31

外国人学習者が日本語を話すとき，ときどき間違った発音が聞かれます。次のように発音されたとき，その間違った音は，口腔断面図のどれに当たるか指摘しなさい。

(1) ア<u>ス</u>イ（熱い）オ茶デス。

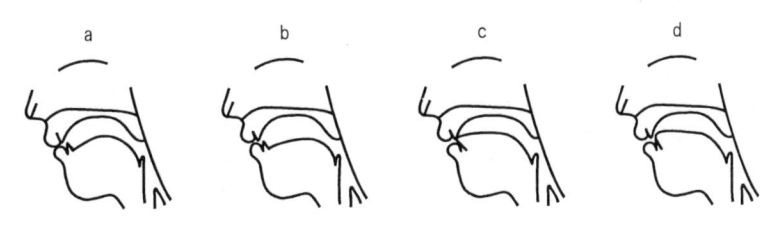

  a   b   c   d

(2) エキハ　コン<u>ジャ</u>ツ（混雑）シテマス。

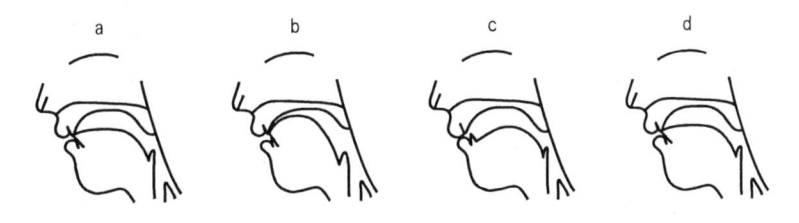

  a   b   c   d

(3) 映画ヲ<u>ビ</u>テ（見て）カエリマス。

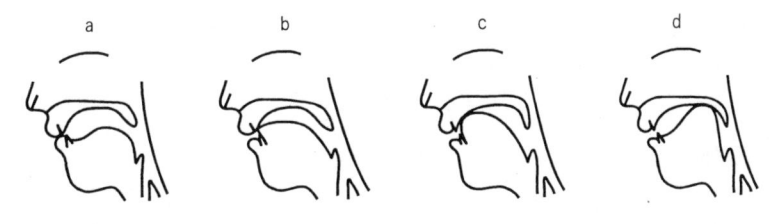

  a   b   c   d

(4) モウ，マンニン（満員）デスヨ。

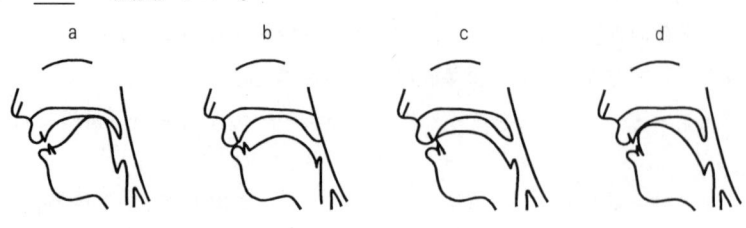

　　　　　a　　　　　b　　　　　c　　　　　d

(5) バソ（場所）ヲトリマシタ。

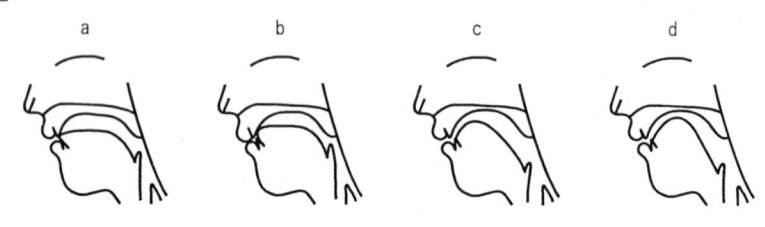

　　　　　a　　　　　b　　　　　c　　　　　d

・アジア系の学習者に多い発音

特徴的なものをあげると，以下の通りです。

① /ザ，ズ，ゼ，ゾ/の発音が，/ジャ，ジュ，ジェ，ジョ/になる。
② /ツ/の発音が，/ス/か/チュ/になる。
③ /シャ，シ，シュ，ショ/の発音が，/サ，スィ（ス），ス，ソ/になる。
④ マ行音の発音で，/ミ/が/ビ/になりやすい。
⑤ 語頭の/ジ/［dʑi］（歯茎硬口蓋破擦音）が，摩擦音の［ʑi］になる。
⑥ /ンイ/の発音が，/ンニ/になりやすい。

　船員，店員，満員などの発音が，/センニン/，/テンニン/，/マンニン/となりやすく，/ン/の発音で，1拍をとることができず，/セニン/，/テニン/，/マニン/ともなりやすい。

・口腔断面図の見方

口蓋帆が開いていれば……鼻音
　　　　閉じていれば……閉鎖音，摩擦音，破擦音
口の中に閉鎖があれば……閉鎖音（破擦音），鼻音
　　　　狭めがあれば……摩擦音
調音点を選ぶとき
　　　　歯茎音のとき…………舌先だけが持ち上がり，舌は平ら
　　　　硬口蓋音のとき………前舌が盛り上がる
　　　　歯茎硬口蓋音のとき……中舌が盛り上がる

4．問題の多い子音

　子音の発音で問題が多いのは，カ行，サ行，ラ行の音です。調音位置や舌の位置が人によっ

てまちまちだったり，呼気の強さが一定しなかったり，口蓋化がうまくできなかったり，発音者一人ひとり，みな原因が異なります。

カ行の閉鎖の開放がスムーズにいかないため，強い語調に聞こえたり，サ行の摩擦が強いと不快な感じを与えたり，逆に摩擦が弱いと舌足らずな感じに聞こえます。ラ行の音は，調音位置に前舌面がつき過ぎると巻舌の音になったり，ダ行と混同しやすくなったり，[l] に近い音だったり [r] に近い音だったりして定まりません。

この3種類の音についてくわしく見ていきましょう⑤。

(1) **カ行音**：**カ・キ・ク・ケ・コ**

閉鎖音（破裂音）。後舌と軟口蓋で呼気を一時閉じて出す音。

その閉じ方の強弱，呼気の出し方の強弱により語調が変ります。軽く閉鎖して出すようにしましょう。強い閉鎖は音が濁ります。

「キ」の発音は後舌と軟口蓋よりやや前の（硬口蓋に近いところ）を閉鎖して出す音で，他のカ・ク・ケ・コの音とは調音位置が少し前寄りになります。口蓋化です。[kʲi]

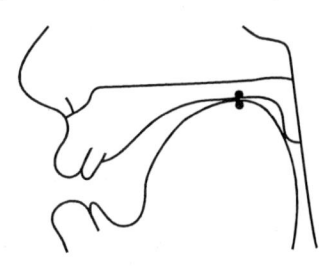

［練習］
① 貨客船の旅客　危険区域　区画区域　規格価格か駆け引き価格か。
② 上加茂の傘屋が神谷に傘借りて，加茂の帰りに返す唐傘。
③ 隣の客は，よく柿食う客だ。

(2) **サ行音**：**サ・シ・ス・セ・ソ**

摩擦音。歯茎と舌先で狭い隙間を作り，そこに呼気を通して出す音。歯茎といっても個人差がありますが，いずれにしても舌先で作る隙間がしっかりできていないと，摩擦が弱くなり，響きの少ないあいまいな発音になってしまいます。

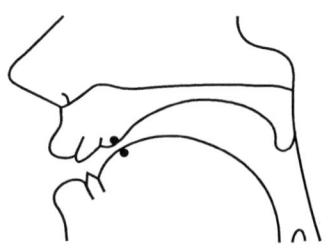

サ行音の中の「シ」[ɕi] = [ʃi] の発音は舌先で作る隙間でなく，前舌かそれより少し後ろの方を盛り上げるように硬口蓋に接近させて発音します。それだけ摩擦の強い音です。それを他のサ行音と同じ調音位置で発音すると，「シ」でなく不明瞭な「スィ」[si] になってしまいます。

同じことがタ行の音でも言えます。「チ」が「ティ」，「ツ」が「トゥ」になってしまう傾向があります。

［練習］
① 桜咲く，桜の山の桜花，咲く桜あり，散る桜あり。
② 射殺して謝罪　生産者の申請書審査　新設診察室　信賞必罰　自縄自縛　自業自得

(3) ラ行音：ラ・リ・ル・レ・ロ

弾き音といわれます。舌先が歯茎に触れて，急に離れるときに出る音。さながら歯茎を弾いて出す音。「ホラッ！」「コラッ！」のように弾く音 [ɾ]。「あれ，これ，それ」などは [l] に近い音。「ラジオ，リボン，レンガ，ロビー」などのラ行音は，最初から舌先が歯茎に触れて発音されます。ベランメエ口調の巻舌の「ラ」[r]，ダ行と混同しやすい「ラ」の音があります。「リ」の音は舌先が歯茎より少し奥になります。口蓋化です。

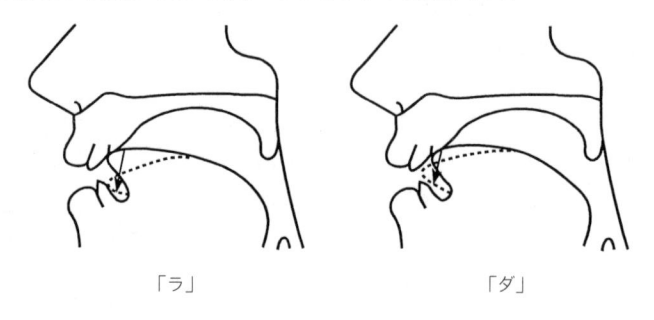

「ラ」　　　　　　　「ダ」

［練習］
① ラジオの団らん　ライブラリー　リオへの旅行は旅客機で
② 行わなければならない　最良の料理　離島で療養中の留学生
③ 雷雨の中を走ったランナーの泥だらけの身体

5．特殊音素

特殊音素は，拍として考えると特殊拍，音節として考えると特殊音節というように，それぞれ呼称が違いますが，撥音(ん・/N/)，促音(っ・/Q/)，長音(ー・R)のことです。特殊音素が実際の音声環境ではどのような音として現れるのか見てみましょう。

特殊音素は他の音素と結びつくことがなく，いつも単独で1拍になります。

音節として数える場合は，前の拍について2拍で1音節を形成します。

　　いん　　（撥音）　　┐
　　いっ（た）（促音）　├　2拍で1音節
　　イー　　（長音）　　┘

「三合買った」は　　　7拍で4音節

撥音，促音は子音のみで1拍分の長さがあります。

また長音の有無で，「オバサン」，「オバーサン」，「オーバサン」のように，音の長さがそれぞれ意味を変えるので外国人学習者にとって難しい音です。では，この3つの音について見ていきましょう。

(1) 撥音（はねる音）

/N/で表される撥音「ん」は，語頭には現れません。子音のみで1拍の長さをもちます。次にくる音と調音点を同じくする鼻音です。

撥音に後続する音が口腔のどこかで閉鎖を受ける子音の場合は，その子音と同じ調音点をもつ鼻音になります。逆行同化の現象です。

私たちにとっては，「あんぱん」の「ん」も「あんたい」の「ん」も，同じ「ん」のように聞こえますが，実は注意してみると，違う音であることがわかります。

音素/N/の異音は，次のようになります。

撥音の後に続く子音がない語末であれば……………………[ɴ]　[saɴ]
後に続く子音が p—，b—，m—の両唇音であれば ……[m]　[sammai]
後に続く子音が t—，d—，n—の歯茎音であれば………[n]　[sandai]
後に続く子音が k—，g—，ŋ—の軟口蓋音であれば……[ŋ]　[saŋkɑi]
後に続く子音が ɲ—の歯茎硬口蓋音であれば……………[ɲ]　[saɲɲiɴ]

このように出現場所が決まっているような環境に出てくる異音を「条件異音」といい，その環境内で「相補的分布」をなすといういい方をします。

表記は次のようになります。

[m]　散歩 [sampo]　田んぼ [tambo]　運命 [ɯmmeː]
[n]　反対 [hantai]　現代 [gendai]
　　　半月 [hantsɯkʲi]（[s, ts, dz, z] の後の ɯ は中舌化 ɯ̈）
　　　団地 [dantɕi]　案内 [annai]　親類 [ɕinrɯi]
[ɲ]　コンニャク [koɲɲakɯ]
[ŋ]　健康 [keŋkoː]　言語 [geŋŋo]
[ɴ]　案 [aɴ]　金 [kʲiɴ]　文 [bɯɴ]
[Ṽ]　（鼻母音の記号）半円 [haṼeɴ]，原因 [geṼiɴ]　談話 [daṼwa]　後続音が，母音（a, i, ɯ, e, o），半母音（j, w），摩擦音（s, z, ɕ・z, ʒ, h, ç, ɸ）のときは，鼻母音 [Ṽ] となる。

演習 3.32

（　）に適当な語句や記号を入れなさい。

特殊音素/N/（　　）の異音は，語頭には現れない。子音のみで（　　）の長さをもつ。その異音は後続する子音によって異なる。後続する子音と同じ（　　）をもつ（　　）になるのである。出現環境が決まっている異音なので，（　　）と呼ばれ，（　　）分布をしている。

ただ後続する音が母音，半母音，摩擦音の場合，異音は（　　）[Ṽ] になる。このように後続する音によって，前の音が影響される現象を（　　）という。

演習 3.33

次の語の標準的な発音を音声記号で書きましょう。

(1) 作文　　[　　　　　]　　(2) 今晩　　[　　　　　]
(3) 前後　　[　　　　　]　　(4) 店舗　　[　　　　　]
(5) 天女　　[　　　　　]　　(6) 般若　　[　　　　　]
(7) インク　[　　　　　]　　(8) サイン　[　　　　　]
(9) カンフル[　　　　　]　　(10) 古本　　[　　　　　]
(11) 近代　　[　　　　　]　　(12) 前金　　[　　　　　]

・撥音の音声指導

外国人学習者に音声指導する場合，いくつかの誤りやすい発音の矯正の仕方を考えます。

① 鼻音の前の撥音

「3人」[saɲɲiɴ]「3枚」[sammai]のような鼻音の前の発音は，/サニン//サマイ/になりがち。この場合は，[ɲ][m]の音を極端に伸ばして発音させるようにします。

[san][ɲin][sam][mai]のように発音させ，次第に口にならして，自然な発音にします。

② 撥音の後に母音，半母音がくる場合

「日本を」「本を」「本屋」を/ニホノ/・/ホノ/・/ホニャ/と発音しがちです。

撥音の後に母音，半母音がくると，[nihoṼo][hoṼo][hoṼja]のようにうまく発音できず，鼻音[n]で代用してしまうことから誤りが生じます。

そこでまず，/ン/が後続音によって変化すること。母音，半母音の前の音は[n]でなくて，鼻母音[Ṽ]になることを理解させます。そして[nihoṼo]の鼻母音を普通の母音にした/ニホオオ/[nihooo]の発音から始めます。/ニホオオ/を何度かリピートし，その後，撥音にあたる/オ/を鼻音化させます。鼻音化は「口のどこにも舌をつけず/ン/と言う」と説明するとよいでしょう。

③ 中国語話者の場合

撥音の鼻音化ができず/マンネーヒツ/（万年筆）　/ニホー/（日本）　/アシ/（安心）といった発音になります。この場合も，[man][nen][hitsɯ]，[ɲi][hoɴ]，[an][ɕiɴ]のように発音させ，口にならすとよいでしょう。

サ行，ハ行の前の撥音を鼻母音化せず，[n]で代用してしまう傾向があります。

前半[dzeṽhan]を→[dzenhan]，三歳[saṽsai]を→[sannsai]と発音します。

この場合も，鼻母音を「口のどこにも舌をつけず/ン/の発音」をさせ，なれさせるとよいでしょう。場合によって，母語の[ŋ]で指導するのもよいでしょう[8]。

(2) 促音（つめる音）

/Q/で表されます。語頭以外の通例無声子音の前に現れます（ただし，強調形や外来語の場合は別）。無声子音とはɸ, k, p, s, t, ç, ʃ, ɕ, tʃ, tɕの音。つまり，フ，ク，プ，ス，ツ，ヒ，シ，チの子音部分の音のことです。

促音は前の音（通例は母音）の発音が終わった後，促音の次の子音を調音するように構えて，1拍の長さを維持する子音です。つまり，後続する音と同じ調音点と調音法をもつ音になります。

後続子音が閉鎖音あるいは破擦音の場合，促音の部分にあたる1つ目の閉鎖音で閉鎖し，破裂しないまま次の閉鎖音に移るので，促音の部分は1拍分の無音部として現れることになります。

［例］「イッパイ」[ip̚p'ai]

　　　⌐ 無開放（non audible release）
　　　' 放出音（口腔のみで気圧変化を起こして調音。[p, t, k] の音にみられる）

後続子音が摩擦音の場合は，摩擦が2拍分続く長い摩擦音になりますので。促音の部分は1拍分の摩擦として現れることになります。

［例］「アッサリ」[assari]

促音は「意味の区別」の点で重要な働きをしています。「肩」（カタ）と「買った」（カッタ）は別の語ですが，その違いは促音が入るか入らないかの違いです。促音でも「イッパイ」と「イッタイ」を比べると，「ッ」の部分の音は違います。

「イッパイ」は [ip̚p'ai] で異音 [p] であり，「イッタイ」は [it̚t'ai] で異音 [t] になります。

演習 3.34

次の語例に合った音声記号を書いてみましょう。

異音	後続子音	語例	音声記号
[s]	[s]	あっさり	[　　　]
[t]	[t]	いったい	[　　　]
[p]	[p]	いっぱい	[　　　]
[ɸ]	[ɸ]	ウッフン	[　　　]
[k]	[k]	がっかり	[　　　]
[ɕ]	[ɕ]	どっしり	[　　　]
[ç]	[ç]	チューリッヒ	[　　　]

・実際の発音上の問題

数詞の「十」「十五」「二十」は「ジュウ」「ジュウゴ」「ニジュウ」なのに「十分」は「ジップン」と読むことになっています。現在「十分」「十本」「十手」「十足」「十回」などの読みは，「ジップン」「ジッポン」「ジッテ」「ジッソク」「ジッカイ」が標準的とされています。

「十」という数詞の後に，無声子音 [ɸ, k, p, s, t] などの音を語頭にもつ語がつくとき，促音化すると同時に「十」[dʑɯː] は [dʑi] となります。もともと「十」は [dʑiɸɯ] であったのが，音韻変化して [dʑiɯ] となり，唇音退化して [dʑi] になった経緯があります。

そして，この [dʑiɸɯ] のように [ɸɯ] の音を末尾にもつ語は，促音化する傾向にあります。「合羽」は，もともと [kaɸɯpa] であったのが，[ɸɯ] の部分が促音化して，[kappa] という

発音に変わったのです。同様にジフ［dziɸɯ］もジッとなり，［dzippɯɴ］になったと考えられます。しかし，日常生活の場面では両者共に使用されています。

・促音の音声指導

促音は無声部も，息をとめて1拍とることを理解させます。

［p］［t］［k］などの子音は，閉鎖―持続―破裂という過程を経て作られます。

そこで，/イッパイ/［ippai］なら［ip］と［pai］に発音を分け，［ip］の［p］を破裂のない子音ととらえさせて，［ip］の後に［pai］をつけて，2つの語を発音させるようにして，次第に口にならしていきます。

この場合，［ip］の母音［i］が長くならないように注意させます。［t］も［k］も，同様の方法で指導ができます。英語圏の学習者ならば，stop point, bus stop, what time といった，発音も利用できます

(3) **長音**（ひく音）

/R/で表され，［ː］で表記されます。長音/R/の異音は前にくる音（母音）によって変ります。長音の部分は前にある母音と同じ母音となって現れ，前の母音が2拍分長く発音されます。

長音も「意味の区別」の点で重要な働きをしています。「オバサン」，「オバーサン」，「オーバサン」はそれぞれ意味が違います。また「呼応」（コオー），「好悪」（コーオ）も意味が違います。長音が入るかどうかで，語の意味が違ってくるのです。長音も語頭には表れず，1拍の長さをもちます。

連母音の長音化，とくに［ei］［oɯ］の場合の長音化には要注意です。

［例］　けいざい（経済）　　　　［keːzai］
　　　　おとうさん（お父さん）　［otoːsaɴ］

ただし，語の意味によって短母音で発音しなければならないものもあります。

［例］　にわか雨，仕入れ，安うけあい，影絵，赤々と，里親（砂糖屋）

・長音の音声指導

多くの学習者は特殊拍を1拍分ではなく，音節の一部と見なすことによって混乱が生じています。「オバサン」「オバーサン」の発音の違いをどう認識させるか。これまでは，「おばさん」「おばあさん」，「地図」「チーズ」などの，母音の長短のミニマルペアを用いて，拍単位で区切って，手をたたいたりして発音させていました。

しかし，拍感覚の指導だけではなかなか効果が上がりません。そこで，/オ/・/バー/・/サン/のように，音節の長短で手のたたき方を変えたり/オバ/・/サン/のように2拍ごとにまとめ，より大きい単位で教えることが行われています。

同時に，アクセントにも目を向けさせ，両面から指導をしていきましょう。

　　　　オ￣バサン　　　オバ￣ーサン

長音が多少短くても　オバ￣サン　と発音することにより「おばあさん」に近く聞こえることもあります。

演習 3.35

次の語の標準的な発音を，音声記号で書きましょう。

(1) 筆記具　　　　　[　　　]　　(8) 接着剤　　　　　[　　　]
(2) 未発達　　　　　[　　　]　　(9) チャイコフスキー [　　　]
(3) どぶさらい　　　[　　　]　　(10) 探し物　　　　　[　　　]
(4) 虚無感　　　　　[　　　]　　(11) 純粋　　　　　　[　　　]
(5) ブラウン管　　　[　　　]　　(12) あわせ鏡　　　　[　　　]
(6) 終戦記念日　　　[　　　]　　(13) 四輪車　　　　　[　　　]
(7) 新聞紙　　　　　[　　　]　　(14) 残念賞　　　　　[　　　]

6．表記に気をつけましょう

音声を記録にとどめるには，録音をする以外に方法がありません。しかし発音された各音の特徴を文字に記録することはできます。私たちが英語の勉強で学習した発音記号がそうですが，音声学では各音を国際音声字母(International Phonetic Alphabeto＝IPA)によって音を記録しています。

ロンドン大学の言語学教室が発表している IPA 表をもとに，一部紹介します。

子音

	両唇	唇歯	歯	歯茎	後部歯茎	そり舌	硬口蓋	軟口蓋	口蓋垂	咽頭	声門
閉鎖音	p b			t d		ʈ ɖ	c ɟ	k g	q ɢ		ʔ
鼻音	m	ɱ		n		ɳ	ɲ	ŋ	ɴ		
ふるえ音	ʙ			r					R		
はじき音				ɾ		ɽ					
摩擦音	ɸ β	f v	θ ð	s z	ʃ ʒ	ʂ ʐ	ç ʝ	x ɣ	χ ʁ	ħ ʕ	h ɦ
側面摩擦音				ɬ ɮ							
接近音		ʋ		ɹ		ɻ	j	ɰ			
側面接近音				l		ɭ	ʎ	ʟ			

記号が2つ並んでいるものは，右が有声音，左が無声音。影の部分は調音不可能とかんがえられる。

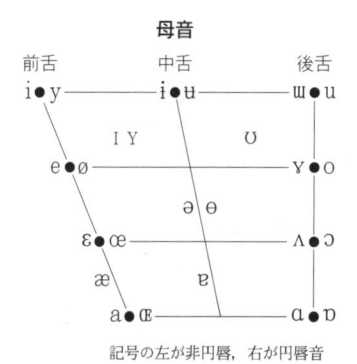

母音

前舌　　　　中舌　　　　後舌

i•y ──── ɨ•ʉ ──── ɯ•u
　　　ɪ ʏ　　　ʊ
e•ø ──────── ɤ•o
　　　　ə ɵ
ɛ•œ ──────── ʌ•ɔ
　　æ　　ɐ
a•ɶ ──────── ɑ•ɒ

記号の左が非円唇，右が円唇音

図3.13　国際音声字母（1996年修正）

日本語の発音を表記する場合の具体的な用例です。これまでの英語の発音記号と少し違っているものもあります。主な音の名称を付記します。

母音 「ウ」 : [ɯ], 関西方言などの円唇の「ウ」は [u]
子音 カ行音：キ [kʲi], ク [kɯ]（カ 無声軟口蓋閉鎖音）
　　　拗音：キャ [kʲa] = [kja], キュ [kʲɯ] = [kjɯ], キョ [kʲo] = [kjo]
　　　サ行音：シ [ɕi] = [ʃi], ス [sɯ]（シ 無声歯茎硬口蓋摩擦音）
　　　拗音：シャ [ɕa], シュ [ɕɯ], ショ [ɕo]
　　　タ行音：チ [tɕi] = [tʃi], ツ [tsɯ]（チ 無声歯茎硬口蓋破擦音）
　　　拗音：チャ [tɕa] = [tʃa], チュ [tɕɯ] = [tʃɯ], チョ [tɕo] = [tʃo]
　　　ナ行音：ニ [ɲi], ヌ [nɯ]（ニ 有声（歯茎）硬口蓋鼻音）（ナ 有声歯茎鼻音）
　　　拗音：ニャ [ɲa], ニュ [ɲɯ], ニョ [ɲo]
　　　ハ行音：ハ, ヘ, ホ [ha, he, ho], ヒ [çi], フ [ɸɯ]（ハ 無声声門摩擦音）
　　　　　　　　　　　　　　　　　　　　　　　　　　（ヒ 無声硬口蓋摩擦音）
　　　　　　　　　　　　　　　　　　　　　　　　　　（フ 無声両唇摩擦音）
　　　拗音：ヒャ [ça], ヒュ [çɯ], ヒョ [ço]
　　　マ行音：ミ [mʲi], ム [mɯ]（マ 有声両唇鼻音）
　　　拗音：ミャ [mʲa] = [mja], ミュ [mʲɯ] = [mjɯ], ミョ [mʲo] = [mjo]
　　　ヤ行音：ヤ [ja], ユ [jɯ], ヨ [jo]（ヤ 有声硬口蓋半母音）
　　　ラ行音：ラ, レ, ロ [ɾa, ɾe, ɾo], リ [ɾʲi], ル [ɾɯ]（ラ 有声歯茎弾き音）
　　　拗音：リャ [ɾʲa] = [ɾja], リュ [ɾʲɯ] = [ɾjɯ], リョ [ɾʲo] = [ɾjo]
　　　ワ行音：ワ [wa]　　　　　　　　　　　　　　　（ワ 有声軟口蓋半母音）
　　　ガ行音：ギ [gʲi], グ [gɯ]（ガ 有声軟口蓋閉鎖音）
　　　ガ行音：ギ [ŋʲi], グ [ŋɯ]（ガ 有声軟口蓋鼻音）
　　　ザ行音（語頭）：ザ [dza], ジ [dzi] = [dʒi], ズ [dzɯ]（語頭ザ 有声歯茎破擦音）
　　　　　　（語中）：ザ [za], ジ [zi] = [ʒi], ズ [zɯ]（語中ジ 有声歯茎硬口蓋摩擦音）
　　　　　　　　撥音の後のザ [dza] は語中でも破擦音＝混雑 [kondzatɯ]
　　　拗音（語頭）：ジャ [dza], ジュ [dzɯ], ジョ [dzo]
　　　　　　（語中）：ジャ [za], ジュ [zɯ], ジョ [zo]
　　　ヂャ行音：ヂャ [dza], ヂ [dzi] = [dʒi], ヂュ [dzɯ], ヂョ [dzo]（ザ行音を参照）
　　　口蓋垂音：語末のン [ɴ]
　　　声門音 ：「アッ」の「ア」の前の緊張の部分と「ッ」の部分の音 [ʔ]

4 日本語の発音(3)

1．超分節音(プロソディー)を考える

　私たちが話すことばは，母音や子音など，音声器官で調音された音のつながりによって語や文ができ，その語や文の連続がコミュニケーションの働きを担っています。

　母音や子音など音声器官で調音された音を分節音といいます。ことばは分節音のつながりによって成り立っていますが，コミュニケーションのためには，これだけでは不充分です。ことばに強い弱いや高い低いの変化があることによって語の意味を区分けしたり，話者の気持を反映したりしています。ことばに音の強弱や高低が加わることによって，初めて普通のことばになります。この，ことばに加えられる音の強弱や高低のことなどを，超分節音（プロソディー）とか韻律と呼んでいます。

　分節音は一音一音取り出して発音したり，表記することができますが，超分節音は，それ自体単独で発音することはできません。必ず分節音の助けを借りて表現できるものなのです。

　たとえば，分節音は/asa/（「朝」）とか/asa/（「麻」）のように，母音と子音で表記することができますが，⌐￣| とか ＿⌐￣ と表記されても，何のことかわかりません。これを，a|sa，a⌐sa のように分節音の助けを借りれば，アクセントの表記であることがわかります。

　このように，単独では取り出せない要素であることから超分節音と呼んでいるのです。アクセント，イントネーション，プロミネンス，ポーズ，リズム，声の質など，いろいろな音声表現要素が含まれています。

(1) アクセント

　アクセントとは，個々の語について社会的習慣として恣意的に決まっている相対的な音の高低や強弱の配置のことをいいます。個々の語について拍を単位にして，それぞれ決まったアクセントがあり，高低は拍と拍との間で変わります。日本語のアクセントは，共通語としてのアクセントが社会的了解事項として決められていて体系的です。

　英語やロシア語，フランス語，朝鮮語，トルコ語は強弱アクセントで，強く発音したり，弱く発音したりすることによって，音質や音色に変化が起こるということがありますが，日本語の場合は拍単位の高低アクセントで，高く発音される場合と低く発音される場合とでは，音質や音色はそれほどの違いはありません（中国語，ベトナム語，アフリカ諸語などは高低アクセント）。

　日本語のアクセントは，地域によって高低の違いがありますし，年齢によっても違いが見られます。また専門用語か，そうでないかによっても違いが見られます。つまり，位相が変われば同じ語なのに，高低がひっくり返ったりしてしまうのです。

　アクセントについて，単語アクセント，句音調アクセント，文音調アクセント（イントネーション）という分類をすることもあります。

A　アクセントの機能
共通語アクセントには次のような機能があります。
① 語の意味を区別する弁別機能（示差的機能）
　　「雨」「飴」，［端］［箸］［橋］，「熱い」「厚い」，「朝」「麻」などの同音語の区別をする働きがあります。
② 語と語の切れ目，語のまとまりを示す働き（統語機能）
　　ニワニワニワトリガイル
　　この表現はアクセントによって2つの意味になります。
　　　　ニワニワ／ニワトリガイル（「庭には　鶏がいる」）
　　　　ニワニワ／ニワ／トリガイル（「庭には二羽　鳥がいる」）
このようにアクセントは語(文節)の最初を示し，なおかつ，語(文節)のまとまりを示す働きがあります。これをアクセントの統語機能（境界表示的機能）といいます（上の例のような「ニワ(二羽)」と「ニワ(庭)」のように語を区別する働きは弁別機能・示差的機能です）。
　日本語のアクセントは基本的には弁別機能(示差)ですが，境界表示的な統語機能も持ち合わせています。

B　アクセントの特色
共通語アクセントの特色として次の4点をあげることができます。
① 第1拍(音節)と，第2拍(音節)の音の高さが必ず違う。
　　第1拍が低ければ，第2拍は高い。
　　　　オカ（丘）　　キモノ（着物）　　オヤイヌ（親犬）
　　第1拍が高ければ，第2拍は低い。
　　　　ウミ（海）　　チギョ（稚魚）　　サンガツ（三月）
このことで語がどこから始まるかがわかる。
② 1つの語の中に，2つ以上のアクセントが出ることはない。
　　2つの語に思われてしまうからで，次のようなアクセントはありえない。
　　　　○○○○○　　　　○○○○
　　　　　　　　　　（これは二つの語につけられたアクセントになる）

　　　　　　　　　　　　　　　　　　　　　　　　はありえない。
　　拍(音節)の多い語でもアクセントは一つ。たとえば，
　　　　「地方公務員」のアクセントは　　チホーコームイン
　　　　「不在者投票」のアクセントは　　フザイシャトーヒョウ　　となる。
③ 高い拍から低い拍へ移る直前の拍をアクセント核という。最後の拍(音節)が高い語には，音の高から低への落ち目・核のあるものと，無いものとの2種類がある。助詞をつけて発音するとその違いがわかる。アクセントの核は┐のような記号を用いる。
　　　　アメヤ（飴屋）　　ワダイ（話題）……アメヤが　　アクセント核がない

チカ̄ラ｜（力）　　　ハヤ̄リ｜（流行）……チカ̄ラが　　アクセント核がある
④　複合語は中高のアクセントになるものがある。
　　タ̄イヘ｜イヨウ（太平洋）　セ̄ンソウ（戦争）→タ̄イヘイヨウセ｜ンソウ
　　ジ̄ドウフクシシ｜セツ　　デ̄ンシケイサ｜ンキ

C　アクセントの型

　アクセント核の有無やアクセント核のある場所によって，アクセントの型がいくつかにわかれます。アクセント核のないものを平板式，核のあるものを起伏式といいます。平板式には平板型の1種類しかありません。起伏式には頭高型，中高型，尾高型の3種類があります。

　　平板式──平板型　　ア̄ヤメ　　ワ̄ダイ　　サ̄クラ　　ハ̄シ（端）
　　　　　┌─頭高型　　ミ̄｜ドリ　　サ̄｜ンガツ　　　　ハ̄｜シ（箸）
　起伏式─┤　中高型　　オカ̄｜シ　　ノミ̄｜モノ
　　　　　└─尾高型　　ヤス̄ミ｜　　イモ̄ート｜　　　　ハ̄シ｜（橋）

　平板型と尾高型のアクセントは助詞をつけると違いがわかります。
　アクセントは単語のレベルに与えられた音量変化（高低）で，体系的であり，アクセントのあるところでピッチも上がっています。そのピッチの変化量は不連続的です。
　次の表を見てください。

表3.2　拍とアクセントの型との関係

	1拍語	2拍語	3拍語
頭高	●（火）	●○（箸）	●○○（かぶと）
中高			○●○（心）
尾高		○●（橋）	○○●（男）
平板	○（日）	○○（端）	○○○（桜）

　アクセント核は拍の数だけあり，核のないものを含めると，拍の数より1つ多いアクセントの型があります。1拍語なら2通り，2拍語なら3通り，3拍語なら4通りと，つまりn拍語なら$n+1$通りの型があるということになります。

・名詞のアクセント

　名詞にはいろいろな型のアクセントがありますが，2拍語には頭高型，尾高型，平板型の3種類。3拍語には頭高型，中高型，尾高型，平板型の4種類というように，拍数＋1通りのアクセントの型があることがわかります。3，4拍語は平板型が多いです。

・複合名詞のアクセント

　(イ)　複合の度合が強いと，中高になる傾向がある。
　　　ハ̄ル｜（春）・カ̄ゼ（風）が複合語になって　　ハル̄｜カゼ（春風）
　(ロ)　性，色，山，課などがつくと，平板になるものが多い。
　　　ゲ̄ンジツセイ（現実性）　　サ̄クライロ（桜色）
　　　ア̄タゴヤマ（愛宕山）　　　コ̄ウチカ（耕地課）

(ハ) 「学」「駅」「県」「市」などとの複合語は，これらの語の直前にアクセント核がくることが多い。

　　ブツリガク（物理学）　　ゲンゴガク（言語学）　　チリガク（地理学）
　　レキシガク（歴史学）　　ケンチクガク（建築学）　　チシツガク（地質学）

　　次の語はこれに該当しない。
　　　　スウガク（数学）　　ヤクガク（薬学）　　オンガク（音楽）
　　　　オンセイガク（音声学）

　　ナガノエキ（長野駅）　　モリオカエキ（盛岡駅）　　アオモリエキ（青森駅）
　　モスクワエキ（モスクワ駅）　　ソウルエキ（ソウル駅）　　ヨコハマエキ（横浜駅）
　　オオサカエキ（大阪駅）
　　カナガワケン（神奈川県）　　トチギケン（栃木県）　　コウチケン（高知県）
　　ナラシ（奈良市）　　カマクラシ（鎌倉市）

(ニ) 「語」「用」「式」などとの複合語は平板になる。

　　ニホンゴ（日本語）　　チューゴクゴ（中国語）　　ロシアゴ（ロシア語）
　　イタリアゴ（イタリア語）　　スペインゴ（スペイン語）　　ドイツゴ（ドイツ語）
　　センスイヨー（潜水用）　　ショーニヨー（小児用）　　ジュウデンシキ（充電式）
　　カイテンシキ（回転式）

(ホ) 「地方」「高校・大学」「現象」などとの複合語は，これらの語頭にアクセント核がくる。

　　カントーチホウ（関東地方）　　シコクチホウ（四国地方）
　　トーホクチホウ（東北地方）　　オキナワチホウ（沖縄地方）
　　モリオカコウコウ（盛岡高校）　　コウチダイガク（高知大学）
　　シゼンゲンショウ（自然現象）

・形容詞のアクセント

　2拍語は頭高型。それ以外は平板型か中高型。
　　　コイ（濃い）　アマイ（甘い）　シロイ（白い）　ミジカイ（短い）

・動詞のアクセント

(イ)　2拍語は平板型と頭高型。
　　　ネル（寝る）　ネナイ　ネレバ　ネマス　ネヨウ
　　　ミル（見る）　ミナイ　ミレバ　ミマス　ミヨウ

(ロ)　3拍語以上は平板型と中高型が多い。
　　　マケル（負ける）　マケナイ　マケレバ　マケマス　マケヨウ
　　　タベル（食べる）　タベナイ　タベレバ　タベマス　タベヨウ
　　　ハジメル（始める）　ハジメナイ　ハジメレバ　ハジメマス　ハジメヨウ
　　　シンジル（信じる）　シンジナイ　シンジレバ　シンジマス　シンジヨウ

演習 3.36

（　）に適当な語句をいれなさい。
(1) 日本語のアクセントは，個々の語について，社会的習慣として（　　　）に決まっていて，（　　）を単位とする（　　　）アクセントである。
(2) 日本語の共通語アクセントは，第（　）拍と第（　）拍は必ず高さが違う。1つの語の中に（　）つ以上のアクセントが出ることはない。
(3) 高い拍から低い拍へ移る直前の拍をアクセントの（　　）という。アクセントの型は，必ず語中の1カ所に下がり目（核）のある（　　　）と下がり目（核）がなく助詞などに続く（　　　）の2つに大きく分けられる。
(4) （　　　）は，核の位置によって（　　　），（　　　），（　　　）の3つの型に分けることができる。n拍語には$n+1$個の型がある。アクセントの型を示すのに（　　）型と（　　）型を区別するときは，語の後ろに（　　　）をつけて発音すると，違いがわかりやすい。

演習 3.37

自分で発音できないアクセントは聞き分けもできません。アクセント記号通りの発音ができるようにしましょう。そこで，次の語を声に出して，アクセント記号通りに発音し，耳に慣らせましょう。
(1) ヒ̄(火)　ヒ(日)　助詞をつけて発音すると区別しやすい
(2) ア̄キ(飽き)　アキ̄(空き)　ア̄キ(秋)
(3) キ̥カイ(棋界)　キ̥カ̄イ(機会，機械)　キ̥カイ(貴会)　 ̥は母音の無声化
(4) ダイタイ(大体［副］)　ダ̄イダイ(橙)　ダ̄イダイ(代々)
(5) ス̥クナゲ　ス̥クナ̄ゲ　ス̥クナゲ(少なげ)
(6) ツーチショ　ツーチ̄ショ　ツーチショ(通知書)
(7) ホ̄ントー(本島)　ホントー(ホント)(本当)　ホ̄ンドー(本堂)
(8) モノシリ(物知り)　モノ̄ズキ(物好き)　モノゴシ(物腰)　モ̄トヨリ(もとより)
(9) ヤッカイモノ　ヤッカイ̄モノ　ヤッカイモノ(やっかい者)
(10) ユビオリカゾエル　ユビオリカ̄ゾエル(指折り数える)
(11) ヒ̄フ(皮膚)　チ̥チ(父)　レイキャ̥クスイ　レイキャ̥クスイ(冷却水)
(12) ケイヤクキン　ケイヤ̥クキン　ケイヤ̄クキン(契約金)

その音にアクセント核がある場合は母音は無声化しませんが，最近は，無声化している音にアクセント核を置く語がみられます。くわしくは「母音の無声化」の項を参照。

演習 3.38

以下に記すものは，語としての意味がなく，音の高低のみを表したものです。表示通りに発音できるか試してみましょう。

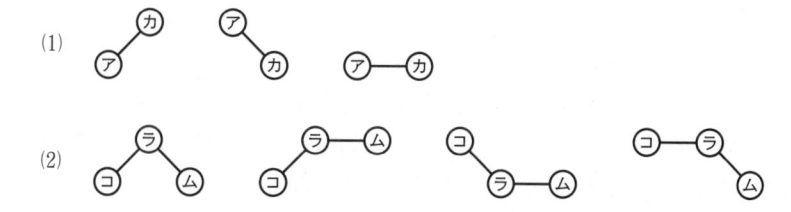

(1) ア—カ　ア—カ　ア—カ

(2) コ—ラ—ム　コ—ラ—ム　コ—ラ—ム　コ—ラ—ム

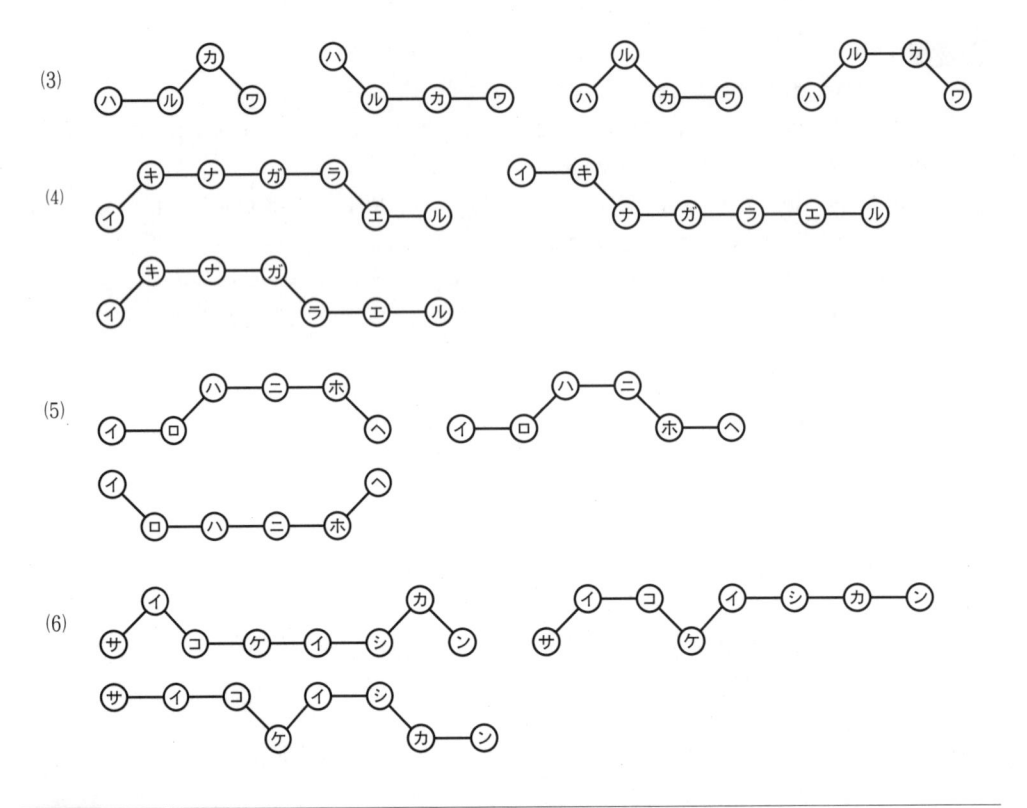

(3) [ハル―カ\ワ型、ハ/ルーカーワ型など、アクセント型図示]

(4) [イ/キーナーガーラーエール、など]

(5) [イ/ローハーニーホ\へ、など]

(6) [サ/イーコーケーイーシーカ\ン、など]

演習 3.39

発音がよく似た語のアクセントについてその型を示し，意味内容を理解しながら声に出して，アクセントの練習をしましょう．

(1) 雨が降る日に飴を振る．　ア\メ　ア/メ　頭高，平板
(2) 暑い日に熱い鍋を厚い板の上に置く．　ア/ツ\イ　ア/ツ\イ　ア/ツイ　中高，中高，平板
(3) いかにも烏賊より以下だ．　イカ\　イ/カ　イ\カ　尾高，平板，頭高
(4) 沿道に咲く豌豆の花．　エ/ンドウ　エ\ンドウ　平板，頭高
(5) 夏期の牡蠣に秋の柿．　カ\キ　カ\キ　ア\キ　カキ\　頭高，頭高，頭高，平板
(6) 雲の向こうに蜘蛛が雲隠れ．　ク\モ　ク\モ　クモガク\レ（ク/モガクレ）　頭高，頭高，中高（平板）
(7) 種を蒔く，水を撒く，幕を巻く．　マ\ク　マ\ク　マク\　マク　頭高，頭高，尾高，平板
(8) 蔓で鶴の足を釣る．　ツル\　ツ\ル　ツル　尾高，頭高，平板
(9) 宵に良い酒飲んで酔いがまわった．　ヨイ　ヨ\イ　ヨイ\　平板，頭高，尾高

(2) イントネーション

アクセントが単語レベルに与えられた音量変化（高低）で，体系的なのに対して，イントネーションは文レベルに与えられた音量変化（抑揚）で非体系的です．個人的なそのときの感情によって抑揚のつけ方はまちまちです．アクセントが社会習慣的なのに対して，イントネーションはあくまで個人的，主観的なものです．文末の「声の高さの時間的変化（抑揚）」により，本来，文が備えている意味内容や話し手の感情を表すもので，一般に，話し手の感情や意志を表すの

に効果的です。

　文末の上昇イントネーションは，「問いかけ」や「念押し」といった相手への直接的な訴えを表します。つまり疑問や念押しのときの表現に用いられます。疑問文の表現では，世界のどの言語にも文末が上昇するという共通の特徴が見られます。

　下降イントネーションは自分が納得するような気持ちの働きを表し，「断定」や「確認」などの表現に用いられます。

　平坦に続く場合は，話しの途中か，相手に続きを要求するといった働きをもちます。

　文末の上昇イントネーション……相手への直接的な訴えを表す。～疑問，念押し。

　　　　下降イントネーション……自分が納得するような気持ちの働きを表す。～断定，確認。

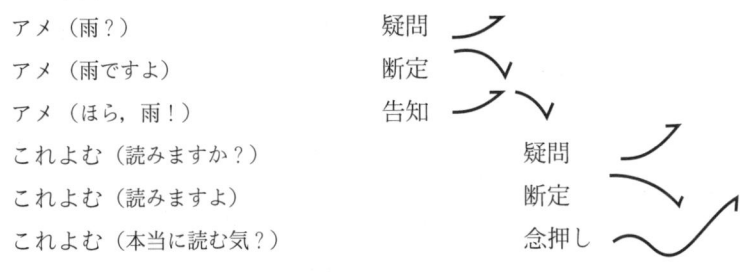

　　アメ（雨？）　　　　　　　　疑問
　　アメ（雨ですよ）　　　　　　断定
　　アメ（ほら，雨！）　　　　　告知
　　これよむ（読みますか？）　　　　　　　疑問
　　これよむ（読みますよ）　　　　　　　　断定
　　これよむ（本当に読む気？）　　　　　　念押し

[練習]

「カエル」という表現があります。話者の感情，意志，話の場の状態などによって，イントネーションを変えて表現すると，図のように意味が変化します。また「蛙」と「帰る」の意味の違いによって，イントネーションは微妙に変わります。声に出して言ってみましょう。

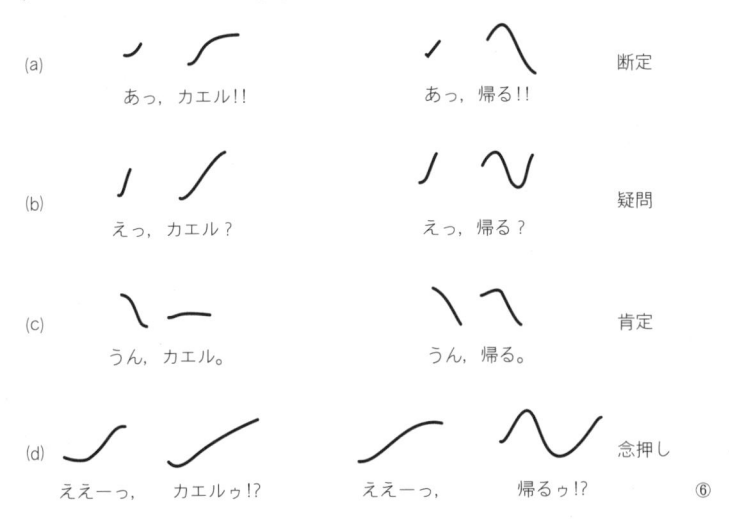

(a)　あっ，カエル!!　　　　あっ，帰る!!　　　断定
(b)　えっ，カエル？　　　　えっ，帰る？　　　疑問
(c)　うん，カエル。　　　　うん，帰る。　　　肯定
(d)　ええーっ，カエルゥ!?　ええーっ，帰るゥ!?　念押し　⑥

演習 3.40

次の表現の文末は，どのようなイントネーションになるか考えなさい。

(1)　まだご飯食べないの　（早くしてよ！）
　　　まだご飯食べないの　（これを終えてから）

(2) あすは郵便局は休みでしょう　（だから，今日中に出しといてって頼んだのに）
　　あすは郵便局は休みでしょう　（だって祝日だもの）
(3) こんなに暑いのに出掛けるの　（物好きだね）
　　こんなに暑いのに出掛けるの　（気をつけてね）
(4) 歩いて3分　（まさか，そんなに近くじゃないでしょう）
　　歩いて3分　（もう一息だ）
(5) もう誰も信じられない　（自分だけが頼りだ）
　　もう誰も信じられない　（そんなこと言わないでよ）

(3)　プロミネンス

「卓立」ともいいます。文の一部の意味を際立たせる表現で，意味的なフォーカスのある部分を他より①高く　②強く　③ゆっくり言うことにより，意味の際立たせ，強調の効果をもたらすものです。逆に，①低く　②声をひそめる　③早く言うなどして意味を際立たせる場合もあります。

話すときばかりでなく，朗読や語りなど，ものを読んで伝えるときかなり重要視されますが，これも体系的な決まりがあるわけではなく，個人の表現力に負うところが多いのです。

プロミネンスは発音の強弱がたいせつな要素になってきます。これは英語などの強弱アクセントのことではなく，話し手がとくに重要視している部分や耳慣れない単語などを発音する際に，聞き手にわかってもらおうとする意識の反映であったり，相手にどうしても伝えたい部分や単語の表現方法であったりするものなのです。

コレハ　ワタシノ　ダイジナ　ホンデス　の表現で，どこにプロミネンスを置くかで，相手に伝わる意味が変化してきます。

これは　ワタシノ　ダイジナ　ホンデス

この場合は，あれこれいろいろあるなかでとくに「これは」が強調されていることになり，

コレハ　**私の**　ダイジナ　ホンデス

この場合は，あなたや彼のではなく「私の」という語が強調されます。

コレハ　ワタシノ　**大事な**　ホンデス

私の持っている本のなかで，とくに「大事な」本ですという強調となります。

コレハ　ワタシノ　ダイジナ　**本です**

大事にしているものは，CDやテープなどでなく，「本です」という強調になっています。

これらの強調は，そのプロミネンスをつけようとする文節の前後に間をとることによって，際立たせることもあります。

演習 3.41

次の文を見て話すとき，プロソディーにより意味内容が違ってきます。意味内容に合ったプロソディーで表現しましょう。

① 京都のお兄さんが来られるんですね。［京都にいる兄弟のうち兄が……］

② 京都のお兄さんが来られるんですね。［兄は，大阪にも札幌にもいる］（プロミネンス）
① どこを散歩しますか。［場所を聞いている］
② どこか散歩しますか。［散歩をさそっている］（イントネーション）
① これはただの水です。［お酒ではない］
② これはただの水です。［お金はいりません］（プロミネンス）

演習 3.42

次の文を，日常的な会話の場面をイメージしながら読んで（話して）みましょう⑦。
A「先生，ちょっとおじゃましてもいいですか」
B「ええ，どうぞ」
A「この間，おっしゃっていた地理学の本をお借りしたいのですが……」
B「ああ，いいですよ。あそこにありますから，どうぞ」
A「あの……，あそこって，どこですか」
B「あそこですよ，ほら，ドアの左にある本棚の上。」
A「ああ，本棚の上から三段目ですね」
B「ううん，もう一つ上の段の赤い表紙の本ですよ。分りませんかね」
A「なあんだ，あれですか」

2．意味の変化によるイメージトレーニング

次の文は意味から考えて，どのように表現できるでしょうか。
　　コーヒーは飲みません。
　　コーヒーは飲みませんか。
　　食事の後にこの薬を飲みます。
　　これは，ドライクリーニングします。
　　嘘はつきません。

次の（　　）のような条件をイメージしながら表現すると，イントネーションやプロミネンスが微妙に変化します。声に出して言ってみましょう。

コーヒーは飲みません。	単なる否定
「（いつも）　　　　　　」	習慣
「（いつもは）　　　　　」	ただし，きょうは飲みます
「（もう）　　　　　　　」	意志
コーヒーは飲みませんか。	誘い
「（いつも）　　　　　　」	反語的。「飲んでたじゃないですか」
「（もう）　　　　　　　」	「飲まない」という意志を問う。
	「そろそろ飲んでもいいでしょう」という誘い。
「（まだ）　　　　　　　」	「早く飲んでしまってください」という催促。

食事の後にこの薬を飲みます。　　　予定
「(いつも)　　　　　　　」　　　習慣
「(いつもは)　　　　　　」　　　しかし，きょうは違います。
「(まだ)　　　　　　　　」　　　その他にも，まだ……。
「(もう)　　　　　　　　」　　　薬を飲み忘れていたが，仕方がない。
「(食前ではなく)　　　　」　　　限定
「(どうしても)　　　　　」　　　強い意志
「(結局)　　　　　　　　」　　　迷ったあげくに……。
これはドライクリーニングします。　断定
「(そのうち)　　　　　　」　　　近い未来。予定の行動。
「(いつも)　　　　　　　」　　　決められた行動。習慣。
「(もう)　　　　　　　　」　　　あんまり汚れがひどいので……。理由
「(結局)　　　　　　　　」　　　いろいろ迷いましたが……。意志
　　嘘はつきません。　　　　　　断定
「(もう)　　　　　　　　」　　　意志，宣言。
「(絶対に)　　　　　　　」　　　肯定的宣言。
「(いつも)　　　　　　　」　　　信条
「(まだ)　　　　　　　　」　　　(そのうちに，嘘をつくかもしれない)
「(法廷では)　　　　　　」　　　法廷以外では，嘘をつくかもしれない。限定。
「(そんなに)　　　　　　」　　　嘘は，これっきりです。

注
(1)　猪塚元，猪塚恵美子（1993）『日本語の音声入門』バベル・プレス　90ページ
(2)　城生佰太郎，松崎寛（1995）『日本語らしさの言語学』講談社　213ページ
(3)　猪塚元他　前掲書　40ページ
(4)　国際交流基金日本語国際センター（1997）『発音』凡人社　27ページ
(5)　城生佰太郎他　前掲書　179ページ
(6)　猪塚他　前掲書　34ページ
(7)　松崎寛也（1998）『よくわかる音声』アルク　37ページ
(8)　同上　177ページ

出所
①　猪塚元他（1993）『日本語の音声入門』バベル・プレス　7ページ
②　同上　38ページ
③　国際交流基金日本語国際センター（1997）『発音』凡人社　14ページ
④　口腔断面図は国立国語研究所報告（1990）『日本語の母音，子音，音節―調音運動の実験音声学的研究』秀英出版を参考にする
⑤　小泉保（1996）『音声学入門』大学書林　図55, 61, 74
⑥　斉藤純男（1998）『日本語音声学入門』三省堂　126ページ

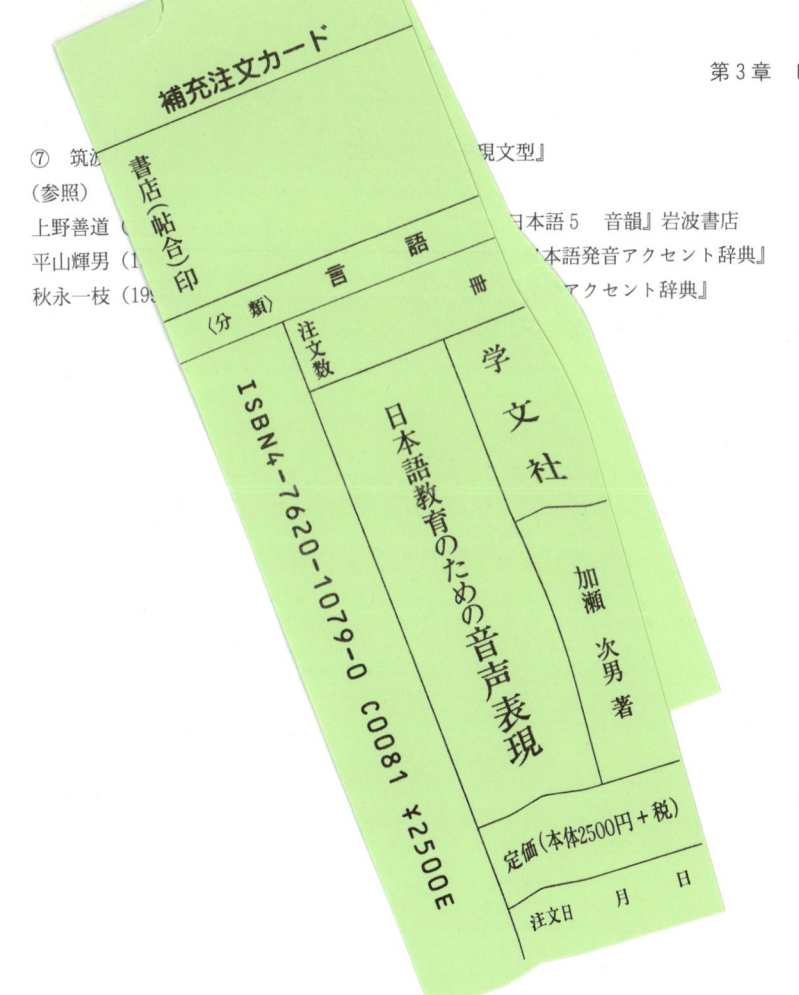

⑦ 筑波〔...〕現文型』
（参照）
上野善道〔...〕日本語5　音韻』岩波書店
平山輝男（1〔...〕本語発音アクセント辞典』
秋永一枝（19〔...〕アクセント辞典』

第4章　日本語の音韻変化

　これまで日本語の発音について考えてきましたが，発音という側面から日本語を考える場合，その基準となるのは現行の共通語です。

　ことばは時の流れとともに，さまざまに変化してきています。日本語の歴史の上で，共通語が成立してくるまでには，それぞれの時代背景のなかで，日本語が，政治，経済，文化，地域，外国語，話者の立場などから，いろいろな形で影響を受け，音韻，語法，文字，語彙など諸々の面で変化してきました。その結果，広く共通な使用領域に至ることばとして，共通語が生まれてきたのです。それはまた，各時代の日本語を体系的に記述するための文献資料が，政治や文化の中心地のものであることが多いことから，中央に偏った性格はまぬかれませんでした。

　ともあれ，私たちが現在，日本語として発音している音そのもののいくつかは，時代によって大きく変化してきているものがあり，その発音の変容を知ることで，ことばについての理解がより一層深まるものと考え，日本語の歴史のなかから，とくに音韻の変化に注目して考えてみることにしましょう（発音表記は，説明上特別な場合を除き，[u] [ʃ] [ʒ] を使用する。江戸語の説明では [u] は [ɯ] を使用する）。

1　歴史に見る音韻

1．奈良以前・奈良時代（—794）

　わが国にはもともと固有のことばがありました。和語（やまとことば）です。中国から朝鮮半島をへて漢字が伝来し，一定の漢字が和語と結びついて訓の用法ができました。

　さらに，奈良時代の終わりから平安時代の初めにかけて，漢字を意味からでなく音や訓の音声面だけを使って万葉仮名が生まれ，「上代特殊仮名遣」が成立しました。万葉仮名の最古の用例は「稲荷山古墳鉄剣銘」(471年)などの金石文です。

　また，万葉仮名の字画の一部を省略して片仮名が生まれ，万葉仮名を草書体(草仮名)にくずして平仮名が生まれています。いずれも平安初期から中期にかけてのこと

図4.1　奈良斑鳩の里①

です。

奈良時代以前は，アイウエオに相当するもののほかに，イエオと似ているが違う音価をもった音があり，合わせて8母音が存在したとされています。また，奈良時代以前の，特徴のある音変化をしたものにハ行子音があります。ハ行子音は奈良以前には，両唇閉鎖音［p］であったとされています。それが奈良時代になって，両唇摩擦音の［ɸ］に変わり，平安，鎌倉，室町時代まで使われるようになります。両唇閉鎖音の［p］の音はハ行とは関係がなくなるわけで，しばらく日本語の音韻から姿を消すことになります。

奈良時代までに，母音と子音のひとかたまりである音節(シラビーム)の考え方がすでにあり，音節数が多かったので，その組み合わせに母音調和や頭音法則などのきまりがあり，母音交替の現象も見られました。

シラビーム(音韻的音節)構造

奈良時代以前から江戸時代初期(16世紀頃)までは，シラビーム構造でした。

日本語の音の数え方に，母音と子音のひとかたまりの音群である「音節」(シラビーム)で数える場合と，音声化に際してリズム上の単位である「拍」(モーラ)で数える場合とがありました。奈良時代まではまだ撥音，促音，長音が日本語の音韻として認められていませんでしたが，それらに類する音の直前の音と一緒にして発音することが行われており，つまり2拍でひとかたまりの音群，1音節ととらえていました。

このシラビーム構造は，16世紀ごろまで続き，その後，モーラ構造に変わっていきました。現在も方言などに見ることができます。

頭音法則

奈良時代に行われていた語頭に関する音節結合には，以下に示す3つのきまりがありました。

① 母音だけの音節は語頭以外には立たない。つまり語中，語尾には立たない。したがって，「あお」は「あを」に，「かい」は「かひ」に，「かう」は「かふ」のように語頭以外の母音を変化させて用いた。

② 母音だけの音節は語中，語尾に立たないので，複合語で母音が連続する場合は，その一方の母音が脱落するか，2つの母音が別の1つの母音に変化する。

  母音脱落：ワガ（我）　イヘ（家）

    ワガイヘ［wagaie］→ワガヘ，ワギヘ

  別の母音に変化：ナガイキ［nagaiki］ →ナゲキ

      ワガイモ［wagaimo］ →ワギモ

      アライソ［araiso］   →アリソ

③ ラ行および濁音は語頭には立たない。

  ラ行音：らしく→あらし

    らる→ある

    （ラ行音は漢語にはあるが，和語にはなかった）

  濁音：だれ→たれ

だす→いだす

母音交替

奈良時代までのもので，それ自体が単語として用いられる語に，他の語が接して1語となるとき，母音が別の母音に取って替わる現象。

アメ（雨）→ア メ ＋（他の語）クモ＝ア マ グモ
（独立した語）（他の語が接する）　　（母音交替）
ツキ（月）→ツ ク ヨ（月夜）
キ（木）　→ コ ダチ（木立）

母音交替は形容詞にも見られ，「赤い」が「アカ」(形容詞)と，母音を交替させて使われます。さらには語の派生にも関係して，「アカ」(形容詞)が名詞となって「アケ」(明け)，動詞となって「アク」(明く)のように使われる。

ハ行子音

ハ行子音は，奈良時代以前は両唇閉鎖音の [p] でした。奈良時代になって，両唇摩擦音 [ɸ] に変わり，平安，鎌倉，室町時代まで続きました。バ行音は，有声両唇摩擦音の [β] から有声両唇閉鎖音の [b] へと変わったと推定されています。

2．平安時代（794—1192）

母音は，奈良時代以前は8母音とも，もっと古くは4母音ともいわれていましたが，平安時代末期(12世紀末)までには，現行と同じアイウエオの5母音体系となりました。

万葉仮名の字画の一部を省略して片仮名が生まれ，万葉仮名を草書体(草仮名)にくずして平仮名が生まれています。いずれも平安初期から中期にかけてのことです。しかし，「オ」と「ヲ」の混同が見られ，「イ」と「ヰ」，「エ」と「ヱ」の混同も徐々に始まっています。これらの音韻混同は鎌倉時代には統合されていきます。

子音については奈良時代と大差なく，サ行は硬口蓋歯茎摩擦音の [ʃ] だったと考えられています。シャ・シュ・ショのような発音だったのでしょう。

ハ行は語頭では [p] から両唇摩擦音の [ɸ] が使われるようになりましたが，語中，語尾では [w] の発音に変わりました。これを「ハ行転呼」といいます。

奈良時代までは，撥音，促音，長音(引き音)は，まだ音素として機能していないので認められていませんでしたが，平安時代になってから，音便が発生し，撥音便，促音便などの形で明確になってきました。また拗音が発生し，連母音が使われるようになり，母音が連続しないという頭音法則もくずれていきました。

アクセントが体系的に明らかになるのも平安時代です。『類聚名義抄』や『金光明最勝王経音義』に使われている四声または六声を示す符号によって，11世紀後半の京都地方のアクセント体系を推定することができます。

万葉仮名

漢字の音を借りて表記した字で，最古の用例は「稲荷山古墳鉄剣銘」などの金石文です。漢字を意味とは無関係に，その音や訓の音声面だけを借りて，日本語の音節表記に利用したものです。奈良時代までに確立し，『古事記』，『日本書紀』，『万葉集』が著されました。

平安時代の初めには，万葉仮名の字画の一部を省略して片仮名が生まれ，平安中期には，万葉仮名を草書体にくずして平仮名が生まれています。

四声

漢字音の4種の声調のことで，奈良時代の『古事記』につけられた符号で表されています。平安時代末(11世紀後半)から，四声または六声を示す符号，声点(しょうてん)が和語にも施されるようになりました。①平声(ひょうしょう) ②上声(じょうしょう) ③去声(きょしょう) ④入声(にっしょう)の声調です。

サ行の音価

奈良時代までは，「サ」が [ts]，「シ・セ」は [ʃ] か [s]，ザ行は [dʒ, ʒ, z] の音で発音されていたと考えられます。シャ・シ・シュ（ス）・シェ・ショのような発音です。

室町時代には，「サ・ス・ソ」は [s] 音になり，「シ・セ」はあいかわらず [ʃ]，「ジ・ゼ」は [ʒ] となり，したがって，「セ・ゼ」は [ʃe] [ʒe] でした。江戸時代になってから「セ・ゼ」は今のような [se] [ze] となります。

四つ仮名は，「ジ・ズ」は [ʒi] [zu]，「ヂ・ヅ」は [dʒi] [dzu] でした。

ハ行の音価

音価の変化を大まかに分類すると，ハ行子音は奈良時代以前は [p] 音だったものが，奈良時代に [ɸ] 音になり，平安，鎌倉，室町の各時代まで続きました。室町時代の末期までは，「ファ，フィ，フゥ，フェ，フォ」という発音でした(バ行音は，[β] から [b] 音に変りました)。

それが江戸時代になって，唇の緊張がゆるくなる唇音退化によって，[ɸ] は現在と同じ [h] の喉音になり，17世紀ごろに京・大坂で，17世紀末の元禄の頃には江戸で，「ハ，ヘ，ホ」が [h] となって一般化し，「ヒ」が硬口蓋音の [ç] となりました。

ハ行転呼

ハ行音にはもう一つ大きな音韻変化がありました。それは「ハ行転呼」と呼ばれ，語中，語尾のハ行音をワ行音で発音する現象をいいます。平安時代後期(11世紀初め)に起きた現象で，これにより，「は」と「わ」の仮名遣いの問題が起きました。

半濁音（パ行音）

パ行の音節とそれに対応する拗音節のことです（パ行音とピュ，ピョ）。

奈良時代以前，ハ行の子音として半濁音 [p] が使われていましたが，奈良時代に [ɸ] に変化して，それ以降，日本語の音韻の中に [p] 音はなかったといわれます。

鎌倉・室町時代に，「オンペンジ」（御返事），「メンパイ」（面拝）などと発音されることがありましたが，パ行音は擬声語，擬態語のなかや，撥音，促音の直後に表れるだけで，必ずしも独立した音節として確立されてはいませんでした。

パ行音が確立するのは江戸時代になってからで,「パン」「ピン」「ペンキ」などの外来語に見られるようになりました。

濁音

ガ, ザ, ダ, バ行の音節とそれぞれに対応する拗音節のことです。

奈良時代までは, 後世よりも音節が多く, 濁音27音節, 清音60と区分されていました。頭音法則があり, ラ行および濁音は語頭には立ちませんでした。

平安時代にはもちろん濁音はありましたが, 平仮名で書かれたものには, 濁点(濁音符)が使われていません。つまり濁音は表記の対象とはなっていなかったのです。濁点を使い始めたのは江戸時代です。

日本語の濁音は鼻音的要素をもっていましたが, /b/の発音では, いち早く失われ, /z//d/音でも, 江戸時代までに鼻音的要素は消失しています。現在では/g/においても, ガ行鼻音(鼻濁音)が失われつつあります。

撥音・促音・拗音

奈良時代までは, 撥音, 促音, 拗音はありませんでした。音声としては機能せず, 当然ながら音便形もなかったのです。平安時代になって撥音, 促音, 拗音が発生します。

撥音：飛びて→飛んで

　　それまで日本語にはキン, コンなどの発音はなかった。中国語からきているといわれる。平安時代から「ん」の字はあったが「む」[mɯ]と発音されてきた。「む」が口蓋垂鼻音の[ɴ]に固定してくるのは江戸時代になってから。

促音：取りて→取って

　　平安時代の和語で促音のあるものは基本的にはない。音便との関係で促音ができてきた。

拗音：日本語にはそれまで,「ニョ」「ショ」の音はなかった。漢語の影響で, 平安時代になって, 拗音の発音が現れる。拗音は漢語であるという認識があったのであろうか。

音便

平安時代になって音便が発生し, イ音便, ウ音便, 撥音便, 促音便が存在するようになりました。

イ音便：サキテ　　→　サイテ（咲）
　　　　ツギテ　　→　ツイデ（次）
　　　　クダシテ　→　クダイテ（下）
　　　　　　イ・ギ・シの音節から生じる

ウ音便：ハヤクテ　→　ハヤウテ（早）
　　　　クハシクス→　クハシウス（微）
　　　　カナヒテ　→　カナウテ（応）
　　　　　　ク・ヒなどの音節から生じる。

撥音便：m音便(唇内撥音便)とn音便(舌内撥音便)の2種類がある。

```
            エラビテ    →    エラムデ（選）
            ツミタル    →    ツムダル（摘）
                  ビ・ミなどから転じたm音便（唇内撥音便）
            サリヌ     →    サンヌ（去）
            セニ      →    セン（戦）(1)
                  ニ・リなどから転じたn音便（舌内撥音便）
    促音便：タチテ     →    タッテ（発）
            キリテ     →    キッテ（伐）
```

イ音便とウ音便は平安時代初めのころには見られています。撥音便と促音便はそれよりも遅れ，平安後期(11世紀後半)に撥音を「ン」，促音を「ッ」で表現するようになります。音便は鎌倉時代以降，一般化します。撥音便は鎌倉時代にm音便とn音便の混同現象も起きています。

オ・ヲの混同

平安時代の音韻変化の１つ。平安後期(11世紀初)には「オ」と「ヲ」が一緒になって，発音は［wo］でした。江戸中期に［o］となります。両唇音［w］の退化もしくは消滅によるものです。

オの音価

平安時代の「オ」と「ヲ」の混同を見ると，オ［o］とヲ［wo］では頭音法則によって「オ」は語頭以外には立たないので語頭での混同が見られましたが，平安後期(11世紀初)には統合したと見られます。江戸初期(17世紀初)まではオは［wo］と発音されていました。［wo］が［o］と発音されるようになるのは江戸中期（18世紀中）に入ってからです。

イ・キの混同

平安時代から鎌倉時代(12世紀末)にかけての音韻変化。語中，語尾の「イ」と「キ」の混同現象ですが，鎌倉時代には音韻統合され，室町時代(13世紀)に「イ」，「キ」は［i］になりました。

エとヱの混同

平安時代初期までア行の「エ」は［e］，ヤ行の「エ」は［je］の区別があったと見られます。48字の仮名すべてを綴った歌詞である『あめつち』によれば，「エ」と「ヱ」を区別して記してあることから，『あめつち』は平安以前の作であることが考えられます。

源為憲（ためのり）『口遊（くちずさみ）』(970)には「エ」と「ヱ」の区別がなくなっていることから，このころから「イ」と「エ」の混同が多くなったと考えられます。

鎌倉時代(12世紀末)には「エ」と「ヱ」の区別がなくなり，室町時代(13世紀)まで，ともに［je］の発音となりました。「エ」を［je］と発音しないで，今日のように［e］と発音するようになったのは江戸中期(18世紀中)のことです。

3. 鎌倉時代 (1192—1333)

　イとヰの区別，エとヱの区別がなく，混同が続いた時代です。漢字音が中国語本来の発音から日本語としての発音に変わってきています。撥音の「ねむ」と「ねん」のような m 韻尾と n 韻尾の区別がなくなり，二重母音の [eɯ] と [oɯ] の混同が見られるようになります。エウ(葉)がヨウに，セウ(抄)がショウのように使われます。平安後期から鎌倉時代以降，拗音が確立し定着していきます。

　合拗音のクヮ [kwa]，グヮ [gwa] は，閉鎖音のカ [ka]，ガ [ga] と依然として区別されていましたが，合拗音のうち，クヰ [kwi]，クェ [kwe]，グヰ [gi]，グェ [gwe] は直音化してキ [kʲi]，ケ [ke]，ギ [gʲi]，ゲ [ge] と同音になりました。唇音退化の影響と考えられます。

　また，発音がしやすいようにということから，「連声(れんじょう)」「連濁」の現象も見られるようになります。

拗音

　子音と母音の間に半母音 [j] [w] を介する音節です。もともと和語にはない音韻なので奈良時代までには存在しなかったのです。平安時代から鎌倉時代以降，音韻として確立し，定着してきました。

　室町時代に，オ段の長音が発生し，開音 [au] と合音 [ou] の 2 種類の区別を生じましたが，拗音でも開音は [jau] 合音は [jou] の区別がありました。江戸時代になってこの区別がなくなって，[jo:] になり，拗長音と呼ばれるようになります。

合拗音

　半母音 [w] を介する音節で，クァ，グァなどの音は合拗音と呼ばれます。

　鎌倉時代に，クヰ [kwi]，クェ [kwe] が直音化してキ [kʲi]，ケ [ke] となり，グヰ [gwi]，グェ [gwe]，が直音化して [gʲi]，[ge] となりました。江戸時代にクァ [kwa]，グァ [gwa] が，カ [ka]，ガ [ga] と直音化します。

唇音退化

　唇の緊張がゆるい方向に変化していく現象。

　p→ɸ→h というハ行子音の変化は両唇閉鎖音から，それよりも唇の緊張の弱い両唇摩擦音に変わり，やがて唇をまったく使わない声門摩擦音へと変化してきました。「たふぇず」(耐ふ) [taɸezu] が唇音退化して，「たへず」[tahezu] となるのもその一例です。

　漢字音の合拗音 [kwa, kwi, kwe] が [ka, kʲi, ke] のように直音化したり，さらにはワ行のヰ [wi] が [i] に，ヱ [we] が [e] に，ヲ [wo] が [o] に変わったのも，両唇音 [w] の退化もしくは消滅によるものです。

　助動詞「む」の mu→ɴ→u の変化，つまり「行かむ」[ikamu] → 「行かん」[ikaɴ] → 「行かう」[ikau] という変化もやはり唇の緊張の弱まりによるもので，「ウ」が現代共通語では非円唇の [ɯ] となって唇の丸めを失ったのもこの流れを受けたものです。

連声
おもに漢語の熟語化に際して生じる音変化で，直前の子音の韻尾［m］［n］［t］を後続の字音の母音にもつけて，マ，ナ，タ行で発音する現象をいいます。

　　三位（さんい）→さんみ　　因縁（いんえん）→いんねん
　　雪隠（せついん）→せっちん　陰陽（おんよう）→おんみょう
　　観音（かんおん）→かんのん

連濁
語と語が複合化するとき，後にくる語の語頭子音が清音から濁音に変わること。鎌倉時代には見られ，室町時代には現代より多く濁音化したといわれます。

　　前（マエ）と歯（ハ）　→マエバ
　　赤（アカ）と貝（カイ）→アカガイ
　　雨（アメ）と傘（カサ）→アマガサ
　　旅（タビ）と人（ヒト）→タビビト

カ，サ，タ，ハ行で始まる字訓が複合語となるとき，連濁となる傾向があります。

演習 4.1

次の文は，鎌倉時代の音韻について述べたものです。下の語群からことばを選んで，（　）に記入しなさい。

> 鎌倉時代，定家仮名遣いが考えられるようになったのは，発音通りに書き分けができなくなってきたためで，音の上での混乱が生じていたと言える。「い・ゐ」「え・ゑ」「お・を」の混乱である。さらにこれに（　　　）の場合が加わる。
> 　これらは，すでに（　　　）に始まっていたことであるが，鎌倉・室町時代の発音としては，「え」はヤ行の（　　　）に，「お」はワ行の（　　　）になっていたと推定されている。
> 　「アウ」の音はオ段の長音となるが，（　　　　）は室町時代にもなされていた。
> 　子音では，サ行音は「セ」の音が（　　　）と硬口蓋歯茎音に，ハ行音は（　　　）であったと考えられている。ただし，サ行音については，西の地方のことで，東の地方では現代語と同じ歯茎音であった可能性もある。「じ」「ぢ」「ず」「づ」の（　　　　）は残っていた。
> 　撥音・促音は，この時代には一つの音韻として使われるようになる。そして，この2種の音は軍記物の中では，力強さをもたらす発音として好まれたのか，多くの例を見出すことができる。濁音は，「ウムの下にごる」と言われ，この2音のあとでは（　　　　）がしばしば生ずるといったことがある②。
>
> 　　開音・合音の区別　　「ゑ」　　両唇摩擦音　　「シェ」　　四つ仮名の区別
> 　　「を」　　連濁の現象　　平安時代　　ハ行転呼音

4．室町時代（1333—1603）

古代語から近代語への変化が一層激しく進んだ時期で，この時代の言語は，よく現代語の源

流ともいわれます。

日常生活から生まれた「話しことば」が文学，芸術，学問などいろいろなところで使われるようになりました。同時に海外交流も盛んになり，口語体で書かれた書物も編纂され，口語資料が豊富になってきます。それだけ，口語と文語との差が大きくなっていったわけですが，キリスト教宣教師によってローマ字が伝わったことも，この時代の特色といえるでしょう。ローマ字表記によって当時の音韻を知ることができるのです。

母音はアイウエオの5母音ですが，「エ」は [e] ではなく [je]，オは [wo] であったと考えられます。

連母音が融合してウ段とオ段に長音が発生しました。オ段の長音には開音と合音の2種類があり，開音は [au] が融合して [ɔː] に，合音は [ou] が [oː] になったと推定されています。

子音ではハ行音はあいかわらず [ɸ] の音が使われています。

図4.2 京都・金閣寺③

サ行音，ザ行音では「シ」「セ」が [ʃi] [ʃe]，「ジ」「ゼ」が [ʒi] [ʒe] であったと考えられます。

タ行音，ダ行音では室町末期(16世紀初)には「チ」と「ツ」が破擦音化して [tʃi] [tsɯ] に，「ヂ」「ヅ」は [dʒi] [dzɯ] に変化しました。これによって [dʒi] は [ʒi] に，[dzɯ] は [zɯ] に発音が似ているため，四つ仮名が混同されはじめました。

合拗音はクヰ [kwi]，クヱ [kwe] が，キ [kʲi]，ケ [ke] に，グヰ [gwi]，グヱ [gwe] が，ギ [gʲi]，ゲ [ge] と直音化しましたが，クヮ [kwa]，グヮ [gwa] については直音化はされていません。これが直音化するのは江戸中期になってからです。

この時代は連声が盛んに行われ「御主」（おんなるじ），「今日は」（こんにった），「人間は」（にんげんな），「念仏を」（ねんぶっと）など，字音語だけでなく和語にも見られます。連濁も多用されています。

「エ」と「ヱ」の発音

平安初期まで「エ」は [e]，「ヱ」は [je] のように区別されていました。鎌倉時代(12世紀末)になって両者の区別がなくなり，室町時代(13世紀)まで，「エ」も「ヱ」も [je] と発音されていて，江戸中期(18世紀中)に「エ」は現在のように [e] と発音するようになります。

オ段長音

室町時代は，いわば古代語的な性格を残す最後の時期ともいえます。

母音についてみると，連母音の融合により，ウ段とオ段の長音が発生しました。オ段長音は開音 [ɔː] と合音 [oː] の2種類があります。開音 [ɔː] は [au]（拗音は [jau]）から転じたもので，書かう [kakau] →書こう [kakɔː]，早う [sau] → [sɔː]，妙 [mjau] → [mjɔː]，のように長音化しました。合音 [oː] は，[ou]（拗音は [eu]）などの母音連続から転じたもので，送 [sou] → [soː]，良う [jou] → [joː]，調 [teu] → [tjoː] のように長音化しました。

「シ」と「セ」の発音

サ行音，ザ行音のうち室町時代にはサ・ス・ソが [s]，シ・セが [ʃ]，ジ・ゼが [ʒ] でした。つまりは「シ」「セ」は [ʃi] [ʃe]，「ジ」「ゼ」は [ʒi] [ʒe] でした。

平安時代のシャ・シ・シュ・シェ・ショやその濁音化した発音が，室町時代には「セ」[ʃe] と「ゼ」[ʒe] の音に限ってまだ残っています。東国ではこの頃，すでに [se] [ze] の音も使われていて，江戸時代になって「セ」[se]，ゼ [ze] となります。

タ行・ダ行の音価

奈良時代まで，タ行は [t] ― [ta, ti, tu, te, to] のように発音され，破擦音の「チ」「ツ」のような発音はされていません。ダ行は [d] ― [da, di, du, de, do] でした。

室町時代末期(16世紀初)に [ti] [tu]，[di] [du] が破擦音化してチ [tʃi] ―ツ [tsu]，ヂ [dʒi] ―ヅ [dzu] となる音変化がありました。それまで，いわゆる四つ仮名はヂ [dʒi] ―ヅ [dzu]，ジ [ʒi] ―ズ [zu] と区分けがはっきりしていたのが次第に混同し始め，江戸中期・元禄の頃 (17世紀末) にはその区別がなくなり，音韻が1つとなりました (現在では高知，九州などに残っています)。

四つ仮名の仮名遣いについて，元禄の頃に出された『蜆縮涼鼓集(けんしゅくりょうこしゅう)』は有名です。「しじみ (蜆)・ちぢみ (縮)・すずみ (涼)・つづみ (鼓)」を書名にしたもので，混同している四つ仮名の区別を説いています。

5．江戸時代 (1603—1867)

江戸時代のことばの特色としてあげられるのは口語と文語との違い，地域による言語の違い，階層による言語の違いが顕著に見られることです。なかでも，上方語と江戸語，武士のことばと町人のことばなどのように位相の違いによる影響の強いことが指摘できます。

江戸時代は宝暦年間(18世紀中)を境に前期，後期，2つの時期に分けることができます。前期は文化的に優位だとみなされる京・大坂を中心とする時期です。上方語の影響が強く残っています。後期は文化的にその地位を向上させていった江戸を中心とする時期です。江戸語として，次第に整ったものとなっていきます。

江戸語の場合，同じ町人でも上層，下層の別でことばが違い，場合によっては上中下の三層の区別が必要だといわれるくらいです。武士のことばについては不明な点も多いのですが，場面によって使い分けがされ，関西的な言い方や文語調などが入っていたようで，母音の訛(なまり)は少なかったとされています。また上層の旗本ことばと下層の御家人ことばに違いがあったようです。江戸語は文化・文政の頃，完成したといわれます。出版の隆盛や寺小屋の普及で，識字層が広がったことも特徴として考えられるでしょう。

江戸中期(17世紀末—18世紀中)以降，元禄のころを境にわが国のことばが発音の上で大きく変わりました。それまで区別のあった音韻が1つになるという変化です。これまでの音がどのように変わったのかをみると，次のようになります。

① オ段長音の開音・合音の区別がなくなり同じ発音になった。
② 半母音［w］を介する合拗音のクァ・グァがカ・ガのように直音化した（クヰ，クェについては鎌倉・室町時代に直音化）。
③ 四つ仮名の区分けが失われ，同じ発音になった。
④ 「ウ」［u］，「エ」［je］，「オ」［wo］，「セ」［ʃe］，「ゼ」［ʒe］の音価が変わった。「ウ」は18世紀後半に非円唇の［ɯ］に変わり，「エ」は［e］に，「オ」は［o］に，「セ」は［se］，「ゼ」は［ze］に変わった。
⑤ ハ行子音の音価も「ハ・ヘ・ホ」［φa, φe, φo］が［ha, he, ho］と，現行の発音に変わった。京・大坂では17世紀の中頃に変化が完了していたが，江戸でも17世紀末までには完了している。「ヒ・フ」［φi, φu］も［çi, φɯ］と変わり，ハ行子音は現在の発音と同じになった。
⑥ パ行音（半濁音）の［p］は，それまで音節として認められていなかったが，発音が「パン」「ピン」「ペンキ」などの外来語に見られるようになり，1つの音韻として確立された。

江戸語の音韻的特色としてきわ立ったものをあげるならば，①ア段長音の使用，②イ段，エ段の長音化（連母音の音訛），③ヒとシの混同，④「シュ・ジュ」の音を「シ・ジ」と発音，⑤母音の［i］［ɯ］が無声子音に挟まれて無声化するなどの現象です。

語彙の面では，敬語の助詞の「しゃる」「しゃんす」「やんす」「んす」がよく用いられました。女房ことば，遊里でのことばが影響しています。

感動を表す終助詞，間投助詞では上方語の「いの」「いのう」「わいの」，江戸の「ぜ」「ぜえ」「ね」「ねえ」「さ」などが特徴的です。

待遇表現では江戸前期には上方語の「おまえ」「こなた」「そなた」「そち」「おのれ」，江戸後期には江戸語で「あなた」「おまえさん」「おまえ」「おめへ」「てめへ」となっています。丁寧語では「……ます」が用いられ，「……です」は幕末になってから広まりました。

上方語

江戸時代，京・大坂を中心に話されたことばです。

江戸前期は上方語の影響が強く，とくに元禄（17世紀末）以降に上方語としての特色が現れ，近松の世話ものなどにより話しことばが各方面に広まりました。文化・文政（19世紀）の頃，江戸語が完成し，洒落本，滑稽本，人情本，黄表紙，合巻などにより話しことばが定着していきます。

上方語の動詞は「足る」「借る」のように四段活用なのに，江戸語では「足りる」「借りる」のように上一段活用になります。上方語の「……ぢゃ」が江戸語では「……だ」となり，上方語で動詞の「死ぬ」「往ぬ」のナ行変格活用が長い間使われていましたが，江戸語では四段活用に吸収されています。

ア段・イ段の長音化

江戸語の特徴的な音変化です。いずれもきちんとした発音をしなくても意味が通じてしまう

ような、いわば発音しやすさを優先させた結果生まれたものです。

ア段の長音化は助詞の「は，ば」のように両唇を使う発音を唇音退化で簡略化して発音しようということから「それは」[soɾewa] が [soɾjaː]、「見れば」[miɾeba] が [miɾjaː] になるように長音で発音する現象です。

イ段の長音化は連母音の音韻変化で「悪い」[waɾui] が [waɾiː] のように連母音 [ui] が融合したものです。

エ段の長音化（連母音の音韻変化）

江戸語の音韻の特色である連母音の音訛です。[ai][ae][oi][oe][ie] などを連母音として発音せずに，エ段の長母音で発音する現象で，江戸下町のことば，職人ことばとしてよく使われました。

[ai] を [eː] と発音する。最も用例が多い。世界 [sekai] を [sekeː]，最後 [saigo] を [seːgo]，「しがない」[ʃiganai] を [ʃiganeː]

[ae] を [eː] と発音する　　「手前」[temae] を [temeː]，帰る [kaeɾɯ] を [keːɾɯ]

[oi] を [eː] と発音する　　「一昨日」[ototoi] を [ototeː]，太い [ɸɯtoi] を [ɸɯteː]

[oe] を [eː] と発音する　　「どこへ」[dokoe] を [dokeː]

[ie] を [eː] と発音する　　「教える」[oʃieɾɯ] を [oseːɾɯ]

「ヒ」と「シ」の混同

「ヒ」と「シ」の混同は江戸語の音韻の特色の一つです。「ヒ」は無声硬口蓋摩擦音 [çi] であり，ハ行音の他の音に較べて音の出し方が少し違っています。

中舌を上顎の硬口蓋に接近させて音を出すのは，他のハ行音よりも努力がいります。一方の「シ」[ʃi] は舌を硬口蓋よりももっと歯茎よりの歯茎硬口蓋に接近させるだけで、発音しやすい摩擦音です。

江戸時代になって、いろいろな発音上の規制がゆるくなったのにともない，「ヒ」の発音も，労力のかからない「シ」で代行することが行われ，混同が生じました。「日が暮れる」の「日」が [ʃi] に，「火鉢」[çibatʃi] を [ʃibatʃi]，「ひも」[çimo] を [ʃimo] と発音したりして，江戸下町の町人ことばとして多く使われました。

似たような現象で、「シュ・ジュ」の音が「シ・ジ」と発音されるようになります。「亭主」[teːʃɯ] が [teːʃi]，「宿場」[ʃɯkɯba] が [ʃikɯba]，「千住」[senʒɯ] を [senʒi]，「珊瑚珠」[saŋŋoʒɯ] が [saŋŋoʒi] などと言いました。現在でも，東京語下町ことばに受けつがれています。

江戸時代の主な音価の変遷

「オ」の音価：江戸初期（17世紀初）までヲ [wo] と発音されていたが，江戸中期（18世紀中）になってオ [o] になった。

「エ」の音価：「エ」は室町時代（13世紀）まで [je] と発音されていたが，江戸中期（18世紀中）に，[e] の発音になった。

「セ・ゼ」の音価：「セ・ゼ」の音は室町時代までは「シェ・ジェ」のように聞こえる [ʃe]

[ʒe] であった。室町末期に東国では [se] [ze] と発音されていたが，江戸時代になって [se] [ze] の発音が定着した。

外来語

漢語以外の外国語から借用した語です。室町時代にポルトガル語の外来語，「カステラ」「シャッポー」「ビロード」，スペイン語の「メリヤス」などが入ってきました。それより以前，平安時代に，漢字音が日本語の語彙として取り入れられ，室町時代は唐音の「饅頭」「布団」などの語が使われました。江戸時代にオランダ語から，「アルコール」「コーヒー」「ビール」「ガラス」などの語が使われるようになり，明治以降，外来語はきわめて大量に生み出され，使用されました。ちなみに近代中国語の「麻雀」「しゅうまい」は外来語です。

演習 4.2

次の文を読み，語群のなかから適当なものを選び，空欄を埋めなさい。同じ語を何度使ってもよい。

『竹取物語』に，「翁の命，けふともしらぬを」という文があります。この文の「けふ」というのは，「きょう」（今日）のことを言った（　　　）です。

「けふ」が「きょう」と発音されるに至るまでには，いくつかの（　　　）がありました。「けふ」という発音の「ふ」に注目してみましょう。奈良時代以前の日本語のハ行子音は，両唇閉鎖音（　　　）の音声記号で表される音だったと言われます。「ハ，ヒ，フ，ヘ，ホ」が（　　　）という発音だったというのです。

それが奈良時代以降，（　　　）である（　　　）に変化して，「パ，ピ，プ，ペ，ポ」が（　　　）という発音に変わりました。平安末期に著されたサンスクリットの悉曇学の書，『悉曇口伝』には，マ行子音は唇の外側まで合わせて発音するが，ハ行子音は唇の内側を合わせて発音するという記述が見られ，（　　　）音の発音の仕方が説明されています。

ところが鎌倉時代以降，徐々に始まった（　　　）現象によって，唇を使う音が次第に消え始め，江戸時代には，「ファ，フェ，フォ」が，現在と同じ（　　　）の（　　　）音になり，「フィ」が（　　　）の（　　　）音になりました。しかし，「フ」の音だけはあいかわらず [ɸ] のままでした。

そこで「けふ」ということばは，実に長い間 [keɸu] と発音されていたのですが，（　　　）現象の影響をまぬかれることができず，いつの頃からか，[keɸu] は [keu] へと発音が移行していったのです。

しかし，（　　　）はここで止まったわけではありません。[keu] という発音は，室町時代に発生した（　　　）のオ段の長音化の影響を受けて，[eu] が [joː] に転じました。

「蝶」が「てふ」[teɸu] から，「てう」[teu] へ，そして「ちょう」[tjoː] になったのと同じように，長い時代にわたって発音されてきた [keɸu] [keɸu] は（　　　）の影響で「けう」[keu] となり，開合の区別により，「きょう」[kjoː] という発音になったのです。

このような音韻の変化は，当時の日本語をローマ字で表記したキリシタン文献で知ることができ，ロドリゲスの（　　　）や，ポルトガル語の日本語辞書（　　　）なども参考になりました。

[語群]

　　声門摩擦音　　両唇閉鎖音　　両唇摩擦音　　硬口蓋摩擦音　　音韻変化　　古語

> 『日葡辞書』　『日本大文典』　唇音退化　開音と合音　[ç]　[p]
> [h]　[ɸ]　「ファ，フィ，フ，フェ，フォ」　「パ，ピ，プ，ペ，ポ」

2　現在の発音に至るまで

それぞれの時代に生じた音韻の変化，その時代まで継続されている発音，その時代を特色づける音価について説明してきましたが，それぞれの主な音がどのように変遷をとげて現在に至っているかを整理し，概括してみましょう。既述の音価等についても系統的に考えてみます。

1．「エ」の音価の変遷

平安中期(10世紀後)までは発音上，「エ」[e] と「エ」[je] の区別がありました。仮名を重複しないように綴った歌詞『あめつちの詞』では「エ」と「エ」を区別して48文字を綴っていることから10世紀以前の作と考えられます。このことからも「エ」と「エ」の区別が証明されます。

ところが平安後期になると，「エ」と「エ」両音の統合が見られ，いずれも発音は [je] となりました。「いろは歌」には両音の区別は見られません。鎌倉時代(12世紀末)には，「エ」と「エ」の区別は完全になくなり，室町時代(13世紀)まで [je] の発音が続きます。それが江戸時代中期(18世紀中)になって，ようやく [je] の発音が今日と同じ [e] に変わったのです。江戸語の音韻的特色に連母音の音訛があります。[ai] [ae] [oi] [oe] [ie] をエ段の長音 [eː] で発音するのです。江戸中期の音韻現象です。

2．「オ」の音価の変遷

奈良時代まで「オ」と「ヲ」の区別がありましたが，平安時代になってから両音の混同が見られるようになりました。「オ」[o] と「ヲ」[wo] では語頭法則によって，「オ」は語頭以外には立たないので，語頭での混同が多く見られました。

平安後期(11世紀初)に [o] と [wo] は統合されて [wo] という発音になりました。これは，サンスクリット語の研究書『悉曇口伝』にその記載が見られます。この [wo] という発音は室町時代から江戸時代初期(17世紀初)まで続きます。

[wo] が [o] に変わったのは江戸中期(18世紀中)になってからのことです。両唇音 [w] の退化，消滅によるものです。

オ段長音には開音と合音の2種類の区別があり，室町時代に発生したといわれます。発音は開音が [ɔː]，合音が [oː] と推定されています。開音 [ɔː] は [au]（拗音は [jau]）から転じ

たもので「書かう」[kakau] が「書こう」[kakɔː],「妙」[mjau] が [mjɔː] のように長音化したものです。

　合音 [oː] は [ou]（拗音は [eu]）などの母音連続から転じたもので「送」[sou] が [soː] に,「良う」[jou] が [joː],「調」[teu] が [tjoː] のように長音化したものです。

3．サ行・ザ行の音価の変遷

　奈良時代までは「サ」が [ts],「シ・セ」が [ʃ] か [s],「ス・ソ」は [s], ザ行は [dz, ʒ, z] だったという考えがあります。平安時代になると,「サ・ス・ソ」が [ʃ] または [s],「シ・セ」が [ʃ],「ジ・ゼ」が [ʒ] となります。室町時代になって「サ・ス・ソ」が [s],「シ・セ」が [ʃ],「ジ・ゼ」が [ʒ] となります。ただし, 四つ仮名の「ジ・ヂ」と「ズ・ヅ」は「ジ」[ʒi] ―「ヂ」[dʒi],「ズ」[zu] ―「ヅ」[dzu] と推定されています。室町時代は「セ・ゼ」は [ʃe], [ʒe] であったようですが, 東国では [se] [ze] の音も使われていました。
　江戸時代に「セ・ゼ」は [se] [ze] となりました。

奈良時代：　ツァ　　　シ　　　ス　　　シェ（ス）　ソ（ツォ）
　　　　　　[ts]　　　[ʃ]　　[s]　　[ʃ]　　　　[s]　（万葉仮名の甲類）
　　　　　　　　　　　[s]　　　　　　[s]　　　　[ts]（万葉仮名の乙類）
　　　　　　ザ　　　　ジ　　　ズ　　　ゼ（ジェ）　ゾ
　　　　　　[dz]　　　[ʒ]　　[z]　　[z]　　　　[z]
　　　　　　　　　　　[dz]　　　　　 [ʒ]　　　　[dz]

平安時代：　シャ（シ）　シ　　シュ（ス）　シェ　　ショ
　　　　　　[ʃ]　　　 [ʃ]　　[ʃ]　　　 [ʃ]　　　[ʃ]
　　　　　　[s]　　　　　　　 [s]
　　　　　　　　　　　ジ　　　　　　　ジェ
　　　　　　　　　　　[ʒ]　　　　　　 [ʒ]

室町時代：　サ　　　　シ　　　ス　　　　シェ　　　ソ
　　　　　　[s]　　　 [ʃ]　　[s]　　　 [ʃ]　　　[s]
　　　　　　ザ　　　　ジ　　　ズ　　　　ジェ　　　ゾ
　　　　　　[z]　　　 [ʒ]　　[z]　　　 [ʒ]　　　[z]

四つ仮名　　ジ　　　　ズ　⟵⟶　ヂ　　　ヅ
　　　　　　[ʒi]　　　[zu]　　　[dʒi]　[dzu]

チ・ヂ・ツ・ヅの破擦音化が室町末期（16世紀初）に生じました。それで, 次のように音韻が変化しました。

　　　　　　チ [ti] → [tʃi]　　　ジ [ʒi] → [dʒi]
　　　　　　ツ [tu] → [tsu]　　　ヅ [zu] → [dzu]

　この結果, [dʒi] は [ʒi] に, [dzu] は [zu] に, それぞれ発音が似ているため, ジ・ヂ・

江戸時代：　　サ　　　　シ　　　　ス　　　　セ（シェ）　　ソ
　　　　　　［s］　　［ʃ］　　［s］　　　［s］　　　　［s］
　　　　　　　　　　　　　　　　　　　　［ʃ］（京・大坂で［s］になるのは19世紀中頃）
　　　　　　　ザ　　　　ジ　　　　ズ　　　　ゼ　　　　　ゾ
　　　　　　［z］　　［ʒ］　　［z］　　　［z］　　　　［z］

4．ハ行の音価の変遷

　ハ行音は劇的な変化をとげた音価です。

　奈良時代以前は，ハの音は［pa］であっただろうと考えられています。もともと，父や母の呼称は多くの言語で［p, f, m］などの唇音で始まる語形をとっていますが，日本語でも「母」と呼ぶのに奈良以前は［papa］のように両唇閉鎖音の［p］音で発音されていたというのです。現在でも，この［p］音は東北北部や沖縄奄美地方の方言に残っています。

　それが奈良時代以降，平安，鎌倉，室町時代まで，両唇摩擦音の［ɸ］に変わりました。突然に変わったというわけではないのですが，上下の唇を合わせて呼気を止めて発音するよりは，もっと簡略化させて唇を閉じないで発音してしまおうということが次第に行われてきたのです。唇音退化現象と見ることができます。

　室町中期に著された『体源抄』(1512)や『後奈良院御撰何曽』(1516)には「母ニハ二度アフテ，父ニハ一度……」という問答で，「母」の発音では唇が2度合うが，「父」の発音では1度も合わないという答が記されています。つまり室町時代の京都弁では，「母」は両唇摩擦音の［ɸ］で，唇を丸くとがらせて，狭いすき間から発音する「ファファ」でした。両唇を2度合わせるのです。しかし「父」は唇が1度も合わないというのです。室町末期まで，両唇摩擦音の［ɸ］の音で「ファ・フィ・フ・フェ・フォ」と発音されていたことを示しています。ちなみに「フ」の音は現在もまだそのままの発音が残っています。

　バ行音も変化し，奈良以前は唇の緊張のゆるい両唇摩擦音の［β］が使われていましたが，平安以降，両唇閉鎖音の［b］へと変わっています。

　江戸時代まで，実に長い時代にわたってハ行音は［ɸ］の音が使われていましたが，発音には労力を軽減させるための簡略化がつきものです。［ɸ］の発音を簡略化させようという現象が起きました。明確な唇音退化です。これにより，［ɸ］の発音は江戸時代になって，現在と同じ声門摩擦音の［h］の発音になりました。京・大坂では17世紀中頃に［h］の音になっています。学問，文化が興隆を見た元禄のころ(18世紀初め)には，現行のように「ハ，ヘ，ホ」が［h］音の発音で完成し，「フ」は［ɸu］，「ヒ」は硬口蓋摩擦音の［çi］になりました（［ɸu］の［u］は円唇母音だが，非円唇の［ɯ］になるのは18世紀後半頃と見られる）。

```
奈良以前         奈良，平安，室町         江戸（17世紀京・大坂，18世紀初江戸）
[p] ──────→ [ɸ] ────────────→ [h]
[β] ──────→ [b]
```

ハ行音にはもう一つ大きな音韻変化がありました。それは「ハ行転呼」と呼ばれるものです。語中，語尾のハ行音をワ行音で発音する現象です。平安後期（11世紀初め）に起きた現象で，最古の五十音図である京都醍醐寺に所蔵されている『孔雀経音義（くじゃくきょうおんぎ）』(1012)に，ハ行とワ行の表記が見られます。

ハ行音をワ行音で発音するというのは，たとえば，「さは」(沢) [saɸa] を [sawa] のように音変化されるのです。/サファ/の/ファ/を有声化させて/ブァ/とし，唇音が退化して/ワ/になったと考えられます。これによって「は」と「わ」の仮名遣いの問題が起きます。

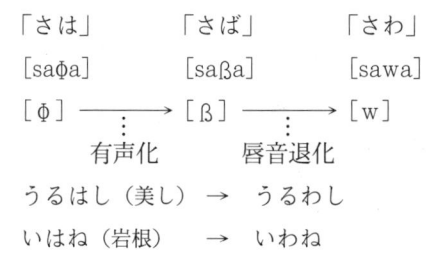

```
「さは」       「さば」       「さわ」
[saɸa]        [saβa]        [sawa]
[ɸ] ─────→ [β] ─────→ [w]
     有声化        唇音退化
うるはし（美し） →  うるわし
いはね（岩根）  →  いわね
```

3 江戸語から共通語へ

　野村胡堂の小説『銭形平次捕物控』や山本周五郎の江戸下町の人情小説，藤沢周平の江戸の世話物など，江戸を舞台にした小説にはいろいろな江戸弁が駆使されています。その歯切れのいい言いまわし，強い語調，スピード感，俗っぽさのなかに感じさせる人情味など，江戸ことばによる表現が，江戸下町の舞台や商売熱心な大店のシーン，江戸吉原の遊興の世界などのイメージをほうふつとさせてくれます。

　しかしこれらの江戸ことばは今の人々にいかにも江戸らしさを感じさせるものとして，作家が強調して使っている向きもあります。

1．江戸ことばは位相語

　江戸ことばは，徳川家康が江戸に幕府を開き，あらゆるものの中心が江戸に移ることになってからは，それまでの京ことばに代わる江戸語として，徳川氏の出身地である三河のことばを初め，上方ことばなどを取り入れながら，次第に力を蓄え，成長していき，江戸時代も半ばごろになると，江戸語の勢力が一層強まっていきました[2]。長い間「東（あずま）ことば」としてさげすまれてきたことから考えれば，江戸に暮らす人々にとっては「これこそわれらがことば」と胸を張って話していたに違いありません。

武士は武家ことばを，町人は町人ことばを，自分の身分の証としてきちんと使っていました。武家ことばでは上層の者と下層の者とではことば遣いが違いますし，町人ことばでも大店の主人，番頭など裕福で教養のある人々とそうでない商人とでは違いがあり，商人と職人，男女の別によっても違いがありました。とくに江戸語では，職人のことばの方がぞんざいで，いわゆる江戸なまりといわれる音訛が多く認められます(3)。このように階層，立場による位相の違い，男女，年齢，職業などによる位相差も大きくなりました。それぞれの集団や階層に特有なことばとして成熟していったのです。

図4.3　江戸の町風景④

町人階級の形成によって，口語体のことばが成立し，それが江戸市民の話しことばとして定着していったことは特筆すべきことです。それまでは，武士階級の漢字を教養の中心とする書きことばによる表現が公的なものとされてきましたが，江戸の独自の話しことばは，近松の浄瑠璃におけるセリフの表現，洒落本，滑稽本，人情本における表現として，いろいろな方面に浸透していくことになりました。

2．江戸ことばを特徴づけるもの

江戸っ子気質を感じさせる江戸弁の早口ことばにこんなものがあります。「がらがらぴっしゃん，まっぴらごめんねえ。あっしゃあ，町ねえの若えもんだが，こんどの祭りについちゃあ山車をひっぱりひんまわすんだが，それについちゃあ，てめえんとこの軒が出っぱってて邪魔っくせえから，とっぱらっちゃあどうでえ。」

はたして江戸時代に実際にこんなふうに話されたかどうかはっきりしませんが，ことばの上だけでも，実に促音の多いチャッチャカ，チャッチャカした感じがします。いかにも江戸っ子といわれるような人が江戸を感じ，また上方からくる人たちがそんなことば遣いに江戸というものを感じていたような気がします。ことば全体の歯切れの良さとスピード感，語調の強さ，促音化されたことばのもつ強調性とリズム感などから，江戸語を特徴づけている気負いが伺えます。

江戸語の特徴の最たるものとして，江戸っ子の促音好きがあげられます。「どてっぱら」「ひげっつら」「舌っ足らず」「尻っぱしょり」から始まって「ひっぱたく」「かっぱらう」「ぶっと

ばす」のように，後に続く音も，濁音や半濁音で，品のいい表現とはいえません。

促音の入ったことば遣いについては「行っちまった」「来ちまった」「見ちまった」などの言い方も同型と考えられそうで，後に「行っちゃった」「来ちゃった」「見ちゃった」という「ちゃったことば」として東京語にひきつがれていきます。

もちろん江戸語は捕物帳に出てくる銭形平次や八五郎が使うような江戸下町のことばだけで成り立っているわけではありません。参勤交代で各地から集まってくる武士階級のことばも混じっています。現在の共通語のもとになったのは，むしろ，いわゆるお屋敷ことばからの影響の方が強いのです。

しかし，やがて江戸も中期以降に商人を中心とした町人階級が力をもつようになると「野暮なやの字の屋敷者」の使うことばがうとんじられ，町人文化が花咲くころには，独特の町人ことばが使われるようになっていくのです。

3．江戸下町ことばは早口なのか

ドラマなどで江戸下町の人たちのセリフを聞いていると，なぜか早口でまくし立てられているような気がしてきます。滑らかな感じはまったくしません。人を殺（あや）めた職人が妹に会って逃げのびようとする場面で，こんなセリフが聞こえてきます。

「おめえさんの話だけを聞いたんじゃ，俺（おい）らにゃよく飲み込めぁしねぇ。とにかく，俺らのような，首までどっぷり泥水んなかぁつかり込んじまった者（もん）にゃあ，つかめぇた幸せは逃（の）がしちゃなんねぇ。いざとなりゃあ，命がけでてめえの身をまもるこった。もうすぐ日（し）が暮れる。亭主（てえし）によろしくと言っとくんねぇ。どけぇ帰（けえ）るって，おめぇの知ったこっちゃねぇ」

夕暮時，人気のない路地裏で男が小声で妹に話すセリフは，とても早口に聞こえます。それは連母音の発音をエ段の長母音にして「おまえ」を「おめぇ」，「飲み込めはしない」を「飲み込めぁしねぇ」，「つかまえる」を「つかめぇる」，「どこへ」が「どけぇ」，「かえる」が「けぇる」という言い方になっていること，ア段も長音にして「者には」を「者にゃあ」，「いざとなれば」を「いざとなりゃあ」とことばの短縮化が行われています。「日が暮れる」のように「ヒとシの混同」も見られ「亭主（ていしゅ）」を「てえし」と呼んでいます。

江戸のことばが早口に聞こえるのは，その言い方や口調に「省略」があるためです。江戸下町のことばは，音節を省く傾向，促音化の傾向が非常に強いのです。

「聞いたのでは」が「聞いたんじゃ」，「水の中に」が「水んなかぁ」，「逃（の）がしては」が「逃がしちゃ」，「言っておくんねぇ」が「言っとくんねぇ」のように音節が省略されています。促音化では，「どっぷり」のように促音の後に半母音がついたり，「身を守ることだ」が「身を守るこった」のように表現されています。

江戸語では「赤ん坊が泣いている」というような言い方をしないで，たいてい「泣いてる」という言い方になります（「……になってしまう」という言い方も，「……になっちまう」とか「……になっちゃう」になります）。この「ている→てる」という表現は動作の進行状態を表していま

す。江戸語では「……しつつある」という，英語の"ing"に当たる進行形のことばはありません。そこで「寝ている」が「寝てる」，「食べている」が「食べてる」という言い方で進行状態を表しているのです。

この「ている→てる」は動作の進行継続状態を表すだけでなく，動作の結果状態を表すものにも使われますし，結果の及ぼす完了や経験を表すこともあります。「戸が開いている」は結果状態であり，「この書きつけん中に，すでに書いてる」という言い方は「すでに書いてある」という意味で完了を表し，「噂は聞いてる」は「聞いたことがある」という意味の経験を表しています。

省略という点では，さらに「書いておく」が「書いとく」，「読んでおく」が「読んどく」といった「……とく」という言い方をし，「どいておくれ」が「どいとくれ」という言い方をします。これは方言というよりも音節の省略が，訛として出ているものと考えられます。

　　「書いておく」の「テオク」[teokɯ] が「トク」[tokɯ]
　　「読んでおく」の「デオク」[deokɯ] が「ドク」[dokɯ]
　　「どいておくれ」の「テオクレ」[teokɯre] が [tokɯre]

というように [teo, deo] の [e] の音が脱落して [to, do] となった方が発音しやすく，江戸語としての歯切れのよさを感じさせていたのかも知れません。前舌母音から後舌母音への移行を瞬時に行うには努力を要しますが，後舌母音1音の発音は容易です。

「こんどは……」は「こんだ……」になり，「……のことは」は「……のこたぁ」，「……というんだ」が「……てんだ」と，省略して言われます。こうした傾向は，その後，東京語，共通語の中にも名残をとどめています。

夏目漱石は，英語の有名な諺，"Pity is akin to love" を「可愛想だた惚れたってことよ」と訳しましたが，「だということは」を「だた」で片付けています。これも相当な省略です。江戸語が東京語に移行したものと考えられます。

4．江戸っ子のこだわる発音

江戸語には「うまい」が「ンめえ」，「すごい」が「すげぇ」，「でかい」が「でっけぇ」，「ちいさい」が「ちいせぇ」，「いっぱい」が「いっぺえ」，「髪ゆい」が「髪いい」というように，発音上の変化も見られます。「新宿」を「シンジク」，「宿場」を「シクバ」，「出発」を「シッパツ」，「亭主」を「テイシ」といった言い方はそのまま東京語へと移行していきました。

そういえば，共通語の発音でも，銭形平次がかざす十手は，「ジッテ」であって「ジュッテ」であってはならないとされています。共通語としての発音では「十分」「十本」「十足」も「ジップン」「ジッポン」「ジッソク」となります。

小学校の国語のテストで，「十分」を「じゅっぷん」とカナフリをしたら間違いだと言われて，親子で頭をひねったというエピソードがあります。現在では「十」の字音「ジュウ」[dzɯː] を意識することから，「十分」が「ジップン」よりも「ジュップン」と発音する人の方

が多いようです。この方が自然なようにも思われますが，これも［dziɸɯ］から［dziɯ］に，さらには［dzi］へと移行した音変化によるものなのです。

　現在，共通語では数字の「1」の後に無声閉鎖音［p, t, k］や無声摩擦音［s, ɕ］，無声破擦音［ts, tɕ］などがくると，促音化して「いっぱい」「いってん」「いっかい」「いっさつ」「いっしょ」「いっつう」「いっち」という発音になります。最近は，小数点のついた読み方で，「1点3」を「いちてんさん」と言う人が多くなってきていますが，発音の明瞭度を考えてのことでしょうか。

　ちなみに，慶応義塾の「塾」は「ジク」か「ジュク」かで，戦後もめたことがありました。学校名をローマ字で表現するのに困って，結局「慶応大学」にしたといういきさつもあります（現在は「慶應義塾大学」）。

5．江戸ことばの化石化

　江戸ことばのなかには，化石化してしまったことばや表現の仕方が変わってしまったことばがあり，ことばそのもののニュアンスも異なっているものもあります。

　江戸のころから，「べらぼうなことだ」とか「そんなべらぼうなこたぁない」という言い方はされていたようですが，「何言ってやんでぇ，べらんめぇ」などという言い方は江戸っ子がいかにも言いそうな表現ではありますが，実際には使われていなかったそうです。後年，物語の世界で江戸下町の人たちの気っぷのよさ，心意気を強調するのに使われた表現なのです。

　「勝手にしゃぁがれ」「いい加減にしろい」「おきやがれ」といった言い方などは，江戸の人たちはよく使っていたようですが，その意味内容は額面通りのものではありません。反語的な意味合いのある用法になっています。「勝手にしゃぁがれ」というセリフに「あぁ勝手にさせてもらいましょう」と言うのでは売りことばに買いことば，納まるものも納まらなくなってしまいます。ですから現在でも「勝手にしてよ」「いい加減にしてよ」という言い方がありますが，その反語的意味を含めないで「勝手にしないでよ」「いい加減にしないでよ」という言い方にもなっています。江戸のころの反語的表現が微妙に変わってきている面白い例です。

　ことばの意味やニュアンスが現在とは違っているものに，つぎのようなことばが思い浮かびます。「いい玉だ」，これは野球のピッチャーの投球を言っているのではありません。反語的です。「おおきなお世話」，この言い方には有難味はまったく込められていません。さげすむことばです。「恐れ入る」も本来の意味から離れて「あきれはてる」という意味です。「裏を返す」は，何かを裏返す意味ではありません。遊里のことば，里ことばで，初めての遊女に2度目の通いをすることの意味です。「裏街道」，これも文字通りの意味で使っているのではありません。まっとうでない生き方や日の当たらない人生に例えて使われます。「年増，中年増，大年増」，今こんなことばを使ったら大変です。いずれも娘盛りを過ぎた女性をさすことばですが，使われる時代によって具体的年齢が異なります。「年増」は江戸時代には20代の後半，昭和に入ってからは30代後半の女性をさしました。現在では一般的なことばではありません。

このように，ことばは時の移り変わりとともに変化し，あることばは消え，またあることばは本来の意味とは違うニュアンスで使われるようになります。江戸ことばも決してその例外ではありません。化石化したことばがわずかに時代物の小説や江戸世話物のドラマなどで使われたりはしていますが，「書きことば」にあっては，江戸ことばのいくつかは俗語的な表現として消滅しています。そして「話しことば」のなかでは，「ちゃったことば」や「音節省略のことば」，「俗っぽい表現」としてその名残を留めていたりしています。

江戸語を母胎として東京語になり，東京語を下地として生まれた共通語の興味深い側面を見る思いがします。

注
(1) 岩波講座（1977）『日本語5　音韻』岩波書店　233ページ
(2) 金田一春彦他編（1988）『日本語百科大辞典』大修館書店　927ページ
(3) 同上　94ページ

出所
① PUBLISHED BY HUKUI ASAHIDO CO. LTD. KYOTO
② 金田一春彦他編（1988）『日本語百科大辞典』大修館書店　86ページ
③ PUBLISHED BY HUKUI ASAHIDO CO. LTD. KYOTO
④ 内藤　昌・穂積和夫（1993）『江戸の町』草思社　2ページ
（参照）沖森卓也編（1990）『日本語史』桜楓社

第5章 『聞いて伝える』──聞く力をつける

　私たちの日常生活にはいろいろな音や音声が溢れています。朝起きてから夜寝る前まで、あらゆる種類の音や音声が、休む間もなく飛び込んできます。そこで私たちは、これらの音や音声のなかから自分にとって必要と感じたものを意識的に選択して聞き取るようにしています。この「聞くための選択」が行われているために、過度のストレスから逃れてもいるのです。

　しかし、この聞くための選択作用を厳しくして、限られた音や音声しか聞かない状態が続くと、意識して聞くということがおろそかになります。つまり聞こうとしない状態が聞こうとしても聞けない状態を引き起こし、聞いたけれども正しく聞き取れない状態にまでなってしまうのです。このことがコミュニケーション上、さまざまな不都合を生じさせ、いくつかの社会問題を提起することになります。

　大学病院の手術室で、患者の名前を聞き違えたことから、別の患者を手術してしまったという信じられないような事件が起きました。漁船の遭難事故で、漁業無線の相手を取り違えて遭難した漁船は無事だったと思い込み、乗組員の救助ができなかったという事故も起きました。また成人式の出席者が、来賓の挨拶に耳を傾けることができなくて騒ぎ出すということが各地で起きました。人の話を正しく聞き取れなかったことから生じるトラブルは程度の差はあれ、いろいろな場面で日常的に起きています。

　原因としては、聞くための選択作用が厳しくなって、聞く耳をもたないとか、聞く能力が低下しているとか、聞くことについての教育を受けていないので聞き方が下手であるとか、聞くための集中力、持続力がない、ということなどが考えられます。

　そこで、言語教育の面から、「きく」ことについての学習、それを応用した「聞いて伝える」学習ということが、重要視されてきています。音や音声の氾濫状態のなかで、それをどのように選択して聞き取るか、人の話にじっくりと耳を澄まし、心を傾けて聞くことができるように、集中力と忍耐力をもって聞くことができるように、さらには、聞き取った情報をいかに自分の発表能力に結びつけていくかということを、基本から応用まで段階的に考えていきましょう。聞く力(listening skill)は思考能力と深く結びついており、訓練によって身につけていくことができます。

1　聞くことのメカニズム

　私たちは、頭に思い浮かんだこと、考えたこと、つまり頭のなかのイメージを伝えるのに、イメージをことばに置き換えて表現します。ことばはイメージをコピーしてくれる力をもった

表現手段です。伝えようとするイメージのシンボルとしての働きがあります。

シンボルであるということは，話し手と聞き手との間に，本来的な意味と，それに関連する広範な意味とを理解しあえる共通了解事項がなければなりません。その共通了解のための取り決めを，コード(code)といいます。いわば社会的な取り決めです。

1．話し手と聞き手に介在するコード（code）

単語の意味やことばのつながりなどについて，話し手と聞き手との間に，共通した決まり「コード」がないと，頭のなかのイメージをことばに置き換えることができませんし，ことばを受け取った聞き手も，話し手と同じものをイメージすることができません。「赤い信号」と言ったのに，「青い信号」と思ってしまうといったことにもなりかねません。

コードは，コミュニケーションに求められる社会的な資質，成長過程に応じた人間的資質とを備え，言語能力や知識，情報，経験などを蓄積したもの，教育・学習効果を蓄積したもの，などにもとづく抽象思考，言語思考の集積回路のようなものです。

私たちはコードの存在を普段，意識しませんが，外国語を話すときに必要になる，単語の意味の理解と単語の並べ方のことを思い出してみましょう。この2つがコードにあたるものなのです。

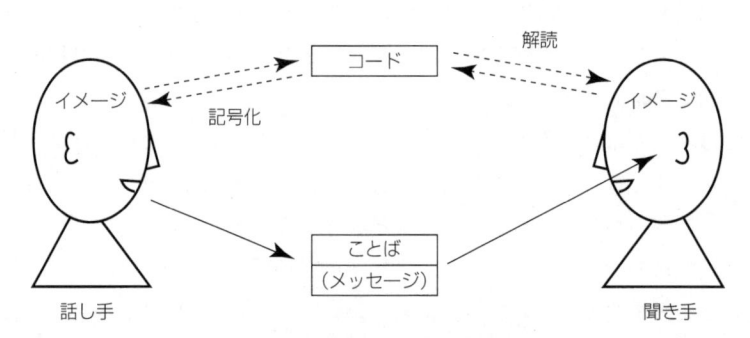

コード：共通の決まり　社会的な取り決め
図5.1　ことばの記号化

話し手は，伝えたい内容(イメージ)をコードに従って記号化し，ことばに変換します。聞き手は音声として送られてきた記号化されたことばを，コードに従って解読し，イメージを作り上げようとします。

ことばを交わすとき，私たちの頭のなかでは，イメージから記号へ，記号からイメージへとコードに従ってすさまじいスピードで転換作業が行われているのです。コードは，話し手にとっては記号化ソフトであり，聞き手にとっては記号解読ソフトなのです[1]。

「聞く」ことに関して考えると，私たちは聴覚刺激や，ウインクやうなずきなどの視覚刺激であるメッセージを受け取ると，ことばの記号解読ソフトであるコードに照らし合わせます。コードはメッセージを選択し，解釈して，理解が進むように処理します。メッセージが送り手

の意図，内容に合致するように働くのです。

この解読ソフトであるコードがうまく機能していなかったり，容量不足であったりすると，正しく「聞く」ことができなくなります。

昨今，教育現場から，話を聞かない子どもたちが増えているということがいわれます。話を聞かないというよりも，話を聞くことができないのです。意志として聞かないのではなく，聞こうとしても聞けないという能力の問題があります。つまりコードが容量不足で，有効に機能していないということなのです。

それどころか，コードの機能不全は，コミュニケーションギャップを生じさせ，そのことから社会的な問題を引き起こすということもあります。正しく伝達できなかったために起きる医療事故，企業とユーザーとのトラブル，防災警告を無視して起きる遭難事故，警察の誤認逮捕，などの問題が後を断ちません。ビジネス社会にあっては，生産性や企業イメージに多大な影響を与えるばかりか，生命の危機に直結する事態にまで至っているのです。

2．実際的なコードの働き

目の錯覚を利用して思わぬ映像が見えてくる「だまし絵」を見たことがありますか。流れ落ちる滝を眺め続けて，急に周りの風景に目を向けると，水の流れと反対に風景が上がっていくように見えることを体験した方もいると思います。目の錯覚によるものです。

こうしたことは，実は聴覚にも起こるのです。音源が左から右に動く音を聞き続けた後に，止まった音源の音を聞くと，音源が右から左に動いているように聞こえたりするものです。直前に見た動き，直前に聞いた音の動きが，コードに影響を与えているからです。「運動残像」と呼ばれます。

途切れ途切れに聞こえることばに雑音が混じると，かえって意味が聞き取れるということもあります。一種の錯覚が生理的に働いたものと考えられます。やかましいところで会話をすると，相手の声が騒音のために聞き取りにくくなります。それでも断片的に聞こえてくる話をつないで，何とか意味のあることばを聞き取っています。これも「運動残像」によるものです。

やかましいところで会話をすると，騒音のために相手の声が聞こえなくなる現象をマスキング（masking）といいます。マスキングは，マスクする音（騒音）とマスクされる音（話し声）の周波数が近いほど効果は大きくなります。人の話し声の周波数よりも低い雑音が聞こえていると，人の話し声の刺激閾が上昇するということがわかっています。

地下鉄の車内などで，人の話が聞き取れるのは，もちろんマスキング現象に抵抗して大きな声で話すからですが，その話し声が部分的にしか聞こえないのに地下鉄の雑音が混じることによって，かえって意味が聞き取れるということがあるのです。これもコードの働きによるものなのです。断片的にしか聞こえないことばの空白部分を，雑音で補完することで，コードが働きやすくなるためです。

コードを言語理解のソフト，装置として考えるとき，1964（昭和39）年の東京オリンピックの

ことが思い出されます。東京オリンピックは，開会式を始め，競技の模様は衛星中継によって全世界に伝えられました。まさにテレビオリンピックでありました。衛星放送の準備はその2年ほど前から進められてきました。オリンピックはカラー放送でということで，太平洋を挟んでアメリカに送信する実験放送が何度となく行われました。ところが白黒放送では何ら問題がなかったのに，カラー放送の場合，送信システムに限界があり，予定した画像の半分ぐらいしか送れないことがわかりました。早く問題を解決しなくてはなりません。

そこで，東京からのテレビ画面は，送信システムの限界を補うため，走査線の数を半分に減らして1本置きに送り，全画面の半分の数の走査線でアメリカに送りました。そして，それを受信するアメリカ側のコンピュータは，抜けた走査線の半分を，それぞれ上下の線の，明るさや色調を合わせて隙間を埋めることにしました。東京からのカラー画面がみごとに復元されました。しかも，画面全体を鮮明にすることにも成功したのです。

このことは，聞くことのメカニズムを考えるうえで，実に示唆的です。東京から送った画像を，「実際に聞こえてくる音声言語」とし，アメリカ側のコンピュータ・プログラムを「聞き手の理解を助ける記号解読のためのコード」と考えれば，コードの働きによって問題が解決できたということがわかります。

音声言語によって相手に伝えられる情報や感情，表現意図は，必ずしも話し手の思い通りに表現でき，伝えられるとは限りません。何らかの目減りは随所に起きます。東京オリンピックの場合，目減りした，いわば不完全な状態で送られた画像が，アメリカ側のコンピュータ・コードによって，見事に復元され，完全なものとして届けられ理解されたということなのです。つまり断片的にしか聞こえない話し声，走査線を間引きしたテレビ映像，目減りした情報などを，補完し，復元することができるのは運動残像によるものなのです。

このことなどからの発想で，情報の圧縮技術ということが考えられました。音声のデジタル情報の一部を圧縮して，大量のデータを送る技術が実用化されたのです。多チャンネル，双方向のデジタル放送なども，その実用例です。存在しない音が聞こえる錯覚を利用して，思いも寄らないことが可能になりました。コードは大脳の言語中枢の機能ですが，言語の記号化装置であるのと同時に聞こうとする解読装置でもあり，言語理解の大切なソフトとして役立っています。

2 「きく」ということ

「きく」ということはどのようなことなのでしょうか。
英語表現では，「きく」ということに関して，その意味や働きから5種類の行為が考えられます。

① hear：聞こえているからきく
② listen to：傾聴する

③ hear of：伝聞する
④ obey：聞き入れる
⑤ ask：問う，尋ねる

　これを日本語表現で考えますと，「きく」ということばは8種類に意味や働きを分けることができ，それぞれニュアンスが異なります。
① 音，声，ことばなどを耳に感じ取る
② 音やことばを耳にして，その内容を知る
③ 人のことばに従う
④ 人に尋ねる
⑤ 是非を判断する
⑥ 臭いをかぐ
⑦ （酒を）味わってみる
⑧ 当ててみる

　英語でも日本語でも「きく」ということは，広範な意味を持っていることがわかります。英語で hear と listen を区別しているように，日本語では，"hear"は「聞く」，"listen"は「聴く」と訳されています。それに日本語では「訊く」という行為もあります。これは英語の"ask"に当たるものです。

1．聞く，聴く，訊く

　「聞く」と「聴く」，"hear"と"listen"はどう違うのでしょうか。辞書によれば，次のように説明されています。
「聞く」：音や声などを耳で感じ取る
「聴く」：聞いた内容を理解してそれに応じる。意識を集中して聞き取る
「訊く」：尋ねる，問う
　英語では，
"hear"　：聞く，聞こえる，耳にする
"listen"：聴く，傾聴する　とあります。
① 聞　く

　私たちの耳には，実にさまざまな音が聞こえています。虫や小鳥の声，雨や風の音，街の騒音などのいわゆる環境音のほかに，テレビ，ラジオなどからのアナウンスや音楽，街中での人の声など，いろいろな音や音声に取り囲まれています。こうした音や音声を，1つひとつ意識を集中して聞き取ろうとしても，普通の場合は意識が持続しません。
　私たちは生理的に，自分に関係のない音やことばは聞き流し，関心のある音やことばだけを聞きとどめるということを行っています。「聴く」ことの前段階です。人とのコミュニケーションで，「聴く」ことを意識しない人は，いつも，「聞く」というレベルにとどまっているのです。

成人式で来賓の話に耳が傾けられないのは，会場で騒ぐ若者たちが「聞く」レベルにとどまっていて，コードが未発達なためだと考えられます[2]。

② 聴く

「聴く」ということは，意識を集中して聞き取る，聞いた内容を理解して，それに応じるという能動的な行為です。意識を集中して人の話を聞くためには，やはりそれなりの努力と忍耐とエネルギーを必要とします。話が10分，20分と長くなればなるほど，集中して聞くことが難しくなってきます。本当に意識して聞くことができるのは，せいぜい1時間ぐらいのものです。聴くことの訓練を受けた人とそうでない人とでは，その聴き取りに大きな差が出てきます。

それは，話す速さよりも，それを聴き取って思考をめぐらしたり雑念を生じさせたりする速さの方が，ずっと速いというところに原因があります。相手の話の組立がわかってくると，思考の方が先回りして，内容の良し悪しを推測したり，他のことを考えていて雑念が生じ，注意力が散漫になってしまいます。

だからこそ，日頃から長時間の話でも，意識を集中して聞けるように努力し，そのための忍耐力を養っておく必要があります。「聴く」ための，体系的なトレーニングによって，その力をつけることができます。

③ 訊く

「聴く」ことによって，聞き手には，その内容についていろいろな関心，疑問，感想などが湧いてきます。それを，ことばによって話し手に打ち返すことが，「訊く」行為なのです。相手の話の内容を正しく，間違いなく聴き取るために，相手の話の意図を知るためにも，「訊く」ことは大切です。聴くことができれば，訊くこともできるのです。

このように「きく」ことの意味と働きを考えてきますと，コミュニケーションのために必要な「きき方」は何かといえば，それは，「聴く」ことであるということになります。「きく」ことの具体的なトレーニングをしながら，どう聴く技術(Oracy)を身につけていくかを考えます。

2．聴覚に関する心理的な作用

外界の音を漫然と聞いている「聞く」という状態から，意識を集中して聞き取ろうとする「聴く」という状態に至り，さらには，「訊く」というコミュニケーションに発展させようとするとき，私たちの聴覚器官はどんな働きをしているのでしょうか。

物理的な音に対する受け止め方と，ことばとして発せられる音声の受け止め方とは，少し違いがあります。音や声を聴覚器官がどのように選択してコードに照らし合わせるかという違いです。

聴覚器官には，音や声を選択するフィルターがあり，コードに照合するためのフィルターもあります。私たちの耳には，3つの受容フィルターの働きがあるのです。それによって，私たちはいろいろな音や声から自分に必要だと思われるもの，関心があるものを意識的に聞き取っ

ているのです。
　① 第1の受容フィルター
　絶えず聞こえていて，外界の音や声がそのまま耳に入ってくる状態になっています。聞くまいと思っても聞こえてくる状態です。「聞こえる」「聞こえてくる」といった，聞き手にとって無機質な音や声であって，意識のいかんを問わず受容されます。
　② 第2の受容フィルター
　音や声が「聞こえる」という状態から，関心のある音や話を選択し，聞き取ろうとするフィルターで，聞こうとする意識が働いたときに作用します。
　何かを聞くとき，私たちは何か目的をもって聞くはずです。ことばの学習であれば，発音や語句にも注意して聞くでしょう。ただ漫然と聞く場合と違い，聞こうとする目的にあった話かどうかを瞬時に選び出して，聞き耳を立て集中して聞こうとします。自ら積極的に聞こうとする姿勢に入る状態を作りだす働きをします。
　③ 第3の受容フィルター
　関心をもった音や話の焦点を絞り込み，意味内容を理解し判断するための受容フィルターです。積極的に内容を理解しようとするためのフィルターです。
　私たちが通常，何かに関心を抱き，それについての情報を得ようとして聞く場合には，この第3の受容フィルターが作用します。この第3の受容フィルターの性能を高めることが，上手な聞き手であるためにはぜひ必要です。
　その聞き方にしても，話を聞く前から自分の聞きたい話のテーマを念頭において聞くのと，そうでないのとでは，受容効果に違いを生じるので，聞きたい話に関連がありそうなコードに稼働スイッチを入れて聞く態勢に入っていることが大切になります。
　とくに第3の受容フィルターは，聞き手に話の内容を理解できるだけのコードを持っていないと機能しにくいということになります。この第3の受容フィルターをいかに高性能なものにするかを考え，聞くことのトレーニングと点検を繰り返していくことが必要です。

3．効果的に働く3つのスイッチ

　話を注意深く聞くことのできる時間は，せいぜい1時間ぐらいのものです。ましてや，その話が面白くなかったり，難しくてわかりにくいようなとき，聞き手の集中力は極度に落ち込んでしまいます。話は頭の上を素通りしてしまい，いっこうに耳に入ってきません。耳に入らないから，よけい話が面白くない，わからないという状態が繰り返されて，ついに聞く意識すらなくなってしまいます。
　そのうえやっかいなことに，話というのは，普通の人の場合，自分ではどんなに注意深く聞いていたとしても，その話の直後ですら，たかだか聞いたことの半分ぐらいしか覚えていないものですし，その記憶は，やがて2カ月もすれば聞いたことの4分の1に減ってしまいます。
　だからこそ，効果的な話の聞き取り方を工夫する必要があるのです。退屈な話でも，話し手

は何かを伝えたいと思って話しているわけですから，その話し手の本意を何とか汲み取ってやらねばなりません。

　普通，私たちが話を聞くとき，この人は何を言おうとしているのか直感的に「予測」しようとします。その予測と，あとに続く話の内容が一致して，聞き手の心に，ある興味が呼び覚まされ，意外な反応を引き起こさせられ，同意や反発を誘発させられるとき，聞き手はその話をすすんで聞こうとする気持になります。

　次に生じる心理作用は，その話の内容が自分にとってどのような利害に関わってくるか，聞き捨ててよいものか，耳をそばだてなくてはならないものか，話の内容を「選択」することによって意識の持続を図ろうとすることです。聞き手は，相手の話をこの「予測」と「選択」のスイッチの切り替えによって，聞くことをあきらめるのか，さらに話に耳を傾けようとするかの，どちらかの態度をとろうとします。

　話を聞き続けようとするとき，次の段階では，その話の内容から，聞き手は何がしかの「発見」を求めようとします。新しい情報や知識，思想など，聞き手の「選択」の心にかなった「発見」のあるなしでその話の価値が決まるのです。私たちは話を聞きながら，無意識のうちに，絶えず頭のなかでこの「予測」と「選択」と「発見」のスイッチ作用を反復させながら，相手の話と自分の考えの間を行ったり来たりしているのです。

効果的に働く3つのスイッチ

```
話を聞く
「予測」して聞く  →  予測と内容が一致  →  同意反発  →  聞く気持ちになる
「選択」して聞く  →  利害・関心  →  聞く意識の持続
「発見」を求めて聞く  →  聞き手の選択に合った発見  →  話の価値が決まる
```

　この3つのスイッチを意識的に活用することによって，話の聞き方をより効果的なものにすることができます。具体的に，次のようなプロセスで話を聞いていくのです。

① 話の先回りをして，話の進む方向，結論への道を推定する。
② 話を強調し，補強しようとする話材を分析する。
　　何のための説明であり，描写であるか。感情的なアピールの裏にあるものは何か。それは客観的に受けとめられるか。引用例はどんな価値を持っているか。
③ 話の内容を，自分の経験や考えに照らし合わせて評価し吟味する。
　　これによって内容の理解と記憶をうながすことができる。
④ 「言外の意味」をつかむ。
　　話し手の話さなかった部分に，意外に重要なことが隠されている場合がある。
⑤ 話し手の態度・表情に注目する。
　　話の内容との結びつきで，話し手の本当のねらい，意図がわかる。

　話を聞きながら，このような心理的なプロセスをふまえていくことは，相手の話に意識を集中させるのに最もよい方法であり，訓練によってその正確度を増すものです。

4.「聞き方」の2つの側面

　一口に「聞く」といっても，その人の置かれた場面，状況によって，2通りの聞こえ方，聞き方があります。一方的な受容行為(oneway reception)と，発話のための受容行為(communicative reception)の側面です。

　音や話が「聞こえる」という状態にあるとき，私たちは「聞こえる」もののなかから，内容を選択して聞くという行為に移行し，興味，関心，利害に及ぶものに対しては，より注意して話を聞き取ろうとします。この場合，話者と聞き手の立場は明確に分けられ，聞き手はひたすら聞くことに意識を傾けます。話者の話の内容を聞きとる行為は，講義，講演，テレビ・ラジオなどのメディアの聞き取りの場合に見られ，一方的に伝達内容を受容する聞き方です。

　もう1つの聞き方として，私たちの日常生活における会話などのように，コミュニケーションを目的として，聞き手が話し手に替わり，話し手が即聞き手に替わるような，発話のために双方向で交わされる受容行為があります。発話のために必要なことを聞き出す，自分の知識，記憶を確認整理するために聞くという受容行為です。日常の会話や講義，講演での質疑応答，メディアでのインタビューなどが，これに相当します。

```
           第2のフィルター
第1のフィルター  第3のフィルター
┌──────┐    ┌──────────────┐
│聞こえる│ →  │聴く──内容を選択した受容│
└──────┘    └──────────────┘
                    │
            ┌───────┴────────┐
            │ 一方的な受容行為（oneway reception）│
            └────────────────┘
              講義，講演，メディアなどの話を聞く行為

            ┌────────────────────────┐
            │発話のための双方向受容行為（communicative reception）│
            └────────────────────────┘
              コミュニケーションを目的とした双方向の受容行為。
              日常会話，質疑応答，インタビューなどがある
```

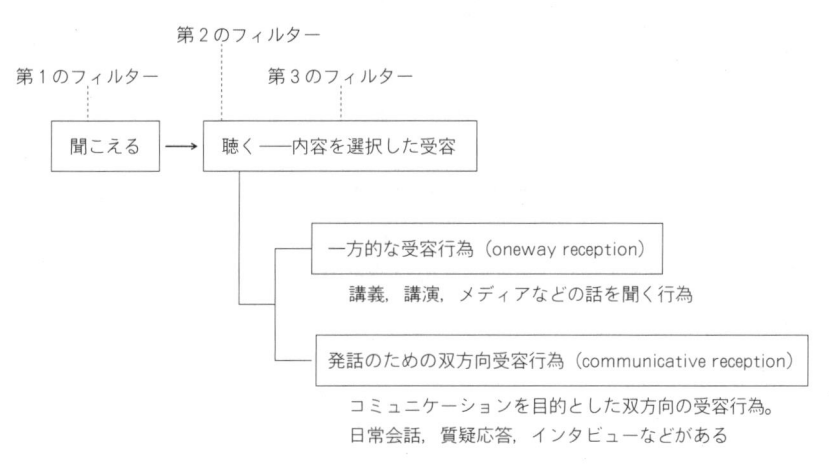

図 5.2　受容行為の2つの側面

3　聴く力をつける

　音や話し声は，聞こうとしなくても耳に入ってきます。しかもその音や話し声は，人によって聞こえ方が違っています。つまり，どんな音や声に耳を傾けるか，人によって意識の向け方が違うからです。私たちの耳のフィルターの働き具合によるものです。

　第2，第3のフィルターを働かせて聞くことが，「聴くこと」であり，トレーニング，学習によって，その機能を十分に働かせることができるようになります。

1．音を聞く

　部屋の窓を開けて，3分間，耳に入ってくる音を聞きましょう。遠い音，近い音が雑多に聞こえてきます。聞こえた順に1つひとつ書きだしてみましょう。どんな音が，全部でいくつあったでしょうか。テープに録音したものを聞くやりかたでも結構です。

　聞くための受容フィルターをどう働かせるかによって，聞こえてくる音の数が違ってきます。いやな音，心地よい音といった音の性質，内容にはこだわりませんが，第2，第3のフィルターをフルに稼働させることによって，普段は意識の外で聞き逃していた音まで，聞き取れるようになってきます。

　外界の音に3分間，耳を傾け記録するのは，かなり忍耐力を要します。途中でいろいろ考えたりしないで，無心になって聞きましょう。方法としては，一度聞こえた音は消すような気持で，次の音を探していくのです。近くから遠くへ，場所を変え，時間を増やして聞き続けましょう。

　この方法で積極的に聞くことを覚え，集中力と忍耐力を養うことができます。

2．音を聴く

　第2の受容フィルターを通して音を聴き取ることを続けているうちに，1つひとつの音に対して，ある意味をもって聴くようになってきます。

　バイクの音を聞くと，いつも来る郵便屋さんのバイクの音だなと説明できる聞き方になっていきます。隣の家のベランダで布団をたたく音，新聞が郵便受けにポトンと入れられる音，学校帰りの子どもたちの声，というように，音の状態を推測し，それに説明をつけてみましょう。たった1つの音でも，聞き方によっては内容の多い説明をつけることも可能になります。話を聞くうえでの洞察力，表現力をつける効果があります。

演習 5.1

　次のような音が，どんな意味をもっているのか，音のイメージ，メッセージを想像して，説明してみましょう（実際にはテープに録音したものを使うと効果的です）。
　　［例］　あまだれの音
　雨の音が聞こえる。梅雨時は雨の降る音は，はっきりは聞こえないが，軒を伝って落ちるあまだれの音が，雨の降っていることを伝えている。
　　［テープから聞こえる音］
　　　1　川の流れの音
　　　2　小鳥や蛙，牛の鳴き声
　　　3　地下鉄の停車と発車
　　　4　小さな波，大きな波，潮騒
　　　5　港の風景

    6　打ち上げ花火
    7　祭りのみこし

演習 5.2

　次のような音が次々と連続して聞こえてきます。これらの音のイメージから，あるストーリーを考えてみましょう。
　靴音，ハイヒールの音，廊下を歩く足音，エレベーターの昇降音，電話のダイヤル音，話中音，非常階段を降りる足音，オートバイ発車，パトカーのサイレン，ビル風

3．話を聞く

　私たちは人に向かって話すときは，「話しことば」を使います。その「話しことば」は連続した意味のある音のことばです。その場で聞くだけで瞬時に消えてしまい，聞いたその場でしか話を理解することができません。ですから，会話では，話し手が即聞き手になって，お互いに質問したり，確認したりして，理解し合おうとします。

　これが，講演とか大学の講義などになると，一方通行で，しかも長時間に及ぶのが普通です。質問も，確認も，念押しもできず，ひたすら緊張を持続させながら聴き続けるということになります。集中力と忍耐力が必要です[3]。

　そこで「聴く」ためのトレーニングによって，意識を集中させるための動機づけと，常に積極的に聴くという姿勢を習慣づけるという，この2つのことを考えましょう。

　① 集中力をつけさせるためのトレーニング　動機づけ

　集中力を持続させるためには，話し手の話を聴き取ろうとする意欲を奮い起こさせることが必要です。動機づけです。

　人の話を長い時間にわたって，飽きることなく積極的に聴けるのは，どんな場合かを考えてみましょう。それは話の内容が，自分の意識の状態，たとえば，利害，欲求，興味，関心，信念などに，ぴったり一致したとき，聞き手は，その話を意欲的に聴き取ろうとするものです。

　具体的には，次のような話の場合です。

　1）テーマに興味，関心があり，面白くて楽しい話の場合
　2）自分に利害がからみ，欲求をかなえてくれそうな話の場合
　3）自分の信念，知的好奇心を満たしてくれそうな話の場合

　このように，自分自身が興味をもつか，学ぶときに魅力を感じたときに集中力は高まります。何のために話を聴くのか，目的をしっかり定めて，その目的にそって何かを学び取ろうと自分を駆り立てていくことです。講演でも大学の講義でも，長時間の話には，聞き手である私たちは，何のためにその話を聴かなくてはならないのか，聴くことによってどんな利点があるのか，どんな満足感が得られるのかを事前に意識してのぞむことです。しっかりした動機づけをして，興味をもって話を聴くことです。

演習 5.3

次のテーマから推測して，あなたはどんな話が聴きたいか，どんなところに関心があるかを，3〜5項目ほど書き出しましょう。

　テーマ1　「一味違う，ダチョウの卵焼き」
　テーマ2　「成人式を考える」
　テーマ3　「どう対応する？　若者のマナー」

② 集中力を持続させて聴くトレーニング

　第2の受容フィルターで聴き続けるためのトレーニングです。5〜10分ぐらいの話を聴いて，何の話だったのか，どんなことを感じたのか，そのことは良かったのか悪かったのかなど，話の内容を理解し，その反応をみんなで話し合ってみましょう。

　10分ぐらいの長さの，誰もが興味を示すような話を用意します。話は，新聞のコラムや文芸作品のあらすじ，テレビドラマのストーリーなどを読み聞かせても結構です。ただしその話には，注意深く聞いていないと答えられないような条件設定を行います。

　たとえば，いま聞いた話を1分間に要約して話してみる。話の内容に意見，感想を述べる。主人公の行為行動に対して評価を下し，理由を述べる。話から何を学んだかを具体的に述べる。条件設定は，内容を理解し，そこから聞き手としての考えを述べさせるものなら何でも結構です。

演習 5.4

朝日新聞の「窓」というコラムを読みます。内容を聴いて，タイトルをつけ，内容を要約して，感想を述べてください。

　その数値を聞いたとき，何かの間違いではないか，と思った。

　大阪府能勢町のゴミ焼却場で，作業員が通常の200倍以上ものダイオキシンの汚染を受けていたことがわかった。

　町民についても調査したところ，普通の人の血液や，母乳も汚染されている。母乳を飲む赤ちゃんにとっては「毎日とり続けても大丈夫」という摂取レベルを超えている。

　1976年，イタリアで化学工場が爆発し，住民がダイオキシンに汚染された。汚染地域での出産は，女の児の比率が高く，男の児は低かった。

　今回の汚染は，このイタリアの事故と同じレベルである。

　ダイオキシンは粉じんの中にある。ゴミ焼却場での作業手順では，防じんマスクをつけ，背中の空気タンクから送られる空気を吸うことになっていた。しかしこの手順が守られていなかった。

　かつてアスベストの除去作業では，必ず作業着を換えることになっていたのに，それが，次第にずさんになった。

　茨城県東海村のウラン臨界事故では，人手不足と，臨界についての説明が徹底していなかったために，バケツでウラン溶液を混ぜているということが，平然と行われていた。

　ダイオキシンにしろ，アスベストにしろ，またウラン溶液にしろ，その扱いを間違えれば大変な事態になるということについての認識が足りなかった。もちろん現場での指導も十分には行わ

> れていなかった。このようなことが日常的なものと受けとめられ，なれてしまったことにこわさがある。
> 　作業手順をいつもきちんと守り，安全に仕事を進めているという自覚を持ち続けたいものだ。
> 　　　　　　　（平成12年7月22日の朝日新聞夕刊の記事から翻案したものです）

1　この話には，どのようなタイトルが付けられますか。
2　話の内容を短く要約して，説明しましょう。
3　この話で，どんなことを読者に伝えたかったのでしょうか。

演習 5.5

新聞のコラムです。この話を聞いて，どんなタイトルがふさわしいかを考え，話の要旨や感想などを，1分ぐらいで話してみましょう。

> 　イギリスの新聞が，ベートーベンの毛髪の分析から，彼は鉛中毒であり，耳が聞こえなくなったのも鉛中毒のせいだったことが考えられると報じた。
> 　ベートーベンは晩年，耳が聞こえなくなり苦しんだが，それでも作曲を続け，演奏をし続けた。耳が聞こえなければ，音楽は作れないはずなのに，なぜ，彼は音楽活動を続けることができたのだろうか。
> 　耳が聞こえないという状態は，健康な聴覚を持った人には経験できないことだが，耳が聞こえないと訴える人の中には，実際にはほとんど聞くことができない「ろう」の人と，音がまったく聞こえないわけではなくて，低い周波数の音が聞き取りにくいとか，人のことばがよく聞こえないといった「難聴」の人とがいる。難聴の状態は多様であり，補聴器によって解消できる人もいれば，補聴器が合わない人もいる。人によって悩みはさまざまなのだ。
> 　「ベートーベンは聞こえない耳で素晴らしい音楽を作った。人間は精神を集中すれば何でもできる」などと言われてきたが，どうも本当のところは，ベートーベンは音がまったく聞こえなかったのではなく，ひどい難聴だったということではないだろうか。たしかに彼は晩年，人の声が聞こえなくなり，筆談に頼らざるを得なくなった。
> 　しかし，ベートーベンに「聞こえなかった」のは「人の声」だったのであり，ピアノなどの「楽器の音」は聞こえていたと考えられないだろうか。
> 　現在でも，会話は聞こえなくても音は聞こえる難聴者は，聴覚障害者の大半を占めている。「ろう」の人よりも，音を聞くことができる難聴者の方がずっと多い。電話や蓄音機を発明したエジソンも，子どものときから難聴だった。ベートーベンの耳を，まったく聞こえなかったと決めつけずに，いったいどんな難聴だったのだろうかと想像することによって，人とのコミュニケーションに悩んだベートーベンの訴えが理解できるように思える。
> 　　　　　　（平成11年3月3日（水）の朝日新聞「論壇」の記事を，翻案したものです）

1　ベートーベンの耳はまったく聞こえなかったのですか。
2　話の内容を短く要約して，説明しましょう。
3　耳が聞こえないというのに，2つのタイプがあることがわかりました。説明しましょう。

演習 5.6

浅田次郎さんの『ピエタ』という作品の一部を読みます。聞き終わってから，その内容や感想について話しあいましょう。主人公がスペイン広場の階段を降りる冒頭のシーンです。

スペイン広場の白い階段の下で，その人は大理石の彫像のように立っていた。

六月の陽光が，その人のパラソルの上や，バルカッチャの泉の水面に爆ぜ返っていた。

古写真のおもかげのほかに，その人のことは何も知らない。

「ゆうきをだして，トモコ」

不器用だが誠実な日本語でミスター・リーが囁いた。

「ごめんなさい，李さん。私，もう動けない。足が一歩も前に出ないの」

「ほら，きがついたよ。こっちにてをふってる。みてごらん，トモコ。トモコのおかあさん」

凍えついた足元から目を上げ，石段の下で手を振る母の姿を見たとたん，友子はきつく瞼を閉じた。「おかあさんなんて，気やすく呼ばないでよ，李さん。私，あの人のこと何も知らないんだから」

ミスター・リーは友子と同じ三十歳。中国福建省から来日して五年になる。東京の裏町で小さな中国料理の食材店を経営している。友子のフィアンセである。

友子の足はトリニタ・ディ・モンティ協会のテラスを離れた。

スペイン階段を広場へと下って行く。

一段ごとに，バルカッチャの泉の縁に佇む母の姿が近付いてくる。

母。私を捨てた女。泣きわめく六歳の少女をうらぶれた郊外の駅の改札に置き去りにして，男のもとに走った女。

ミスター・リーは，アイスクリームを買ってくると言ってスペイン階段を駆けおりて行った。

図5.3　ローマ・スペイン広場

一歩を刻むように，友子は石段を下った。母がパラソルを振った。

一歩ずつ，しっかりとあなたに近付きます。あと十メートル。

なるほど。あなたが私を産んだ人ですか。私を産んで，たった六年間だけ育てて，駅の改札に捨てた人ですか。

にこにこして，何が嬉しいの。

いちおう礼儀ですから，私も笑います。でも，おかあさんとは呼びませんよ。口がさけても。

どう。いい子になったでしょう。永井友子。三十歳。一橋大学社会学部卒。今のところ独身。身長は1メートル60ちょっと。50万部も売る月刊女性雑誌の副編集長をしています。業界では知らぬ人のいない辣腕で，もちろん同期の中ではぶっちぎりの出世頭。

さあ，よおくごらんなさいな。これがあなたの捨てた娘。おかげさまでこんないい子になりました。あなたがいつまでも迎えにきてくれないから，とうとうこっちから探し出しました。ローマで観光ガイドをしていたなんて，格好のいいこと。私，笑います。あなたが笑っているから。ちっとも嬉しくなんかないけど，マナーでしょう，これは。

1　友子はスペイン広場の階段を降りながら、心の中で、下で待つ母に語りかけていました。その内容をかいつまんで述べてください。
2　友子は母に対して、どんな気持で接しようとしていましたか。それはなぜですか。
3　友子と母は20数年ぶりに再会します。その後、物語はどう発展していったらよいと思いますか。自由に連想してください。

　聞いた話の内容を要約し、それについての感想を述べる。このような条件設定で話を聴き取るトレーニングを重ねることで、それまで漫然としか人の話を聞いていなかったのが、話を注意深く聞き、話を理解しようとして聞く姿勢へと変わっていきます。何回かトレーニングをするうちに話の長さを15分、30分と長くしていって、持続力を養っていきましょう。

　何よりも大切なことは、このトレーニングが楽しいから、面白いから、夢中になったり集中できたりするから、実行してみるということです。楽しく、興味をもってやってください。ラジオを聞くのも、テレビを見るのも、これまでとは受け止め方が違ってくるはずです。まして や、人の話をどう聞くか、その聞き方、態度も違ってきます。

　短い朗読作品を聞いたり、落語のテープを聞いたり、ラジオ・テレビの「ニュース」「ニュース解説」「話題」のような15分程度のものを素材として、聴き取った内容、要点を忘れないうちに、自分の口で言ってみるのです。ことばに出して言う方が記憶に残りますが、電車に乗っているときなどの時間を利用して、頭のなかで反すうするだけでもよいのです。そして時間があるときに、ノートに書きだしてみましょう。

4　話を聴く

1．話を聴くために

　「きょうの会議で部長が業務報告をしたそうですが、どんな話だったんですか」と聞かれて、入社して間もない社員が、

　「この一年間の業務活動について、急速に営業成績が伸びたものと、業務が停滞したものとを比較しながら話をしてらっしゃいました。ちょっと話がややっこしくてよくわかりませんでした。あとで印刷物にして各部に配布されるそうです」

　ビジネスシーンでよく見られる会話の場面です。この場合、新入社員は部長の業務報告を聞いてはいたものの、どの内容に焦点を当てて聴き取ったらよいのかがわからぬまま、「この話は重要そうだ。しかし何を言っているのか意味がわからない。この話はどうか、興味はあるが一つの例え話だったようだ」、といったように、第1のフィルターと第2のフィルターとの間を行ったり来たりしているうちに、報告が終わってしまったというわけです。

　第2のフィルターで、気持ちを集中させて聴く、さらに第3のフィルターを働かせて話を聴

き取るには、相手の話に応じられるだけの知識、認識をもっていることが必要です。それを前提にして、相手と自分との間に、伝えよう、聞いて理解しようとする気持が働いていないと、うまくコミュニケーションができません。話し手は、あることを伝えるためにこう表現し、聞き手はこのことを聴き取るためにこう考えるといったように、両者の間に、「一緒に、共に」という共同の伝達意識がなければ、その伝達内容は正しく伝わらないということになります。

もし、話し手が共同作業としての意識が乏しい場合、あなたは第2のフィルターを働かせて、「この人は何を言おうとしているのか」「何を伝えたいのか」ということを常に念頭において聴かなくてはなりません。そして第3のフィルターをフルに活用して、相手の意図することを推し量りながら、話を聴かなければなりません。そのためにも、積極的に聴く姿勢、聴く力をつけることが求められます。

① 受容フィルターを働かせる

第3の受容フィルターによって相手の話の内容を的確に把握し、判断しようとする場合、たいていの人が、自分の体験や経験、そのときの感情に照らし合わせながら話を聞こうとします。

相手に対してよい感情を持っていなかったり、偏見があったりすれば、話の内容が歪曲されたり曲解されたりしがちです。また自分の体験、経験を基準にして話を聞く場合には、どうしても自分の思考が優先してしまい、相手が本当に伝えたいと思っていることが伝わりにくくなります。

予断や偏見を捨てて、話し手である相手を認め、尊重し、相手のうちに入り込んでみようというくらいの積極性をもって、第3の受容フィルターを働かせなくてはなりません。場面によっては、相手の緊張感を解きほぐし、話しやすい雰囲気を作ってやることも必要になります。

② 相手の全身から話を聴き取る

自分の思いや考えを伝えようとするとき、聞き手に対して、何とか正しく伝えたいという気持が働きます。聞き手が小首をかしげたり、理解できないという表情を浮かべたりすると、さらに熱心に、時には身振り手振りを交えて伝えようとします。

この身振り手振りは何を伝えるための手段としているのでしょうか。私たちは話し手の全身表現からも、話を聴き取らなくてはなりません。話し手の目の輝きや手の動き、視線の方向、いらいらした表情、親しみを込めた笑み、額に光る汗、そうしたすべてが、ことばの背後にあるものを伝えているのです。ことばの代わりとして身振り、表情、身体の動きによって、何かを伝えようとする行為を非言語(ノン・バーバル non verbal)コミュニケーションといいます。

相手が全身で発するコミュニケーションをしっかり受け止めるためには、目と耳で話を聴く、ことばの背後にあるものを洞察しながら聴き取ろうとしなければなりません。私語を交わしていたり、他のことを考えていたりしたのでは、話し手を観察することはできません。冷静な観察と、ことばの背後にあるものを読み取ろうとする姿勢が必要です。

2．聞き手に作用する心理的なプロセス

　会話のやりとりのように双方向の伝達の場合では，お互いに質問したり，確認したり，念を押したりして，話の内容を理解し合おうとします。それによって，話がはずみ，その内容に興味が深まり，会話を交わしていること自体が楽しいと感じるものです。

　一方的受容の話にも，この会話のやりとりのようなことを，相手の話を聴きながら，自分の気持のなかでやっていくこと，つまり，内容の選択，興味づけ，予測，確認，整理，といったことをしながら聴きたいものです。

　実は，講演などを聴いていて，聞き手が話し手のことばを受け取り，かつ十分に理解しようとする際，聞き手の心のなかでは，次にあげる4つの心理的なプロセスが作用しています[4]。

　1）聞き手は話し手の先回りをして，話がどういう方向に進むのか，その瞬間に話されていることばから，どんな結論が引き出されるかを考える。
　2）聞き手は話し手が論点を補強するために引用した実例を吟味する。
　3）ときどき聞き手は，それまでの話の内容をふり返ってみる。
　4）話全体を通して，聞き手は「言外の意味」をつかみ，隠されていることばがないかどうかを探る。

　意識すれば気づくことではありますが，私たちは，いつも無意識のうちに，このような心理的な作用を働かせているのです。この心理作用を，一方的受容の話に利用してみてはどうでしょう。無意識にやっていることを，意識して，聴くことに取り入れるのです。

　話すスピードと聞き手が考えるスピードとの差を考慮すれば，耳を傾けながら，以上の4つの心理的プロセスを行う時間はタップリあります。

3．話は聞き手の主導で聴く

　長時間の話を意識を集中して聴くためには，何のためにその話を聴くのかということが自分のなかではっきりしていて，その話が，自分の意識の状態，利害，欲求，興味，関心，信念などに一致している場合に，人はその話を意欲的に，積極的に聴こうとするものです。

　相手の話に自分の興味関心を見出して，少しでも自分の気持を満たすものを求めながら聴くのです。話のテーマから，自分の聴きたい項目を思い浮かべ，その項目が相手の話のどの時点で出てくるか。話がこの点について触れてきているので，きっと，こんな方向に進んでいきそうだな。この問題について，結論はこんなふうになるんではないだろうか。では一番いい方法は何だろうか。

　このように，相手の話の内容，進み具合を予測しながら聴くことが必要です。さらには，相手の話に賛同できること，興味あること，批判的に受けとめること，感心感動させられることなどには，聞き手としての心の動きが生じます。相手の話に関連した，聞き手なりの思考も加わります。こうした聞き手としての聴く作用によって，聞く話の印象が強まったり，興味が深

まったり，好感をもって聴くことができたり，話し手に対する信頼感を抱いたりするということにつながっていくのです。

話は，話し手の言うままを，そのまま受け止めるのではありません。話の内容を取捨選択したり，批判的に聴いたり，内容を確認しながら聴いたり，ポイントを整理しながら聴いたり，内容の提示，展開，具体的な例示が，自分の思惑，考えに沿ったものであるかなどを自問したり，話の展開，進行，行く先を絶えず予測しながら聴き取るということが大切なのです。つまり話は聞き手の主導で聴かなくてはなりません。

4．聴くための工夫

　講演や講義などでは，話し手は話の目的をきちんとわきまえて，何を伝えたいのか，訴えたいのかを明確にしていきます。目的に合わせて事前に話を組み立てるという作業が行われるため，話全体の構成が論理的でしっかりしています。

　第2のフィルターで，話の流れにそって興味関心を駆り立てた内容を，第3の受容フィルターで理解，解釈し，聞き手の思考を湧出させなくてはなりません。音である話しことばは，その場で消えてしまいますから，少しでも他に気を取られていたり，油断していたりすると，話の内容はこま切れの断片的なものとしてしか入ってきません。

　そこで，聴くための工夫が必要になってきます。

　① 話の展開を考える

　話の流れがどのように構成され展開していくかを，まず予測し，聞き手の思考と，話の進展の一致点を見つけ出すようにしましょう。

　話はここまで進んできたら，つぎにはこの感動をもっと深めていくだろうなと，聞き手が思うとき，相手の話が聞き手の思惑通りに進められていくと，聞き手にとってさらに関心が深まり，充足感も覚えるものです。言い換えれば，聞き手のニーズに応えられる話こそ，よい話であるといえます。

　話の聴き始めから，話がどう展開していくのかを瞬時にとらえることはできないにしても，その人の話を，1～2分，興味，関心，知的好奇心をもって聴いているうちに話に展開の予測がつくものです。論理的に構成された話ならば，聞き手は話の展開に自分の思考を乗せながら，予測，振り返り，立ち止り，疑問，共感，批判といった作用を加えながら，話の内容を理解し，話し手自身をも知ることができるのです。

　聴き取りのために，次のことをチェックポイントにしましょう[5]。

　　◎何を言いたいのか，論旨をつかむ
　　◎話の進め方，展開は自然か
　　◎話に無理や矛盾がないか
　　◎事実と推測は明確に区別されているか
　　◎引用や実例，データは適切か

◎納得のいく結論か，無理やこじつけがないか
② メモをとりながら聴く

　話の聞き始めから，話がどのように構成され，展開していくのかを察知するのは不可能です。話の内容にそって，話し手の思考の流れに従って，客観的に聴き取ろうと耳を傾け，自分の考えと対比したりしているうちに，次第に話の流れ，展開がわかってくるものなのです。話はその場で消えてしまいますので，なかなか記憶に残りません。その記憶力を補い，話の流れ，論理の展開を理解するために，話のポイントをメモに記録しながら聴くことを習慣づけましょう。

　メモをとるということは，聴くための集中力を持続させることにつながります。要点をとらえ，話し手の意図を聴き取りましょう。話に絶えず見出し，小見出しをつけながら聴きましょう。自然に話の流れ，論理の展開を追えるという利点があります。話の組み立て，構造をとらえる力がついてきます。

　話の要点，ポイントを，聞き手の思考を働かせながら，メモしていくのです。何を伝えたいのか，話し手の立場が理解できるようになっていきます。矛盾点，疑問点についても付記しておきます。自分なりにメモの書き方を工夫しましょう。あとでそのメモを見て，話の内容が再現できるように記録することが大切です。

　メモをとりながら聴くというのは，話の内容のポイントを整理しながら記録するわけですから，聞き手の思考，創造性が働きます。このことによって，話を冷静に聴き出すことができるのです。より深い聴き方，聴く態度が養われます。自分流の表現の仕方でよいのです。自分流のメモを工夫してください。

5．上手なメモの取り方

　メモをとるということは，話を聴いていて，話の要点，骨子を判断したとき，その内容の重要度を勘案しながら簡潔なことばで要点，骨子を書き取っていくことです。話を聴きながら，理解と表現をほぼ同時に行う作業です[6]。

　話される事柄の取捨選択，抽象化や具体化がどう行われているか，因果関係や時間的な前後関係がどうか，類似や対立の表現について，話し手の表情や話す口調，などに関心を払いながら話の要点，骨子を聴き取ります。

　次には，それを簡潔に表現していきます。語彙やそれをつなぐ助詞，助動詞の選択，書く順序などを考えながらメモしていきます。あくまでメモですから，完全な文章表現にする必要はありません。メモを見て，その内容を話すことができるように書かれていればよいのです。

　話の手順をしっかり踏んで，話の組み立てを考えて話す人の話は，メモはとりやすいものです。逆に順序立てて話さない人の場合は，とりあえずの走り書きのメモでも仕方がありません。その話が終わったあとで，メモを読み返して，相互の関係づけや順序立てがわかるようにしておきましょう。

　メモをとるとき，すばやく要点をとらえることは大切です。しかし，なかなか思うようには

いきにくいものです。時間をかけるわけにもいきません。メモは自分が見て理解できればよいのですから、とりあえずの走り書きとか、「？，！，〜，○，×，ー」などの符号、「Ａ，Ｑ，〒，℡，㈱，学」などの略号なども活用しましょう。

　何度も出てくる長い用語や人名、地名などは、略字、略号などを使ったりしてもかまいません。画数の多い漢字や、文字がわからない固有名詞などは、とりあえずカタカナで書いておくとよいでしょう。よく使われることばは略字で表すのもよいでしょう。「結果として」→「ケ」，「したがって」→「シ」，「比較する」→「ヒ」，「話す」→「ハ」，「時間」→「ジ」のようにことばの最初の音をカタカナでかくのです。ことばで書くかわりに、矢印や点線、傍点などもうまく使いたいものです。

　メモの取り方として、その工夫の一例を紹介します[7]。

・話を聴く前のメモ

　テーマ、講師名、場所、年月日、時間などを記入したカードを用意します。テーマから考えて、「こんな話が聴けたらよいな」と思うことを、項目的に書いておきます。講師のプロフィール、会場の雰囲気なども簡単にメモしておくと、あとで整理するときに参考になります。

・話を聴き始めたら

　話の区切りごとに見出しをつけていきます。大切だと思ったこと、話の要点になると判断したことを、手短にメモします。何が要点になるか判断がつかないときは、とりあえずの走り書きになります。あとで読み返して整理しておきます。

　「私は３つのことについて申し上げます」というように、整理して話す人ならば、章立てや項目を分けて、メモに１，２，３と大きく間隔をあけて記入し、あとは、話の段落や区切りに、⑴，⑵，⑶とか、①，②，③と記入しながら、小見出しをつけるようにします。

　本筋から離れた話、脱線した話などは、すぐ判断できる場合はメモにしませんが、判断がつきにくい場合は、とりあえずメモをしておいて、あとで、線で囲むとか㋽のマークを記入するなどしておきます。

　メモはすばやくとらなくてはなりませんから、符号や略号などは大いに活用しましょう。地名、人名などは、２度目のときから、「Mr. A」とか「Dr. B」のように略語や略号を使うとか、漢字のわからないことばやスペルのわからない英語などは、カタカナで書いておくようにします。

　同感だと思う話、賛成できる話には「！」、事実か推測か判断できない話には「？」、あとで質問して確認したい話にも「？」などのように、符号を使うと便利です。疑問な点、わかりにくい点、術語の正確な定義や綴り、年代や年号の確認などは、とりあえず疑問符つきのメモにしておいて、記憶が鮮明なうちに調べておくとよいでしょう。また、話の順序を矢印、点線で、要点の特に大切なところは傍点を使ってメモを整理するのもよいでしょう。

　話し方は人さまざまです。話の組み立て、論理の展開は、どれとして同じ話はありません。その場で思いつくままに話をしていく人から話を聴くのは、頭の中で内容を整理しながら聴き取らなくてはなりません。幸い、話すスピードよりも、聞き手が話を整理するのに考えるスピー

ドの方が速いので，このことが可能です。頭の中での整理は，メモをとることによってしやすくなります。枝葉のいっぱいついたような話は，聴き取ったメモを頼りに，論理の矛盾や疑問点を明確にしておきましょう。

演習 5.7

次の文を読みます。小学4年の国語の教科書に載っている『昆虫のなぞ，花を見つける手がかり』という文です。メモを取りながら聴いてください。あとでメモをもとに話を再現してもらいます。

吉原順平『昆虫のなぞ，花を見つける手がかり』

モンシロチョウは，日本中どこにでもいるありふれたチョウです。モンシロチョウは，花にとまってそのミツを吸います。いったい，モンシロチョウは何を手がかりにして花を見つけるのでしょう。花の色でしょうか，形でしょうか，それともにおいでしょうか。

東京農工大の人たちは，この疑問を解くために，大がかりな実験をしました。実験にはたくさんのモンシロチョウが必要です。キャベツをえさに青虫を育て，一万匹のモンシロチョウを用意しました。

実験は花壇のまわりで始まりました。花壇には，赤，黄，紫，青と，4種類の色の花が咲いています。少し離れたところで，生まれてから花を見たことのないモンシロチョウを一斉に放すのです。すると，どういうことが起こるのでしょう。放したモンシロチョウは一斉に花壇に向かって飛んで行きます。モンシロチョウは生まれながらに花を見つける力を身につけているようです。花壇はたちまちチョウでいっぱいになってしまいました。

図5.4　モンシロチョウ

注意してみると，チョウのよく集まる花と，そうでない花があります。赤い花にはあまり来ていないようです。モンシロチョウは色で花を見分けているのでしょうか。でもそう決めてしまうのは早すぎます。たまたま花壇に植えた花が，おいしそうな匂いを出していないのかも知れないからです。色か，匂いか，そこのところを確かめるのには別の実験をしなければなりません。

こんどは匂いのしない花，プラスチックの造花を用意してみました。色は，花壇の時と同じ，赤，黄，紫，青の4種類です。モンシロチョウを放すと，やはりまっすぐに造花に向かって飛んで行きました。とまってミツを吸おうとするものもいます。プラスチックの造花にはミツもないし匂いもありません。ですからモンシロチョウは匂いではなく，花の色か形にひかれていると考えられます。そして造花の場合も，赤い花にはあまりやって来ませんでした。

次の実験では，花の代りに四角い色紙を使ってみました。色紙にも集まってくれば，花の形が問題なのではなく，色だけがモンシロチョウをひきつけているということになります。用意した

色は前と同じ4種類です。モンシロチョウは色紙を花と思うでしょうか。いよいよ200匹のモンシロチョウを放してみました。ただの四角い紙なのに，やはりチョウは集まって来ます。色紙にとまったチョウは，長い口をのばしてミツを吸おうとしています。モンシロチョウは色紙を花だと思っているようです。集まり方を色別に調べてみました。一番集まったのが紫，二番目が黄色。青に来たものは少なく，赤にはほとんど来ませんでした。念のため，赤い色紙にミツをつけたものを用意してみましたかが，これにもチョウは来ませんでした。

　このような実験から，モンシロチョウは色によって花を見つけること，赤い花は見えないらしいことがわかりました。そんなことを言ったって，赤い花にモンシロチョウが来ているのを見たことがあるよ，と言う人がいるかも知れません。そういう人はちょっと思い出してください。赤い花の真ん中に，黄色いオシベ，メシベがありませんでしたか。モンシロチョウは，その黄色をめあてにやってきたのでしょう

　昆虫は何も語ってくれません。しかし，考え方の筋道を立てて，実験と観察を重ねていけば，その生活の仕組みをさぐることができます。

(『小学国語4』上　教育出版)

このような聞き取りメモを作りました。

取材メモ　　　平成13年4月25日（水）　　　場所：	
題名　「昆虫のなぞ，花を見つける手がかり」　　　　著者・話者　吉原順平	
[聴きたい内容] 　モンシロチョウが花を見つける手がかりは何か。花の，色か，形か，匂いか。 　モンシロチョウは何をしに花に飛んでくるのか。どんな花の色が好きなのか。 　こんなことが，実験でわかるのだろうか。 [取材方法] 　本を読むのではなく，録音テープを聴く。	
[メモ]	感想，意見，質問，まとめ
モンシロチョウの実験　東京農工大　1万匹を育てて実験に使う 花壇に，赤，黄，紫，青の4種類の花にチョウを放す 　よく集まる花と，そうでない花がある 　赤い花―あまり来ない よく集まる花は，色か，匂いか 　プラスチックの造花で実験 　造花にも沢山飛んできた 　×匂，色か形にひかれる？　×赤い花 形かな？　四角い色紙で実験 　沢山のモンシロ　イロガミに集まる　×花の形 　色だけがチョウを引きつける 　　1位　紫　　2位　黄色　　3位　青　　×赤 実験でわかったこと 　モンシロは色で花をみつける	モンシロはどんな花が好きか 赤い花は好きではない モンシロは匂にひかれて花にくるのでは？ 形でもない，色だ！ 紫，黄色，青の順　赤はきらいか

赤い色は見えないらしい チョウ　何も語らない 実験と観察でその仕組みがわかる	赤い色は見えないらしい 実験の結果，こんなことがわかった

演習 5.8

ラジオのニュースを聞きましょう。メモをとりながら正確に聴き取って，そのメモをもとに，感想，意見欄に要旨を再現しましょう。

〈NHK ラジオニュース〉
　京都の鴨川で，川べりで涼みながら食事を楽しむ納涼床(すずみゆか)がきょうから始まり，大勢の客で賑わっています。納涼床は，江戸時代に鴨川べりで涼を求める人たちで賑わったのが始まりと言われ，京都の夏の風物詩として知られています。
　本格的な営業は6月からですが，鴨川沿いの日本料理店や旅館の多くが，連休中の観光客を当て込んで，きょうから1カ月早く営業を始めています。このうち，先斗町(ぽんとちょう)にある老舗(しにせ)の料理店の納涼床は，メーデー帰りの会社員のグループや観光客で，初日からほぼ満員の賑わいとなりました。
　きょうの京都は，正午の気温が23度1分と蒸し暑く，訪れた人たちはときおり川から吹く風に涼しさを感じながら，川べりの景色を眺めて食事を楽しんでいました。
　今夜は祇園囃子(ぎおんばやし)の演奏など，床開きのイベントも行われることになっています。鴨川納涼床は9月30日まで営業し，昼の営業は5月，6月の間だけ行われます。　　　（2001年5月1日放送）

ニュース内容を聴き取ってこのようにメモを取りました。

取材メモ　　平成13年5月1日（火）　　　　場所：	
題名　「京都・納涼床開き　〜鴨川〜」	NHK ラジオ第1放送
［聴きたい内容］ 　床開きとは　何が納涼なのか 　どんな風情があるのだろう　京都の恒例行事なのか ［取材方法］ 　ニュース聴取	
	感想，意見，質問，まとめ
京，鴨川，納涼床開き 江戸時代　川べりで涼を求める人がはじめた。 1カ月早く，料理店で始めた。初日から満員。 メーデー帰りの客で賑わう。 23度とムシ暑い，涼しさを感じながら食事を楽しむ。	京都・鴨川で納涼床開き。 江戸時代に，鴨川べりで涼を求める工夫として始まった。 鴨川べりの料理店で，きょうから1カ月早く始まる。メーデー帰りの客などで，初日から満席の状態。 京都は昼の気温が23度と蒸し暑かった。みんな川風に吹かれて，涼しそうに食事を楽しん

今夜は，ギオンバヤシのイベント。 9月30日まで。昼の営業は6月までの2カ月。	でいた。 今夜は，ギオンバヤシのイベントなどで賑わうとか。 この納涼床，9月30日まで。昼は5月，6月の2カ月間行われるという。

5 双方向受容としての聞き方

1.「受容」ということ——聴くこと・理解すること

　コミュニケーションのために，お互いに話し手と聞き手の立場を替えながら会話をするとか，ある目的をもって質疑応答を交わす，マスメディアが他に伝達するためにインタビューする，お互いがあることに関して接点を求めるために話し合う，などの行為はすべて双方向の受容行為です。

　発話のために必要なことを聞きだす，知識，情報，記憶を理解し，確認し，整理するために聞くということも双方向の行為であり，自己の意見の決定のため，行為行動を起こすために相手に聞くということまで含まれます。

　この双方向受容の聞き方がうまくいかなかったために，2001年の1月末，日航機同士のニアミス事故が起きました。

　静岡の上空で，那覇に向かう907便と釜山からきた958便が接近中なのを，管制官がレーダーで見て，958便に高度を下げさせようとして，誤って907便に「降下するよう」に指示してしまったことから，トラブルが発生しました。907便は羽田を発ってまだ上昇中であり，上昇中の航空機に降下せよと指示が出たことを不審に思った907便の機長は，念押し，確認のつもりで，「こちら907便」と名乗ったうえで，「降下を始める。相手機はすでに見えている」と，伝えました。ところが管制官は，このことの意味が聴き取れていなかったのです。このとき，自分が指示したかったのは958便であって，907便ではないと気づくべきだったのに，この907便の応答を，通常の復唱として聞き流し，しかもその応答は958便からのものだと思い込んでいたのです。その上，一緒にレーダーを見ていた先輩の管制官も，907便が打ち返してきた応答を漫然と聞き流していたということです。

　このように管制官が自分の言った内容も確認できず，まして907便からの応答を正確に間違いなく聴き取ることができなかったために，適切な判断，指示ができず，あわや空中衝突という大変危険な状況を生んでしまったのです。

　「聴く」ということは，ただ漫然と耳に入れることではありません。聴くことは理解することなのです。聴くことの重要さ，大切さをまたまた思い知らされるような事故でした。

　昔から，「話し上手は聞き上手」といわれます。上手な話し手は，絶えず，話がわかりやす

く，興味深く，聞き手に心地よく伝わっているかどうかを意識して話しています。その上手な話し手が，聞き手になったときは，相手が話しやすいように，わかりやすく話せるようにもちかけ，話の進み具合を予測しながら，適宜ことばをはさんで，相手に気持ち良く話させるように，積極的に話させるように誘導します。話し手の身になって，相手の立場に立って話を聴いているのです。話は，聞き手の主導で進められるものだと思ってください。

この場合聞き手は，どんな相手の，どんな話の内容であっても，それを正しく理解できるコードが備わっていなくてはなりません。専門的なことを話し合うには，そのことについての普段からの知識，認識といったコードがあることによって，相手の伝えたい情報や知識を正しく理解でき，相手に安心と信頼を与えながら気持ち良く話せることになるのです。

2．聞き上手の条件

聞き上手であるためには，3つの条件が必要です。
第1の条件は，相手の心を解きほぐし，警戒心をもたせない
第2の条件は，聞き手である自分に関心をもたせる
第3の条件は，相手の話に素直に，敏感に反応する
まず，第1の条件は，相手の心を解きほぐし，警戒心をもたせないということです。
職場で出先から帰ったばかりの営業部の社員が，上司に，
「君，ちょっと聞きたいことがあるんで，報告書を書き終えてからでいいから，僕のところにくるように」
と言われたら，この社員の気持はどうでしょうか。
「いったい，何の話だろう。こんなに，改まって呼ばれるんだから，普通じゃないな。この間のこと，まずかったかな」いろいろな憶測，不安や緊張がつきまといます。
ビジネスの場では，言いたいこと，要件を先に言う表現の仕方は，簡潔で業務を迅速に処理していくのに，好ましいことではありますが，聞く場合はちょっと様子が違います。話の出だしから，相手の緊張感を高め，相手に警戒心を起こさせては，うまい人間関係を保つことはできません。
相手の心を開かせておいて，そのうえで，ものを頼んだり，聞きだしたり，誘いかけたり，叱ったりすると，抵抗も少なく相手も気持ち良く受け入れてくれるものです。
聞き上手の第2の条件は，話し手をして聞き手である自分に関心をもたせることです。
私の友人の政治部のA記者は，大臣から談話を取ろうとする時に，まともにインタビューしたのでは，本音を吐いてくれないことがわかっているだけに，大臣の意識を自分に向けさせようとして，こう話を切り出しました。
「大臣，お顔の色がよろしくないようですが，どうかなさいましたか」
「いやー，別に何でもないが，そんなに顔色が悪いかね」
大臣は，A記者が，自分の健康を気づかって言ってくれたことに好感を抱くとともに，なぜ，

彼が，自分の顔色が良くないと見たのかが気になりました。すでにこのとき，大臣は聞き手であるＡ記者に，これまでにない関心をもったことはいうまでもありません。
　「そう言われれば，ちょっと顔が腫れぼったいようだなあ。夕べの徹夜が応えたかな」
　この，思わずもらした大臣のことばがきっかけとなって，のちにＡ記者は大スクープをしたのです。Ａ記者は「国会が休会中にもかかわらず，なぜ大臣が徹夜をしなければならなかったのか，この事態はいったい何か」と考えめぐらして，はたと，ある政界の動きを察知したのです。聞き上手の条件は，話し手をして聞き手である自分に関心をもたせることです。
　聞き上手の第３の条件は，相手の話に素直に，敏感に反応するということです。面白い話には笑いがあります。悲しい話は沈うつな表情になります。わからない話には，小首をかしげ，納得のいく話にはうなづきがあります。ことばによる反応はあいづちによって表現されます。あいづちをうまく打ってほしいということです。
　あいづちは，男性よりも女性のほうが，使えるあいづちの種類が多いですから，あいづちを臨機応変に，上手に打っていくと，相手からどんどん話を引き出すことができるものです。しかも，その話が面白いか，悲しいか，わかったのか，わかったらどうしようと思うのか。率直に反応を示し，必要なことは謙虚に聞きただし，誤りのない聞き方をしなければなりません。
　本当に聞きたいことは，会話の自然な流れにそって，相手が気持良く話しているタイミングを見て，さりげなく聞きだしてください。
　ギリシャの哲学者ゼノーは，聞くことの大切さをこんなふうに強調しております。「神様は人間になぜ１つの口と２つの耳を与えたのか，それは，自分でお喋りをする２倍も，人の話に耳を傾けなさい」というのです。確かに真理だと思います。

３．話の聞き方

　聞き上手であるための３つの条件について説明しましたが，このことを「聞き方」の方法論として分析すると，いくつかの重要なポイントをひき出すことができます。
　聞き上手であるためには，相手の話に，興味，関心をもって聞く態度が必要です。そのためには，次のポイントに留意しましょう。日常生活のいろいろな場面で，ポイントの１つひとつを試みて使いなれるようにしましょう。

(1) 話し手の心を推し量って聴く（相手の身になって聴く）

　相手の気持や感情の流れを推測しながら，相手が話しやすいように，相手の身になって聴きます。話し下手な人でも，本心は聞くより話したいのです。リラックスして話せる場が設定され，何を話しても，この聞き手は自分の身になって聞いてくれている，安心だ。それに，自分が話そうとしていることがよくわかって聴いてくれていると感じたとき，その人は留まることを知らないほど話すものです。

(2) 警戒心を起こさせない

　聞き手の聞きたいことばかりを並べて，矢継ぎ早に質問を浴びせかけたとします。相手は，何でこんなに性急にあれこれ聞かれるのか，その本意がどこにあるのかわかりません。慌てると同時に強い警戒心を抱き，話すガードを固めてしまいます。

　人には，どんな相手でも，自分の心に無遠慮に踏み込むようなことはしてもらいたくない，という面をもっています。聞かれたくない，話したくないと思っていることを，いきなりグサッとくるような聞き方で迫られると，沈黙を決め込むよりほかありません。コミュニケーションは心を通わせる行為なので，相手の気持を考えて接しなければなりません。

　話の出だしから相手の不安・緊張感を高めるような聞き方はよくありません。相手の心を開かせておいて，相手の立場に立ってものを言い，意見を述べ，必要なことを聞くようにすると，相手も気持ちよく受けとめてくれるものです。

　相手の心を開かせるのにはどうするか，いきなり自分が聞きたいことを相手にぶつけてはいけません。「こんにちは，何か楽しそうですね」のように，まず挨拶から入るとか，「お忙しいところすみませんが……」「恐縮ですが……」「おくつろぎのところごめんなさい」といった緩衝語を使うのもよいでしょう。

　「きのうは随分頑張ったね，ご苦労さん。お蔭できょうの交渉は大変スムーズにいったよ。有難う」と切り出して，少し会話を続けたあとで，相手の話そうとする状況を見はからって，「ところで見本市の件，あれ，どうなったかな」と，本当に聞きたいことを聞き出すようにします。

　ビジネスの場では，「ほめる」，「ねぎらう」（ご苦労様という気持を表す），「励ます」，「認める」（評価する）ということがよく行われます。その結果として相手の心を開かせることになります。

　お世辞，リップサービスのようにも受け取られそうですが，本当に一生懸命やっている社員ならば，きっと素直に受け取ると思います。人間の心理は実に単純な側面をもっているもので，相手の心の柔らかいところを，優しさ，誠実さ，信頼性で触れられると，素直に反応する部分があります。そのことを意識して，相手の心を解きほぐす，ちょっとした気遣いが必要になります。

　ものを聞くのでも，質問する，問い質すといった「訊く」，"ask"のことば遣いではなく，教えてもらう，相談に乗ってもらうという謙虚な気持とことば遣いで接するのがよいでしょう。大切なことは，普段からよりよい人間関係を作っておくということでもあります。

　話し合っているとき，じっと相手の目を見つめるということのないよう気をつけましょう。相手の顔や目を，長いこと凝視すると，相手に不安感や緊張感を与えることになります。尋問されているような感じにならないようにしなくてはなりません。話をしながら，よそ見をするのもよくありません。相手の話を聞く，礼儀正しい態度が必要です。

(3) 自然な笑顔で接する

　長いこと相手に顔を見つめられていると，どうも気詰まりになったり，話すことに集中できなくなったりします。自然な笑顔，親しみのある表情で接することが大切ですが，相手の顔を凝視することは避けましょう。

　相手の話に興味を感じたとき，これが大切だと思ったとき，同意できるとき，しっかり聞こうとするとき，などに目線を合わせます。それ以外のときは，相手に顔を向けていても，あまり強く目線を合わせません。相手との距離にもよりますが，相手の鼻や唇，顎に目線を落とすとか，離れているときは，相手のネクタイの結び目を見るということもします。

　放送などで相手にマイクを向けて，悲しいことや嫌なことを聞かなくてはならないとき，聞き手の目線はずっと下に向けられます。無理な笑顔やしかめっ面は特別な意味を感じさせ，相手に警戒心を起こさせます。

(4) 素直に反応を示す

　「面白い，悲しい，同感だ，わからない」といった反応を，ことばや態度で示してください。相手の話に素直に敏感に反応できるようになっていたいものです。話を親身になって聞いているという態度を相手にわからせることによって，相手は自分の話をわかってくれている，楽しく聞いてくれているということを感じ取って，気持ちよく話してくれます。

　相手の話に反応するのでも，相手に不快に感じさせたり，失礼になったりすることがないように気をつけます。相手をきつい調子で問い質したり，見下げたり，馬鹿にしたりするような態度はいけません。少なくともそのようなことがあると，相手は実に敏感に感じ取るものです。

(5) あいづちを的確に打つ

　ことばで反応する一つの方法は，あいづちを打つということです。あいづちは刀を鍛えるときなどに打ち合わせる槌のことをいいますが，人の話にことばとして反応する表現です。上手なあいづちは聞き上手であるための欠かせない条件です。話の要点を聞き落とさないためにも，話の要所要所であいづちを打ちましょう。

　あいづちは，相手の話に同意，肯定の気持を伝えたり，軽い質問の形をとったりすることもあります。あいづちが的確に打てた場合，相手は「自分の話に興味を持ってくれているんだ。この話をわかってくれている。面白く聞いてくれている。自分を理解し，見方になってくれている」という安心感，信頼感が湧いて，より話がのってくるものです。

　話し手は，いつも聞き手のあいづちによって，自分の話の反応を知ろうとしています。話し手は，聞き手がどんなあいづちによって反応を示すかをいつも気にかけているものなのです。

　そしてさらに，あいづちにプラスアルファの情報を言い添えましょう。話に広がりが出てきます。プラスアルファとは，話題，感想，意見，質問を言い添えることです。

　「そうですね。いい天気になりましたね」（話題）

「なるほど。思った通りだったんですか」（質問）
「よかった。もう大丈夫ですよ」（意見）
「大変でしたね。一時はどうなることかと気をもみました」（感想）

(6) 無理やり口をはさまない

ビジネスの場面などで，業務指示や説明，報告などのときに相手の話をさえぎって質問をしたり，考えを述べたりして，相手にたしなめられたりすることがあります。とくに相手が，話を順序立てて話しているようなとき，話を中断させたりしますと，話がうまく進んでいきません。反論や疑問点があっても，相手の話を最後まで聞き，その内容を吟味し，理解したうえで話すようにしましょう。

また，相手が話そうとすることについて，自分がよく知っているときでも，相手の話す領分にまで立ち入ってはなりません。話す内容を先取りされてしまったのでは，相手は，ただ「はい」とか「そうです」と返事をするより仕方がなくなってしまうからです。

(7) メモをとりながら聞く

一方的な受容行為の場合は，長い話から，要点，骨子を聴き取らなくてはなりませんから，メモをとりながら聞くことはとてもよい方法です。メモをとることによって，話の内容も印象づけられ，より深い聞き方ができるようになります。

双方向受容の会話の場合でも，重要なビジネスの話し合いなどの場面では，きちんとメモをとりながら，間違いのない話の聞き取りをしなくてはなりません。メモをとることは記録に残すことの意味もありますが，相手の話を正しく間違いなく聞き取り，問題の在りかを探りながら聞くことができますので，メモをとりながらの聞き方を習慣づけたいものです。

簡単な業務指示を受けるのでも，メモをとって聞く姿勢を見せることによって，相手にも，話を順序立ててわかりやすく話そうという気持にさせるものです。

4．聴くための表現

双方向の受容行為では，話すことば，聴くことば，話を継続させることばなど，場面や状況，役割，立場などによって，いろいろなことば，表現が使われます。ことばをキャッチボールのボールのように投げ交わしながら，コミュニケーションをはかっていきます。

そのなかで，聞き手の立場に立ったときに必要な表現は，聴くことばと話を継続させることばです。聴くことばの表現では，５Ｗ２Ｈの内容を含んだ質問や，同意を求める誘いかけ，話を発展させるための話題の提起などがあり，話を継続させるためには，話題の提起や発話意欲の啓発，相手の話への反応，あいづちなどが，その話の場に合わせて使われます。

(1) 聴くことばの表現

聴くことばの表現で大切なのは，次のようなことです。
短いことばで聞く
相手の発したことばから聞く
イエス・ノウで回答させない聞き方をする

① 短いことばで聞く

何が聴きたいのか，短いセンテンスで簡潔に聞きます。相手の話に添って聞くわけですから，前置きや緩衝表現があるにしても，質問のことばはできるだけ短く，相手に質問の意味内容がすぐにわかるように聞かなくてはなりません。

できるだけ相手の話の流れを壊さずに，要点を絞り込んだ質問でなくてはなりません。聞くことばが長くなればなるほど質問の要点がぼやけます。「……ですが」「……ですけど」「……なので」「……だから」といった，接続助詞を使った表現に質問をつなげたりしますと，何を聞きたいのかがわかりにくくなります。これでは相手の話の切れもわるくなります。

② 相手の発したことばから聞く

聞き手はひたすら相手のことばに耳を傾け，相手の発話から，聞く内容を見いだし，質問するようにしましょう。このやり方で，話し手は自分の話をより広げたり，深めたり，確認させたりすることができます。聞き手がその話をどのように思っているのかを知らせることもできます。

「私ね，このことを聞いてとっても意外に思ったんですよ」

「意外だったんですか」（イントネーションを下げる。なぜという質問をしないでも聞き手の表情でわからせる）

「だって，そうでしょう。最初から参加しないということがわかっていれば，私は何もあんなことはしなかったんですよ」

「なさらなかったんですね」（イントネーションを下げる）

「そうですよ，だって考えてもみてください」

相手のことばにあいづちを打つような聞き方ですが，これだけの会話でも，話がどんどん深まっていくのがわかると思います。

相手の発話から聞きだすやり方では，そのことについてもっとくわしく聞きたいとか，関連することまで話してもらいたいという場合にも，活用できます。次のような例です。

「アジアからの留学生は，今回の調査で，『日本に親しみを感じない』『どちらかといえば感じない』と答えた人がとっても多かったんです」

「そんな答えが多いんですか」

「そうなんです。今回の調査は，東京の大学に行っている留学生が中心だったので，かなり日本について理解があると思っていたんですが，意外でした」

「意外でしたか」

「ええ，考えてみると，多くの学生が，日本と接する機会があまりないんですね」
「ああ，たしかに機会がないんでしょうね」
「日本に接する機会の多い人でも，冷たいとか堅苦しいといった印象を抱いている人もいるようですからね。そのうえ，日本語の教材が不足していたり，内容が古かったりすることへの不満も多いんです。日本人の歴史認識については……」

相手の発話から質問することは，話の筋を外さずに聞くことができ，発話者の話そうとする思考を邪魔することもありません。そのうえ，発話者の発言に意識を集中することにもなります。私たちは，相手の話を聞いているようで，実は自分の都合のよいところだけを聞き取って，質問するということをしがちです。気をつけなければなりません。

演習 5.9

「日本についてどう考えているか」を調査した会話で，相手の話した内容を質問の形式で聞き出すとすると，どんな聞き方が考えられますか。

「アジアからの留学生は，今回の調査で，『日本に親しみを感じない』『どちらかといえば感じない』と答えた人がとっても多かったんです」
「そんな答えが多いんですか」
「そうなんです。今回の調査は，東京の大学に行っている留学生が中心だったので，かなり日本について理解があると思っていたんですが，意外でした」
「意外でしたか」
「ええ，考えてみると，多くの学生が，日本と接する機会があまりないんですね」
「ああ，たしかに機会がないんでしょうね」
「日本に接する機会の多い人でも，冷たいとか堅苦しいといった印象を抱いている人もいるようですからね。そのうえ，日本語の教材が不足していたり，内容が古かったりすることへの不満も多いんです。日本人の歴史認識については……」

---

③ イエス・ノーで回答させない聞き方をする

私にこんな経験があります。相手の行為，行動，考えなどについて質問したところ，イエスとノーの答えばかりで，聞いたこと以外はまったく話してもらえず，何を考えてこんなことをしたのか，さっぱり聞き出せませんでした。聞き方はこのようなものでした。
「あなたは，午後2時にそこにいたんですね」
「ええ，そうです」
「プラットホームは大変混んでいましたよね。それで電車を1台見送ったんですね」
「はい，乗りませんでした」
「その男の人は，あなたに何か話しかけたんですか」
「いや，何にも喋りません」
「でも，その男の人が酔っていたことがわかったんですね」

「ええ，そうです」
「次の電車がきたとき，男の人は電車に乗ったんですか」
「いや，わかりませんでした」

　確かに相手は答えてはくれていますが，何を考えてどうしたのか，手掛りすら探れませんでした。これでは，聞く意味がまったくなくなってしまいます。
　会話の例からもわかるように，聞き手が内容を限定してしまったり，本来相手が言うはずのことを先取りしてしまったために，相手はイエス・ノーでしか答えられなくなってしまったのです。相手に話させなくてはなりません。聞き手は，どういう質問をしたら相手が話してくれるかを，絶えず考えておかなくてはなりません。聞き手は相手の話す領分に立ち入らない，相手に話すように水を向けなくてはなりません。

演習 5.10

　イエス，ノーの答しか返ってこなかった会話文から，具体的な答を引き出すにはどんな聞き方をしたらよいでしょうか。

> 「あなたは，午後2時にそこにいたんですね」
> 「ええ，そうです」
> 「プラットホームは大変混んでいましたよね。それで電車を1台見送ったんですね」
> 「はい，乗りませんでした」
> 「その男の人は，あなたに何か話しかけたんですか」
> 「いや，何にも喋りません」
> 「でも，その男の人が酔っていたことがわかったんですね」
> 「ええ，そうです」
> 「次の電車がきたとき，男の人は電車に乗ったんですか」
> 「いや，わかりませんでした」

(2) 話を継続させるための表現

　相手の話に敏感に反応しましょう。これによって，小さな話題も大きな話題にすることができ，短い会話で終わってしまう話を，長い話し合いに持っていくこともできるようになります。それは，相手の話に反応して「あいづち」をうまく打つとか，相手の挨拶ことばに対して，オウム返しでない挨拶をするようにしましょう。相手との密着感，親近感が深まります。

① 相手の話に的確なあいづちを打つ

　人は自分の話がまじめに，真剣に，しかも心楽しく聞かれているとき，話したい欲求が強まるのです。ですから話を聴いているときは，必ず相手に敏感に反応してください。その反応は，うなずいたり，小首をかしげたり，笑ったり，顔の表情やジェスチャーなどで示す場合もありますが，ことばでの反応は，「あいづち」を打って，相手にわからせることです。同意，肯定の気持ちを伝えたり，軽い質問の形をとったりすることもあります。

「あいづち」は，「話をよく聞いていますよ」と，相手に伝えるコミュニケーション手段の一つです。相手の話を聞かないで，あいづちを打つことはできません。しかも，そのあいづちは肯定的なものでなくてはなりません。相手の身になって話を聞く，その反応として肯定的なあいづちを打つようにしましょう。話がはずむためには，聞き手が話を肯定的に受け取ることが大切です。自分の話を否定的に聞かれていることがわかると，話し手は話す意欲を失います。

聞き手はあいづちによって，話のポイントを整理，確認し，話の筋道を話し手に示しながら，必要なことを聞き出すことができます。そして何よりも，話し手である相手に気持ちよく話させる効果があります。話の広がりをもたせようとするとき，積極的にあいづちにプラスアルファの情報を言い添えましょう（5 3.(5)を参照）。

すぐれたインタビュアーは，話の間合いに入れるあいづちの効果で，相手の話の意欲をかき立て，話し手の人柄のにじむ滋味豊かな内容を引き出しています。まず相手の話にのり，そのあとで知らず知らずのうちに，相手を自分のペースにのせていくのです。漫才に見られるツッコミとボケのように，ときに相手に迫り，ときに話から身を引いた当意即妙の受け答えは，話し手をして，話し飽きない状態にさせているのです。

演習 5.11

テレビ番組「徹子の部屋」（テレビ朝日系）は，25年間も続いている長寿番組です。人気の秘密は，出演者の魅力もさることながら，司会の黒柳徹子さんのインタビューにあります。彼女が女優の森光子さんにインタビューしたときの，あいづちの打ち方を見てみましょう。彼女の著書『おしゃべり倶楽部』から引用したものです。森光子さんの戦時中の思い出話です。

光子 「中国には2回行ったわ。それからボルネオ，セレベス，ジャワ，シンガポール……」
徹子 「すごいのね」
光子 「現地の慰問はいろいろな唄が歌えるの。『湖畔の宿』もよく歌ったわ」
徹子 「空襲には遭いませんでした」
光子 「遭いましたよ，何回も。東京で始まるよりもずっと前」
徹子 「ご無事で何よりでした」
光子 「時々お逢いするんですよ，『森さんの唄を戦地で聞きました』って方に」
徹子 「懐かしいでしょうね。それから戦争が終わると？」
光子 「進駐軍のキャンプ」
徹子 「わあー」
光子 「180度の転向。さっきまで日本の軍隊の前で歌っていたのに……。今度は京都に帰って，関西の米軍キャンプ巡りですよ」
徹子 「ご自分の中に抵抗がなかった？」
光子 「そんなことより，生きる方が先よ。食べなくっちゃ」
徹子 「そりゃそうだ」

肯定のあいづちや軽い聞き返しによって，さり気なく見事に話を引き出しています。黒柳さんの歯切れのよい話の切り回しには，いつも感服させられます。

あいづちは，聞き手の立場を話し手の立場に同化させて，ともに話し合おうとする意識をもたらすところにその価値があるのです。そのためにも，プラスアルファの応答が必要なのです。

演習 5.12

次のような会話で，あなたは聞き手になって，あいづち＋α（アルファ）の応答をしてみましょう。

> 話し手：きのう横浜のデパートに行ったんですよ。あいにく雨でしてね。
> 聞き手：そうでしたね。＋α
> 話し手：傘がなかったものですから，地下街に入ったんです。
> 聞き手：えっ，地下街ですか。＋α
> 話し手：そうなんです。広い通りをはさんで，いくつも横道がつながっているんですね。
> 聞き手：そうそう，＋α
> 話し手：あんのじょう迷子になってしまったんです。
> 聞き手：えぇ，α
> 話し手：仕方がないので，近くのお店の人に「○○デパートはどっちに行ったらいいんですか」って聞いたんです。
> 聞き手：店員さんに聞いた。＋α
> 話し手：ええ，教えてくれたのはいいんですが，この地下街はわかりにくいから，向かい側の階段を上がって，上に出てください。そうするとデパートが見えますから，それを目指してください，って言うんです。
> 聞き手：確かにそうですけど，＋α
> 話し手：それで，可笑しくなってしまったんですが，地下街で働いている人は，いま上では，天気がどうなっているのか，まったくわかっていないんですね。

② あいづちの種類を使い分ける

上手な聞き手になるために，まずあいづちの種類を豊かにしてください。相手の話に同意するにしても，いつも同じあいづちでは話に変化がつきません。自分が使えるあいづちの種類を増やしていきましょう。あいづちは，相手の話の内容によって，また時と場合によって，いくつかの種類を使い分けることになります。

1 同意，肯定のあいづち
　「エー」「ハイ」「そうですね」「なるほど」「たしかに」「その通り」など。
　相手の話に理解を示し，肯定的に受けとめる。話し手にとっては心地よいあいづち。
2 同情を示すあいづち
　「大変でしたね」「よくわかります」「ご苦労なさいましたね」など。
　相手の気持ちになって親身に聞いているときに思わず出てくる。
3 喜びをともにするあいづち
　「よかった」「おめでとう」「やったね」「これでひと安心」など。

相手の話を聞いて，自分まで嬉しくなるというとき，相手と一緒に喜びあうという気持ちから出てくる

4　悲しみを分かち合うあいづち

「お気の毒な」「わかる気がします」など。

親身になって相手の悲しい気持ちを思いやるあいづち。

5　意外性を込めて軽く否定するあいづち

「まさか」「いくら何でも」「いやー信じられない」など。

意外性を込めたあいづちは，相手の話したいことを引き出すのに効果的。話し手は否定的なことには，ムキになって抵抗しようとするので，結果としてよく喋るということになる。

若い女性が使う「うそー」というあいづちも，軽く否定して「本当？」と聞き返す反語的なあいづちである。

6　驚きを示すあいづち

「おや」「まあー」「いやー」「へぇー」「えー」など。

相手が，ちょっとよいことがあるので聞いてもらいたい，嬉しいことがあるので聞いてもらいたいというようなとき，少し驚いた調子であいづちを打つと喜ばれる。

7　転換をはかるあいづち

「ときに」「ところで」「さて」「話は変わりますが」など。

相手の話をタイミングよく切り替えて，次の話へとすすめる受け答え。

8　話をうながすあいづち

「それで」「それから」「そうすると」「そして」など。

肯定的なあいづちと一緒に使う。相手は自分の話に興味を持って聞いてくれていると感じて，もっともっと話す気になる。話を深めるモードにもっていける。

その他に，反語的なあいづちで相手の話す意欲を強める場合もある。「そうですかね」「でも，しょうがないでしょう」「みんなそうじゃないですか」など。意外性を込めて否定するあいづちによく似ている。

9　繰り返すあいづち

相手の話のキーワードと思われることばをなぞる。相手の発したことばから聞くというやり方によく似ているが，この場合は「聞く」よりも，そのままことばを繰り返すオウム返しのあいづち。

同意，同感の気持ちを表したり，念押し，確認になったり，話をうながしたり，内容を深める効果にもつながる。オウム返しのあいづちは，ときとして馬鹿にされたような感じを与えるから，言い方に注意しなくてはならない。

次のようなときに使うと効果的。相手が，偶然の不思議な出来事を，少し興奮気味に語ったとする。

「去年の夏，穂高に登ったとき見たんですよ。槍ヶ岳の頂上で発光現象があったんです。

そのところだけぼうっと明るくて，何と私たちの姿が蜃気楼みたいに映っているんですよ」

「へえー，発光現象……あなたが映ってる……」と，繰り返すと，相手はただ聞いてもらっただけでなく，話の内容と自分の気持ちが理解されたと感じる。

繰り返しのあいづちは，「相手の遣ったことば」で，「短く」，「要点をつかんで」，「明快に」。

10　問い返し

あいづちとは少し性格が違うが，あいづちのように遣われる軽い聞き返しである。

「先日の休みに，奈良に行ってきました」

「ほう，奈良のどちらに」というように，問い返す。

11　身振りで表すあいづち

うなずき：同意，肯定を表す。うなずく首の上下動が大きいほど賛意は大きい。事件，事故，災害などの報道取材などではよく遣われる。ことばを挿まない。

両腕を肘より上に手を開いてあげる：驚きを示す。意外性を込めて軽く否定の気持ちも表す。外国人などによく見られるジェスチャーだが，微妙なニュアンスが込められている。日本人はことばで表現するのがよい。

演習 5.13

あいづちは，相手の話のペース，話すリズムをつかみ，それに合わせてタイミングよく打たなくてはなりません。次のような会話のとき，どのようなあいづちが打てるか考えましょう。またプラスアルファをつけるとすればどんな表現がつけられるでしょうか。(5)の問題では（　　）のなかに適当なあいづちを入れましょう。

---

(1)　こんなに暖かく，いい天気が続くと，桜の開花も早そうですね。

(2)　私ね，先月アメリカのディズニーランドに行ったの。そしたら，例のミッキーマウスね。あの縫いぐるみから，何と日本人が出てきたの。

(3)　病気がそんなに進んでいたとは思っていなかったのでね，だから私，その人を元気づけてやろうと思って，「なあに，そんなの大したことじゃないわよ，元気出して。頑張んなきゃ駄目よ」って言ってしまったんです。

　　あとになって，あの人がどんな気持ちだったかと思うと，もう，とっても申し訳なくって……

(4)　私，先日ヨーロッパ旅行をしてきました。

(5)　いまから90年近い昔の話ですが，例の旅客船の"タイタニック号"ね，氷山と衝突して沈没したでしょう。（　　　　　　　　　　）1500人余りの人たちが亡くなりましたよね。（　　　　　　　　　　　　）あの事故のことを，運輸交通省の研究所が，当時の航海技術とか，航海している状況などについて調査したんです。（　　　　　　　　　　）そしたら，"タイタニック号"はあの事故が起きなかったにしても，同じルートを取れば，「37航海に1回」の確率で氷山に衝突して，370人以上が死ぬ運命にあったことがわかったんです。（　　　　　　　　　）37回に1回の確率で大事故が起きるんですよ，こわいですね。（　　　　　　　　　）

第5章 『聞いて伝える』——聞く力をつける　151

　　　　どうしてそういうことがわかったのか，その先の話聞きたい。（　　　　　　　）
　　　それは，いくつか原因があったんです。その1つは"タイタニック号"が出航するときにあっ
　　たんです。（　　　　　　　　　　　　）"タイタニック号"が完成するのに随分工期が遅
　　れたんですよ。1ヶ月も遅れたんです。（　　　　　　　　　　　）ですからその分出
　　航するのも遅れて4月になってしまったんです。（　　　　　　　　）北大西洋では，4月
　　は氷山が南下しやすい時期なんです。おまけに出航するとき，港でほかの船と接触しそうになっ
　　て，また1時間も遅れてしまったんですね。（　　　　　　　　　）これも不運でした
　　ね。なぜなら氷山との衝突が1時間早ければ（　　　　　　　　　）近くの船が無線を
　　切らずにいて，救難信号が届いたからです。（　　　　　　　　　）
　　　　次に第2の原因としては，事故の起きたその晩は風がまったくなかったんです。風があれば，
　　氷山にぶつかった波が白く見えて，氷山を見つけやすいんです。
　　　　　　　　　　　　　　　　　　　　　　　　　　　（　　　　　　　　　　　）

③　オウム返しでない挨拶をする

　話しを継続させるための第2の方法は，オウム返しでない挨拶を返すことです。それによって相手との密着感，親近感が深まります。
　挨拶はコミュニケーションのきっかけとなる働きがあります。人と話をしたいと思うとき，挨拶から入るとスムーズに会話にもっていくことができます。先方から「おはようございます」と言われて，こちらもオウム返しに「おはようございます」と挨拶を返します。これではコミュニケーションをはかることはできません。オウム返しの挨拶は「さよなら」のときだけでよいと思ってください。コミュニケーションのためには，オウム返しでない挨拶を心掛けましょう。
　会話の導入として挨拶を入れ，その会話を持続させるためには，挨拶ことばに続けて，相手の反応しやすいひと言に，プラスアルファを言い添えてやるのです。
　挨拶にプラスアルファの情報を言い添え，相手が返した情報にさらに関連した情報を入れるようにすると，相手とのコミュニケーションを維持することができます。そのときのプラスアルファは，「話題，感想，意見，質問」です。あいづちにプラスアルファを入れるのに似ています。挨拶ことばに続けて，話題，感想，意見，質問で，相手からの話をうながしましょう。
　たとえば，「お早うございます」と言われたら，
　「お早うございます。今朝は寒いですね」　　　→話題
　「本当に，今朝は起き難かったですよ」　　　　→感想
　「霜がおりたんですかね。屋根が真っ白でした」→質問
　「風がなくて，底冷えですね」　　　　　　　　→意見
　「この分だと，今日一日寒そうですね」　　　　→感想
　このように，プラスアルファの情報を入れることによって，相手が何がしかの返答をせざるを得ない状況にもっていくことによって，会話を維持することができるのです。
　バスに乗ったところ，たまたま顔見知りの人と隣り合ってしまった。そんなに親しく話しあうほどの共通の話題もありません。相手のこともよく知りません。このようなときに，「おは

ようございます」と挨拶はしたものの，あとは，何となく気まずく，沈黙を決め込んで，早く目的の停留所に着かないかなと思うばかりです。こんなときこそ，挨拶プラスアルファの方法が活用できます。深入りモードの話にしないで，世間話のような会話でも，これを機会に少し相手に立ち入って話を深めた会話にももっていくことができます。

「おはようございます。これからご出勤ですか」（質問）

「ええー」

「いつもより，お早いですね」（話題）

「ええー，きょうは福岡に出張するもんですから」（話題）

「ああ，ご出張ですか。羽田から飛行機で？　大変ですね」（感想）

「いやー，月に一回は福岡の支店に行っているんですよ」（話題）

「あ，そうですか。実は私も息子が福岡に転勤で行っているもんですから，時々行くんですが，福岡は食べるものも美味しいですから，それだけでも楽しみですね」（意見＝自分のことを話す）

「いや，いつもは仕事が終わるとトンボ返りで，日帰りだったんですが，今夜はちょっと時間もありますんで，博多の夜も楽しもうかと思っています」（意見）

「じゃ，お帰りは明日になりますね」（質問）

「いや，3日程九州におります。福岡から，大分の支店にも寄る予定があるもんですから」

（話題）

「温泉が待っているというわけですね」（感想）

「さー，別府まで足を延ばせますかどうか，先方任せなもんですからね」（話題）

「そうですか」

「ところでお宅の息子さん，福岡のどちらに？」（質問）

「福岡市の天神というところに会社がありまして……」（話題）

「あー，天神ですか。うちの支店も天神なんですよ」（話題）

　このように挨拶ことばに，相手が返しやすい話題，感想，意見，質問のプラスアルファを言い添えることによって，話はどんどん展開していきます。世間話のように深入りしない会話を心掛けるとよいと思いますが，場合によっては，もっと話を深めたいと思うことがあります。そのようなときは，相手にばかり話させないで，自分のことを話す，自分をさらけ出すことも必要になります。それによって，相手は警戒心を解いて安心して会話をすすめようとするものです。話がはずみます。

　また，挨拶をきっかけにして話しかけるときに，この人との会話で自分が何を言いたいのか，相手から何を聞きたいのかということがとっさのひらめきのなかにあると，話を上手く運ぶことができます。こんなことからも，「話し上手は，聞き上手」と言われるのです。

演習 5.14

挨拶が交わされる場面を想定して，挨拶にプラスアルファの情報を言い添えてみましょう。

> I
>   A 「おはようございます」
>   B 「おはようございます。　　　　　　」（朝が早いな，という感想）
>   A 「これから北海道に行くもんですから。ちょっと，　　　　　　」
>   　　　　　　　　　　　　　　　　　（天気が気がかり。話題）
>   B 「あー飛行機ですか，揺れないといいですね。　　　　」
>   　　　　　　　　　　　　　　　　　（安全，無事を祈る。意見）
>   A 「行って参ります」
> II
>   A 「こんにちは，ご無沙汰しておりまして」（感想）
>   B 「あー，こちらこそ。　　　　　　」（相手への気遣い。質問）
>   A 「相変わらずですよ。　　　　　」（以前より太った感じだ。質問）
>   B 「いやー運動不足でしてね。どうです，相変わらず　　　　」
>   　　　　　　　　　　　　　　　　　（ゴルフをやっているか。質問）
>   A 「こう寒いとおっくうになりまして，目下，　　　　」（冬眠中ですよ。意見）
>   B 「まあ，お互い　　　　　　」（運動不足ですね。感想）
> III
>   A 「こんにちは，きれいな花ですね」
>   B 「きょう，千葉県の方にドライブに行ってきたもんですから」
>   　以下，適宜話題を発展させる
>   A 「　　　　　　　　　　　」
>   B 「　　　　　　　　　　　」
>   A 「　　　　　　　　　　　」
>   B 「　　　　　　　　　　　」
> IV
>   A 「おはようございます」
>   B 「おはようございます。桜木町の駅，今朝はずいぶん混んでいましたね」
>   A 「やはり春で季節がいいせいか，行楽の人も多そうですね」
>   B 「横浜港なども，冬の頃と眺めが変わりましたね」
>   　以下，適宜話題を発展させる
>   A 「　　　　　　　　　　　」
>   B 「　　　　　　　　　　　」

6 主体的に話を聞く

　私たちは，日頃，いろいろなところからの情報を活用して役立てるということを行っています。主体的に情報を選択し，自分に必要と思うものを取り入れ，役立てようとします。
　その第一歩は，情報源である相手に問うことです。こちらから口を開き，問いを発しなけれ

ば，相手は何も語ってくれません。何らの情報も伝えられません。問いがあって初めて答えが得られるのですから，こちらから積極的に問いを発しなければなりません。ある人は，問いと答えを，"鐘と鐘つき棒"にたとえて，鐘の鳴りようは，鐘つき棒でどう打つかによって決まるものだといいます。よい音で鳴らそうとするなら，打つべきところに鐘つき棒をぴたりと当てて打たねばなりません。同様に，発せられた問いが愚にもつかないものだったら，相手から無視されてしまいます。問い方の上手下手で，相手の答えようという気持ちにいろいろな影響を与えます。よい問いを発する能力が必要です。

　問う能力とは，問題を発見することであり，問題意識をもつことです。問いがないというのは，問題に気がついていないか，問題を見つけていないか，あるいは見つけようとしない，ということです[8]。

　聞きたいことを話してもらうために，相手に問いを発するわけですが，その問いを発する前にはっきりさせておかなくてはならないのは，そのことの何が問題で，何を聞きたいのか，聞いた結果をどうしようとするのかということです。自己確認をしておかなくてはなりません。その自己確認によって，問うべきこともしっかりした形をとるようになるでしょうし，そのしっかりした問いが，相手から期待通りの話を引き出すことにつながるのです。

　人に話を聞くとき，自分のために何がしかの情報を得ようとして聞く場合があります。興味関心のあること，情報として役立てたいこと，知識を得たいと思っていることなどを，自分のために，話してもらうのが目的で聞く場合です。

　もう1つは，新聞，雑誌，放送のインタビューのように，相手に問いを発し，相手から答えが返ってきて，また問い返すことを繰り返しながら，その内容を自分のためでなく，第三者のために聞く場合です。読者や視聴者が話のやりとりに興味，関心を寄せてくれるように，この話をぜひ聞きたいと思ってくれるように，読者や視聴者になりかわって聞く場合です。いわゆるマスコミのインタビューに該当します。

1．自分のためにするインタビュー

　わからないことは，もの知りに聞くのがよい。私たちは，人から話を聞くことに熱心でありたい。学ぶことも，知識を得ることも，興味関心のあることを知ることも，それにふさわしい人から聞いて，自分のものとしていくとよいと思います。

　そのとき，自分の方から問いを発しなくてはなりませんが，相手がその問いを受けて，気持ちよくしっかりした内容を話してくれるような，質のよい問いを発しなくてはなりません。そのためには相手の立場でものを聞くということが大切です。

① 予備知識をもつ

　人に話を聞くときは，「わからないから，知らないから聞きたい」のですが，問いを発する前に，話の内容について，あらかじめ準備をしておきましょう。基本的なことは，新聞や本で調べておくなりして，ある程度予備知識をもっていることが必要です。基本的な情報は頭のな

かにたたき込んでおきましょう。何の準備もなしに，思いついたまま衝動的に問いを発しても，相手から十分な話を引き出すことはできません。

相手は聞かれたことに敏感に反応しようとしますが，そのときに，「何だ，こんなことも知らないのか。それでは，この話をしてもしょうがないな」と判断して，いいかげんな応答に終わってしまうということがよくあります。予備知識なしに人に話を聞くというのは，準備体操をしないで水に飛び込むのと同じようなもので，まことに無謀なことです(9)。

聞き手の予備知識の程度によって，相手の出方が違います。多少でもそのことについて知っている，つまり予備知識のある人には，相手はいろいろなことを詳しく親切に教えてくれますが，初歩的なことも知らない人には，面倒くさがって，あまり話をしてくれません。

では，相手は予備知識の有無を何によってわかるのでしょうか。それは聞き手の発する問いの質です。問わなければ話は聞けませんが，何でもいいから，とにかく問えばよいというものではありません。質のよい問いで相手に接しなくてはなりません。

② よい質問を用意する

質のよい問いというのは，事前に十分情報を集め，その情報を練り上げて作られた問いです。相手から何の話を聞きたいのか，話を聞く視点を定めておきましょう。そして具体的な問いを発します。たとえばこのような聞き方です。

1　予備知識としてこんな内容は頭に入っているが，それをまず確認するために，このように聞こう。
2　そこから新しい情報を得るために，このように聞こう。
3　間違いなく聞くために，それについても話題を広げ，確認しておこう。
4　このことについて，自分の考えを述べて，相手の考えを知ろう。
5　問題点としてこのことはどうか。
6　それを，どう解決したか。
7　一般の人たちの受け止めはどうか。
8　これからどうしようとするのか。

といったように，集めた情報，問いを吟味して，相手が話しやすいように問いを整理し，会話の流れにそって構成していかなくてはなりません。それが，問いの質をあげることになるのです。

何を問いたいのか，要領を得ない質問，愚問を発しないということです。できれば整理した質問をメモにしていくのがよいでしょう。そしてメモは頭のなかにたたき込まれているのが望ましいのです。これによって，相手の話に臨機応変の対応がしやすくなります。メモにしていくことで，時間も労力も無駄にせずに，聞きたいことをはっきりさせておくことができます。このことは相手に対する礼儀でもあります。

③ 対話によって思考を深める

人に話してもらうには，こちらも話さなければなりません。問いを発するばかりでは，相手は問い質されているような気持ちになって，話したい話まで出てこなくなるということになり

ます。話し手と聞き手の立場の違いはありますが，私たちは相手との会話のなかで，対話を交わしながら情報，知識，関心事を聞き取っていかなくてはなりません。

社会学者の加藤秀俊さんは『取材学』のなかで，こういっておられます。「ひとりの人間が，頭の中で考えることのできることなんて，実はタカが知れている。だが，ふたり，あるいはそれ以上の人間が参加して問いを投げかけあうときには，1つの問いが，さらに新たな問いを作り上げ，いささか古い表現を使えば，談論風発，とどまるところを知らないのである」

1つの問いが，さらに新たな問いを作り上げる——ということは，話し手にとってみても，1つの話からまた新たな話を生み出すことにつながっていきます。つまり対話を交わすことによって，話し手も，聞き手も，ともに思考が深まっていきます。

ある問いがある答えをつくり，その答えに対して，さらに新たな問いが発せられていくという過程のなかで，考えがより深められていくことを弁証法といいます。答える側の人間は，問いを受けることによって，それまで考えてもみなかったことに気づき，その答えを得た人間は，さらにそれまで用意していなかった重要な問いを発見して，過程のなかで豊かになり，深められていくのです[10]。

④ 謙虚な態度で聞く

人にものを聞くというのは，相手を時間的に拘束し，話すことについての労を掛けることだということを意識しなくてはなりません。相手にとってみれば，わざわざ聞き手のために時間を割いて，その上，どう話したらわかりやすいか，何を話そうかということを事前に考え，聞き手が訪ねてくれば，応接の気遣いもさせなくてはなりません。

そのような人に，自分にとって聞きたい話をしてもらうわけですから，きちんと礼を尽くさなくてはなりません。失礼のないように，迷惑にならないように気をつけなくてはなりません。こちらからお願いして話してもらうのですから，教えを乞う，教えていただくという気持ちと態度が必要です。いささかなりとも尊大な気持ちをもってはいけません。

このことは，ジャーナリストにも当てはまることで，インタビューの交渉に承諾したのだから話すのが当然だとばかりに，傍若無人，尊大な態度で，相手の気持ちにおかまいなしにずけずけと問い質すような聞き方をするのはよくありません。

2．第三者に伝えるためのインタビュー

もともとインタビューということばは，新聞，雑誌の記者が聞き手になって行う会見や対談，またはその記事のことをいっていたのです。それが放送のなかにもそのままの意味で持ち込まれ，アナウンサーや記者やキャスターが放送のために，当事者や関係者らから話を聞き取る行為を一般にインタビューというようになり，はてはその番組をもインタビューと呼ぶようになったのです。

新聞社にしても放送局にしても，報道機関としての公共性がありますから，インタビューはそれぞれの機関を代表するものだという理念の強いものでしたが，次第に解釈の幅を広げて，

読者や視聴者に伝えるために，新聞や放送を通じて当事者や関係者らから話を聞くということを指すようになりました。

ですから，これまでのように，インタビューはジャーナリストである記者やアナウンサーだけが行うものではなくなりました。評論家や学者や作家，タレント，俳優などが登場するようになりました。インタビューすることによって，読者や視聴者に何かを伝えなくてはならないので，インタビュアー（インタビューする人）には，それぞれの分野の専門性やキャラクターを生かせる人がなっているのです。

インタビューは，読者や視聴者が誰に何を聞きたいのか，何を知りたいのかを念頭において行うもので，決して，インタビュアーの興味関心を優先させて行うものではありません。またテレビの放送では，当事者や関係者の話だけでなく，インタビュアーの質問や態度まで，その場面で行われていることすべてを伝えます。それによって視聴者は，情報の選択を行いながらテレビを見るということになるのです。

放送におけるインタビュー，あるいはインタビュー番組で，聞き手は伝えようとするテーマにそって，何をいかに聞き出しているか，それを話題としてどう発展させているか，核心を突く聞き方，そこに至る簡潔な質問の仕方など，私たちが主体的に話を聞こうとするとき，役に立つ方法論をいくつも見いだすことができます。それをもとに，話を聞くためのノウハウを考えていきましょう。

7　インタビュアーの立場から「きく」

インタビューは，自分の興味，関心，必要から相手に話を聞くという行為ではありません。自分も興味をもち，聞きたいと思っているが，自分以外の第三者，放送でいえば多くの視聴者にとって，興味，関心の対象であり，ぜひ聞きたいと思っている話を，相手から聞き出す作業です。第三者に伝えるための作業です。インタビュアーは，第三者の視聴者にとって必要な情報を聞き出し，聞いている状態そのものまで，すべてを公共的な場で伝えなくてはなりません。公共性ということを意識し，インタビュアーの私的な応答は慎まなければなりません。

インタビューが放送の場でどのように行われているのか，その考え方，方法について説明します。

1．インタビューの本質

インタビューは，誰に，何を，何のために聞くのかが明確に意識されていなければなりません。目的がはっきりしていなくてはなりません。目的の1つはテーマです。「これを聞きたい」というテーマを満たす話を相手から求めていく会話の流れを作りださなくてはなりません。

テーマについて，相手から的確，十分なことばを引き出すことが大切であり，その相手から

引き出すことばを，会話の流れにそって，テーマのねらい通りに構成していくのです。

　第三者に伝えるための会話の流れということで考えれば，「いま何時ですか」「これはいくらですか」「このバスはどこ行きですか」という質問は，インタビューとはいえません。目的はあっても，そのことばだけポツンと切り離してしまい，短いことばのやりとりで終わってしまいます。会話の流れにつながりません。

　「ご感想は」「どんな印象ですか」「大変でしたね」——どれも質問項目としては漠然としていて，抽象的で，相手は何から話したらよいのか戸惑います。会話の流れのなかで話しを出すのが難しくなり，どうしても雑談のようにダラダラとした会話になってしまいます。問いの質が問題になります。

　インタビューは，話し手の人物像，話題，考え方などを興味，関心の対象として，視聴者に聞き伝えるのが目的です。限られた時間に，話し手から核心をついた話を聞き出すという課題をもっています。そこで聞き手の問いが厳しく吟味されます。問いの吟味の過程で，相手の人物像，その問題に関する相手の考え方などが浮かび上がってくるはずです。

　問いの鋭さ，優劣は，同じ人に同じテーマで，何人かの人がインタビューをしてみたとき，はっきりします。問いがきちんと整理され，的を射たものであるなら，すばらしい答えが返ってきますし，そうでないなら，ぼんやりとした答えになるでしょう。ある人はこの深さまで聞き出せ，ある人はこの程度までという違いは，もっぱらよい問いを発する能力にかかっています[11]。

　問いは，いかにテーマを充足させたものであるかが使命です。それはインタビュアーが，そのテーマについてどうとらえているのか，どんな認識の仕方をしているのか，番組意図とどう関わってくるのか，視聴者の関心はテーマのどこに寄せられるか，といったことにかかってきます。事前にどんな問いを発するかを考えましょう。事前に，あらゆる場面，状況にも対応していけるよう問いを想定し，それを会話の流れのなかで，いかに展開していったらよいかを，時間の許す限り考え，構成しておきましょう。

　しかし，実際のインタビューでは，事前に吟味し練りに練った問いを捨てなければならないこともあります。インタビューは相手があってのこと，相手次第で思わぬ方向に話がすすむことがあります。そのときに，事前に用意した問いが，いくらすばらしいもののように感じられても，その問いにこだわってはいけません。捨てることです。相手との話のなかから，会話にふさわしい新たな問いを生み出して，その場を生き生きとしたものにしなければなりません。そうでないと，会話の流れは不自然になり，番組は焦点の定まらないものになってしまいます。その場に臨んで，あらゆる状況に耐えて，インタビューする。そのインタビューは相手に話そうとする意欲を沸き立たせると同時に，視聴者の欲求を満たすものでなければなりません。

2．インタビューにはどのようなタイプがあるか

　インタビューは，放送のなかでどのように扱うかによって，その種類，タイプが異なります。

取材のために行うインタビューでは，取材内容が重要なので，相手の話だけを取り出して，インタビュアーの問いは編集段階でカットされます。

　事件，事故，災害などの発生ネタの取材では，話し手の話のみが重要なので，インタビュアーの質問は省かれることも少なくありません。ただ，当事者にインタビュアーがどう接し，話し手がそれにどう対応するか，そのことが放送のねらいである場合にはインタビュアーの一言一句，挙措動作まで放送するということになります。

　もちろん，あるテーマについて話を聞きたいので，出演交渉をし，打ち合せをして，出演者の自宅やスタジオなどでインタビューする形式のものもあります。現場からの実況中継で，リポート内容を裏づけ，新たな情報を付与してもらうために，関係者や専門家にポイントだけを短時間に話してもらうインタビューもあります。

　さらには，聞きたいテーマについて，相手がどんな話をするのか，何を伝えようとするのか，その内容，答えの予測がついていて，それをわかりやすく聞き出すものもあれば，テーマについて，相手からどんな話が出るのかまったくわからず，出たとこ勝負のようなインタビューもあります。インタビューの種類を大別すると，次のようになります。

　① 取材内容の一部として挿入されるインタビュー

　インタビューした内容を全部伝えるのでなく，そのインタビューのなかの番組意図に合った部分のみを取り出して伝えるインタビューです。

　ニュース，社会報道番組，ドキュメンタリー，現場中継，スポーツ番組などでよく行われます。当事者，目撃者，証言者，公的立場の人から，行為行動，考え方，問題などについて証言や感想，意見などを求めようとするときに行われるインタビューです。

　ニュース取材，ドキュメンタリーなどでは，聞きたい内容だけを聞き出せればよいので，取材の一過程として，インタビュー形式をとらないですすめられることもよくあります。その場合，話し手にいくつかの内容を確認しておいて，それを話してもらうというやり方です。ねらっているテーマを満たす答えのみを引き出すやり方です。

　ですから，問いに対して答えるのでなく，「このことについて話してください」という依頼を受けて，話し手が一方的にその内容を話すということになります。「談話を取る」取材がこれにあたります。

　しかし，ニュース取材でも，何を伝えるのか，そのねらいによって，インタビュアーと話し手の最初の出会いからインタビューしているその時々，さらにはインタビューが終わってからの様子までを，すべて放送する場合もあります。ことばで伝える以外に，表情や態度，質問を受ける人のリアクションなどでも伝えられるものがあるという考えからです。

　社会報道番組やスポーツ番組などでは，ショートインタビューの扱いとして，一定の時間のなかで会話の流れを持たせながら展開されていくものもあります。

　② 話し手にかかわることが主体となるインタビュー

　ニュース性，報道性の強いテーマでなく，話し手がかかわっている仕事や知識，経験や技術などをテーマにしたインタビューです。生活番組や教養番組，科学番組，経済番組などでよく

行われます。また，スタジオ構成番組の一部として扱われることもあります。

「花粉症の予防と治療」「イワシを使ったイタリア料理」「ミケランジェロの哀しみ」「シンビジュームを育てる」「流氷の海でカニを漁る」「脳をリラックスさせる」「21世紀の電子技術」「聖書の語りかけるもの」といったテーマに最もふさわしく，明確で興味深い話のできる人に出演を依頼し，そのテーマに合った場所でインタビューします。

インタビューアーは，テーマについてできる限りの予備知識をもちましょう。話し手についても知っておくことが大切です。この話し手は，このテーマについてどんな話ができるのか，このテーマでは，この話はぜひ聞きたいが，山場の話としてどのくらい持ちこたえられるか，得意としている話は何か，といったことを前もって知っておくようにしましょう。

テーマに関すること，話し手に関することを，新聞や雑誌，本などで調べておいて，このテーマなら，どんな順序で聞いていくか，話の山場をどこにもっていくか，話し手が一番話したがっていることをどこに入れるか，関連する映像や音はどう扱うか，などを考えながら，会話を構成していきます。いわばシミュレーションのような作業ですが，本番のその日までに構成を固め，話し手に会うということになります。

インタビューはどの場合もそうですが，話し手が話しやすいように，話し手に失礼がないように，テーマに関して教えていただく，話していただくという謙虚さが必要です。

③　話し手の人物そのものが主体となるインタビュー

聞き手と話し手との会話を，ある時間の流れのなかで構成する「訪問形式」の番組が代表的なものですが，話し手との会話の流れを重視し，話し手のパーソナリティや見識，人生観などを浮かび上がらせようとするインタビューです。話し手の思考，判断，行動，人間性，情緒性などを中心にしたインタビューといってもよいでしょう。

「ノーベル化学賞受賞，白川英樹氏にきく」「短編小説の名手，阿刀田高」「唐招提寺への道，平山郁夫」「小椋佳の世界」「蝶を舞わせる森英恵」「堺屋太一氏にきく」といったように，人物を主体としたインタビュー番組がこれに当たります。

「話し手にかかわることが主体となるインタビュー」以上に相手を知ることが求められます。人物像を知るだけでは十分ではありません。その人の日常生活，その人の仕事，業績，何を専門としているのか，そのことについての見識，趣味趣向に関することまで調べておくのがよいのです。いまは時間さえあれば，多様なメディアによって，たいていの事柄や人物についての基本的な情報はたくさん知ることができます。新聞の記事を資料にして調べることなどは実に簡便です。ありあまる資料に溺れることなく，話し手となる人物についてきちんと知っておきましょう。

新聞資料などから得た人物像は，いわば他人が作りあげた人物像です。ある先入観，偏見によって書かれていないという保証はありません。だから多くの資料に目を通し，その内容，情報を選択して自分なりの人物像を作っておくことが必要です。

トーク番組の「徹子の部屋」(テレビ朝日系)は，番組開始から四半世紀を迎えます。司会の黒柳徹子さんの前のテーブルには，巻物のような横長の紙が置いてあります。鉛筆でびっしりと

書き込まれたメモです。その日の出演者について事前のリサーチは欠かせません。スタッフも可能なかぎり資料を集めメモに書き込んでいます。黒柳さんはそのメモをもとに出演者についてのイメージを膨らませ，楽しいインタビュー番組，トーク番組を作りあげているのです。長時間のインタビュー番組では，話し手のかかわることが主体のインタビューとその人物そのものが主体になるインタビューとが混在したものもあります。

3．インタビューを構成する

　インタビューのテーマが，話し手にかかわることでも，話し手の人物そのものの場合でも，話し手に会って実際にインタビューするまでには，ある程度時間があります。その間にテーマについていろいろ調べ検討しておきます。話し手自身についても，いろいろな資料からイメージが描けるようにしておきたいものです。その上で，テーマに沿って，質問と答えを想定しながら，15分なり30分なりのインタビュー番組として，会話の流れを構成します。

　インタビューでは，1つ1つの問いが有機的に連携し，それぞれの問いと答えが補い合ってテーマに向かって収斂していかなければなりません[12]。

　こう聞いたら，こう答えるだろう，その答えを受けてこう聞いたらどうだろうか，いや，話題を変えてこう聞こう，というように幾通りもの問いと答えが想定されます。どのように問いを組み立てていけばテーマに達することができるか，いわゆる「Q&A」を構成し，それをもとに「話し，聞く」シミュレーションをしましょう。問いの吟味とテーマの理解が必要となります。

　① 「起承転結」の話の組み立て

　テーマにそって会話を構成するとき，一般的によく行われるのが「起承転結」の話の組み立て方です。聞かなくてはならない主題があり，それをどう展開させ，結論にもっていくか，その過程で，話し手の話から誘発された問いをどこに入れるかといったことを考えるのです。話し上手な人や放送のインタビューになれた人にインタビューする場合なら，この構成もよいかも知れませんが，インタビューが型にはまったように感じられ，聞き手の手の内がわかってしまい，面白味を欠くことになりがちです。注意しなければなりません。

　② 話の切り出しで雰囲気を柔らげ，次第にテーマに結びつけていく方法

　話の切り出しを当たり障りのない話題から入って，雰囲気を和らげて，次に導入の問いをさり気なく出して，次第にテーマに結びつけていくという方法もよく行われます。話題が絞りきれず，冗漫なインタビューになりがちですので，相手の気持ちを和らげたり，雰囲気を作ったりする問いが，この話し手に必要かどうかを判断しなくてはなりません。

　③ 推理小説のなぞ解きのような話の組み立て

　インタビューは，推理小説のなぞ解きの手法の応用のように思えるという人もいます。たとえば，

　1　事件が起きた

2　どんな事件か
3　なぜ起きたのか
4　事件に関係する人物は5人
5　事件発生時の関係者の行為行動，アリバイは
6　関係者5人のうち，犯人とおぼしいのは2人
7　しかし2人にもアリバイはある
8　犯行の動機と事件との洗い直し
9　犯行のトリックがわかる
10　2人のアリバイがくずれる
11　事件の犯人は，この2人
12　一件落着

　このように，インタビュアーは名探偵よろしく，手元にある資料をどのように探っていけば目的を達することができるかを考えます。犯人や犯罪の，動機，方法について，探偵が強固なアリバイの壁を破ろうとしたり，トリックのなぞ解きに苦労したりするのと同じように，インタビュアーは，どの問いがテーマに結びつく話につながるか，それが次の問いでテーマにそってどう展開するかを考えて構成していくというのです。

　構成としては理路整然として，1つのテーマに向かって話がスムーズに展開していきそうです。このような構成の考え方は大切ですが，いろいろなバリエーションがあることも事実です。1つの構成の基本をふまえて，あらゆる対応を考えることが必要となります。

　NHKの医学番組「脳腫瘍の治療技術」で，東京大学教授の高倉公朋氏にインタビューしたときの構成は，このようなものでした。テーマは「最近の脳腫瘍の治療技術はどこまですすんでいるか」です。

Q1　脳腫瘍はふえているんでしょうか。
　A　特にふえているわけではない。年間の患者数は，手術患者が……。放射線療法が……。1万5000人近くになる
Q2　脳腫瘍のできる場所は，脳のどんなところですか。
　A　どこにでもできる。脳の中にできる…悪性。表面にできる…良性。下垂体にも，脳神経にもできる。他の癌からの転移によってもできる。ということは癌の増加とともにふえていることになる。
Q3　治療成績はそうとう上がってきているんでしょうか。
　A　良性では90％以上。悪性でも60％。いまでは術後5年の生存者は多い。かなり進歩した。
Q4　治療技術で最もすすんだのはどういうことですか。
　A　診断機器の進歩が第一。X線CTの導入。MRI（磁気共鳴画像）の使用。
Q5　東大医学部でも新しい装置が開発されたそうですが。

A　ニューロ・ナビゲータと言う。腫瘍のある場所，大きさ，形状を正確に把握する装置。
　　　（VTR画像で実際の手術の様子を説明）
　Q6　腫瘍部分を大きく摘出して再発を防ぐというのが，これまでの手術のようですが，最近は手術法も変わりましたね。
　　A　できるだけ小さく，病巣だけを摘出するよう努力している。
　Q7　ここを手術すれば後遺症が出るということがわかっていても，手術せざるを得ないということもありましょうね。
　　A　脳神経外科で最も判断の難しいところ。生命を救うか，後遺症で苦しませないようユースフル・ライフを大切にするか。QOLの考え方も必要。
　Q8　今後の課題として，手術をしないで脳腫瘍を治す可能性についてはいかがでしょう。
　　A　今後は，化学療法，免疫療法に重点を置く方向に研究を進めるべきだと考える。
　Q9　ありがとうございました

　Q1，Q2は，視聴者の関心の寄せ具合を考えて，テーマに結びつけていくための質問。テーマに関して周辺部分から引き出して核心に迫る構成になっています。次々に外堀を埋めて本丸にたどりつくやり方です。
　Q3の質問からはいよいよ核心に迫ります。核心はQ4の質問です。それに対する答えとして診断機器の進歩について克明に語られます。テーマに関して高倉先生が最も話したい部分であり，視聴者にとっても重要な情報となります。いわば番組の山場となるところです。
　Q5では，さらに新しい治療装置について水を向け，Q6では，最近の手術をどう考えるかを質問し，脳神経外科の治療の考え方と，今後の治療法への見通しを述べてもらってインタビューを終えています。
　実は，このインタビュー構成を考えるには，新聞の医学記事，医学雑誌などで予備知識を得て，東大病院の手術現場を取材し，高倉先生に，最近の脳腫瘍のことについて説明をしてもらっています。その上で，このテーマを扱うときに，何が一番のトピックスなのか，高倉先生が一番話したいと考えていることは何かを中心に据えながら構成を考えました。したがって，話題中心のインタビューであって，高倉先生の人物像に迫るインタビューではありません。

4．インタビュー構成案の作り方

　テーマにそって会話を構成する考え方についていくつか説明しましたが，構成の仕方そのものについて考えてみましょう。
　次の［演習］5.15で，「交通運輸省の調査報告」をもとに，インタビュー案の構成をしてみます。

演習 5.15

運輸交通省が行った「タイタニック号」についての調査の報告を見て，どのようなインタビューの構成ができるか，具体的な問いを考え，構成案を作りましょう。

［調査報告の内容］

1912年4月，北大西洋でイギリスの旅客船"タイタニック号"が氷山と衝突して沈没し，1500人余りの人たちが亡くなりました。いまから90年ほど昔のできごとです。あの事故のことを，運輸交通省の研究所が，当時の航海技術や航海している状況などについて調査しました。

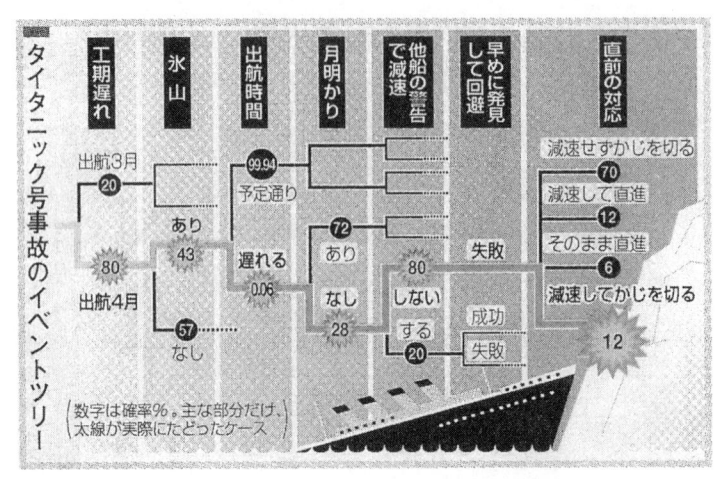

朝日新聞（2001年1月5日夕刊）

図5.5　タイタニック号事故のイベントツリー

その結果，"タイタニック号"はあの事故が起きなかったにしても，同じルートを取れば，「37航海に1回」の確率で氷山に衝突して，370人以上が死ぬ運命にあったということがわかりました。

これは運輸交通省の船舶技術研究所が，原子力施設や航空機など大規模システムに適応される「イベント・ツリー」という安全評価法にもとづいて"タイタニック号"の事故を分析した結果わかったことなのです。

それによれば，原因調査から3つのことが原因としてあげられます。その1つは"タイタニック号"が出航する時季の問題です。"タイタニック号"が完成するのに工期が1カ月も遅れ，その分出航するのも遅れて4月になってしまったのです。北大西洋では，4月は氷山が南下しやすい時期なんです。事故海域に氷山が存在する確率は43％です。

おまけに出航するとき，港でほかの船と接触しそうになって，また1時間も遅れてしまったのです。これも不運でした。なぜなら氷山との衝突が1時間早ければ，近くの船が無線を切らずにいて，救難信号が届いたからです。

次に第2の原因としては，事故の起きたその晩は風がまったくなかったのです。風があれば，氷山にぶつかった波が白く見えて，氷山を見つけやすいのです。月も出ていませんでした。

第3の原因は，氷山が直前に迫ったとき，減速してかじを切った回避行動にも問題がありました。減速せずにかじを切れば回避できたはずです。

インタビューの構成案を考えるとき，常に念頭になければならないことは，視聴者に何を伝えるのか，視聴者の関心にどう応えるのか，ということです。そこから，まず視聴者に伝えるべき主題（テーマ）を設定します。「調査報告の内容」をよく読みましょう。

(1) 主題の設定

何を聞かなければならないのか，主題を決めます。「調査報告の内容」から，いくつかの主題が思いつきます。たとえば，
① 運輸交通省が行った「タイタニック号」の事故調査
② イベント・ツリーにもとづいた事故調査報告
③ 「タイタニック号」は37航海に1回の事故確率
④ 「タイタニック号」の事故分析

これらの主題の候補からどれか1つを選びます。次の条件にかなうものを選びます。
① 話し手が一番伝えたいと思うであろうもの
② 聞き手として，自分の知識，見聞，経験などが生かせるもの
③ 第三者である視聴者に興味深く感じてもらえそうなもの

その結果として，④「タイタニック号」の事故分析という主題を選びました。他の主題候補は内容にもふれて，少しくどい感じがします。簡潔な④を選びました。

(2) 主題に結びついた紹介文を書く

次には，この主題を簡潔な文章として表現します。インタビュー番組の紹介アナウンスになるものです。インタビュアーとして，誰に何をどんなふうに伝えるのかを意識して，主題に結びついた紹介文を書きます。

＜紹介＞
　最近また映画で話題になった「タイタニック号」，あのイギリスの旅客船の事故について，運輸交通省の研究所が調査した結果がまとまりました。
　そのことについて調査に当たられた○○さんにお話を伺います。

紹介文を書くことによって，主題について，どのようにインタビューしていくかの方向も定まります。構成案を作った後で紹介文を書く場合もありますが，紹介文を事前に書くことによって，インタビューの方針，話しの展開の予測もつけられるので，構成案が作りやすくなります。

(3) 主題に合う情報の項目化

紹介文ができたら，次は主題に合う情報を「調査報告内容」から読み取って，いくつも項目をあげます。これがインタビューの質問に結びついていくのです。情報として次のような項目をあげることができます。

　　タイタニック号の事故について

交通運輸省は何を調べたのか
その結果は
どのように調査したのか
わかったことをもっと詳しく
原因の1，出航時季
原因の2，当日の天気
原因の3，回避行動の問題

(4) 話の運びを考えて，問いを並べる——構成案の作成

　項目は，「調査報告内容」の表現通りの順序で並べましたが，どんなインタビューにするか，聞き手の演出意図によって，項目の配列は変わっていきます。さらに，聞き手の知識，見聞，体験などをどんな形でインタビューのなかに生かしていくかを考えることでも，情報の取り出し方もその配列も変わってきます。
　項目を会話の流れ，演出意図にそって整理します。どのように聞くか，どのように話してもらうか，どのように伝えるかを考えて，あらためて質問項目を設定します。インタビューでは，主題に結びつける質問と，内容を膨らませる質問，話しを展開させる質問とがありますので，うまく配列して，話し手にとって話しやすい構成にすることが大切です。
　次のようなインタビュー構成案になりました。

インタビュー構成案「タイタニック号の事故分析」

＜紹介＞
　最近また映画で話題になった「タイタニック号」，あのイギリスの旅客船の事故について，運輸交通省の研究所が調査した結果がまとまりました。
　そのことについて調査に当たられた〇〇さんにお話を伺います。
　＜インタビュー＞
Q　今回はどんなことについて，調査なさったんですか。
A　航海技術や航海状況。
Q　調査の結果どういうことがわかったんですか。
A　タイタニック号は37回航海に1回の確率で事故に遭う。
Q　どうして，そういうことがわかるんですか。
A　「イベント・ツリー」という安全評価法で，事故を分析。3つの原因があった。1つは……，2つ目は……，3つ目は……。
Q　1つ目の原因の「出航する時季」というのは，出航が遅れたことですか。
A　そう，完成が遅れた。出航も遅れた。4月は氷山の南下で危険なとき。
Q　あのとき，港でも小さな事故があったそうですね。
A　ほかの船と接触。また1時間遅れる。

Q 次に，第2の原因として考えられる海の状態ですが……。
A 風がなくて，氷山が発見しにくかった。
Q 3つ目の原因である回避行動については……。
A 氷山が直前に迫ったときですね。減速せずにかじを切ればよかったんです。

　構成案ができたら，実際にインタビューするまでの間に，できる限り何回もテーマにそって構成した会話の流れを口に出して練習しましょう。構成案の段階では，想像の相手と会話をするということになります。質問も答えも，両方とも自分がやるのです。1つの質問に対しても，相手をどう想像するかによって，答えはまちまちになるかも知れません。相手をイメージしながらシミュレーションをします。

　この作業をすることによって，話し手である相手に対するイメージが大きく膨らみます。それが会話の流れをいろいろに工夫することにつながります。自分のもっているあらゆる要素をもとに相手を想像し，テーマを想像し，話を構築する，その結果として，人間の見方，人間の把握の幅が広がり，ものごとを筋道立てて考えることができるようになっていくのです[13]。

　そして，いささか禅問答のようになりますが，実際のインタビューの場では，構成案にこだわらないようにします。構成した話し運び，質問が面白いからといって，それにこだわれば，相手の出方に応じて，臨機応変，柔軟な対応ができなくなります。

　全体の構成をつかんだうえで，予期せぬ相手の話がテーマとどう結びついているかを考え，場合によっては，その話をさらに膨らませるようにもっていってよいのです。相手の話についていかなくてはなりません。相手との会話のなかから新たな問いを見いだして，テーマに収斂させるように話を運んでいきましょう。構成案の問いにのみこだわってはいけません。実際のインタビューの場で展開される話の運び，質問が大切なのです。

　だからといって，構成案を考えたこと，シミュレーションしたことは決して無駄にはなりません。会話の流れを構成していたからこそ，番組としての全体の運びが理解できるのです。相手との会話が臨機応変にすすめられるようになるのです。インタビューは生きものです。何が起きるかわかりません。その場に臨んであらゆる状況に対処でき，聞き手として存在できる力となれるのは，テーマと話し手についての情報を集め，番組としての構成を考え，シミュレーションを繰り返し行っているからこそのことです。インタビューの成否は構成の良し悪しにもかかっています。

8 インタビューのフォーマット

　インタビューの話し運び，展開の仕方は，テーマによっていくつかのフォーマットが考えられます。
　① インタビュー時間も十分にあり，テーマも，その時間を満たすほどの十分な内容がある

ような場合は，オーソドックスな起承転結のフォーマットがとられる。

> 導入―話題の展開―核心的な話題の提示―話題の展開―収束に向かう―覚醒的なことばでピリッと引き締めて終わる

総体的な話の引き出し方になる。

② あるテーマについて，立ち入って詳しく聞きたいといった場合には，いきなり本題から入るインタビューもある。

> 本題の提示―展開―展開過程で出てきたことの提示―本題の別サイドからの提示―展開―本題の確認

ニュースや社会報道番組などでのインタビューでは，このフォーマットがよくとられる。いわゆるインタビュー番組などでも，テーマが非常に興味深く，高い関心が寄せられている場合などには，このフォーマットのインタビューが行われる。

③ テーマの性質によっては，いきなり本題に迫らずに副次的なことから切り出す場合もある。

> 本題に関連したこと―展開―展開過程から本題に結びつくこと―展開―話し手がテーマに近づこうとしているかどうかを判断して，本題の提示―展開―本題の別サイドからの提示―確認

④ テーマによりわかりにくい内容のものは，段階的に話をすすめる。わかりやすい話から複雑な話へと，1つひとつ視聴者が理解できたかどうかを考えながら，すすめるインタビューである。医学情報や科学番組などでよく行われる。

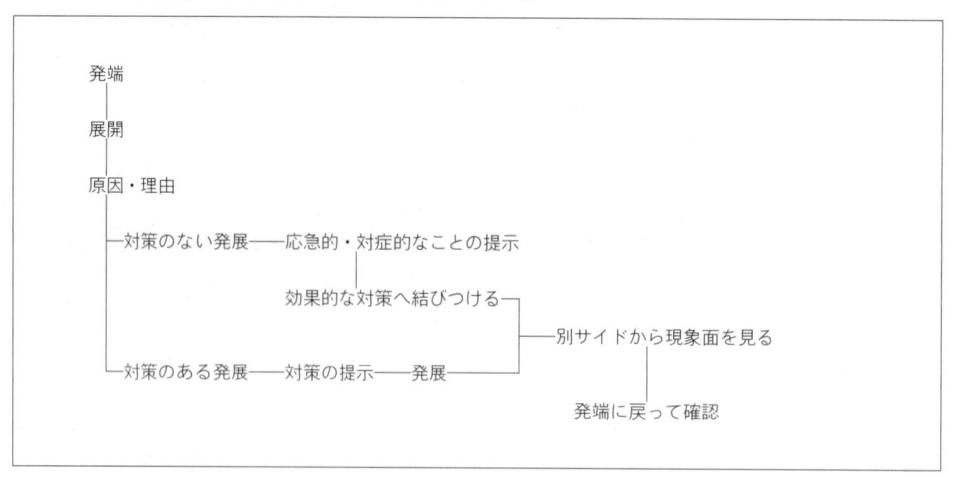

```
発端

展開

原因・理由
        ┌─対策のない発展──応急的・対症的なことの提示
        │                効果的な対策へ結びつける─┐
        │                                          ├─別サイドから現象面を見る
        └─対策のある発展──対策の提示──発展─────┘
                                                    └─発端に戻って確認
```

具体的な医学番組のインタビューを見てみると，次のようになる。

> 話題の疾患の提示―現況―症状―診断法―原因と機序（発症の仕組み）―治療法―対策―予防法―重要事項の確認

⑤　人物もののインタビューなどでよく行われるフォーマット

> トピカルな話題―関連して人物像に触れる―人物の持っているもの・できるもの・考えていること―関連した思想・感情・知識・経験など―別サイドから本題に触れるもの―その人物の将来的なこと―再び現状のトピカルなことに戻り終わる

⑥　内容豊富なテーマで，話し手も能弁な場合，そのテーマを感動的に膨らませて終わらせるため，次のようなフォーマットがとられることもある。

> 導入（簡単に）―本題の提示（軽く）―本題の核心―展開過程で出てきたことの提示―より核心に迫る―話を山場にもっていく―（収束の問いをせず，話が最高潮に達していて，山場が過ぎようとする頃合いを見計らって終わる）

9　インタビューの実際

　テーマにそっていくつかの問いを用意し，問いかけの工夫，問いの内容を吟味したうえで，会話の流れを構成していきます。構成案ができた段階で，これで準備はできた，態勢は万全だと安心してはいけません。

　用意した問いや，それをもとにした問いかけの工夫などは，そのもとを考えれば新聞，雑誌からのもの，自分が何かの折に放送で見聞きしたものなどを下敷きにして考えたものです。誰かが以前に考えたことが下敷きになっていますので，せっかくまとめた構成案も，2次情報の寄せ集めでしかないのです。

　それを1次情報たらしめるには，つまり，あなたの独自の情報として，相手の話を聞き取るためには，その相手に対しても，インタビューするテーマについても，あなたなりの独自の視点をもっていなくてはなりません。そのあなたなりのものの見方，考え方，人物評価などから，1次情報に迫るインタビューのことばが生まれるのです。インタビューするとき，どんなことばで，どんな表現で問いを発するかを考えましょう。

　次のことは，インタビューを考えるときの重要な項目です。

① 話の聞き始めの問いを大切に
② 問いは短く
③ 問い方は具体的でわかりやすく
④ あいづちはほどほどに
⑤ 聞き手の視線は意志を表わす
⑥ インタビューの終わりを大切に

1．インタビューの前に

　テーマをとらえ、問いを準備するために話し手を知ることが大切だということはすでに説明のとおりです。

　私たちは不思議な直視力で、相手を見分ける能力があります。聞き手に話の予備知識がどの程度あるかによって、話し手の態度は驚くほど変わるものです[14]。

　また、話し手にとっては聞き手が誰かということが大変気にかかります。できることなら、よい聞き手にインタビューしてもらいたいと思うものです。話し合うテーマについて、よく考え尽くしたうえでの的確な問いかけがなければ、十分に語り尽くすことができないからです。問いがよければ、自分が用意した以上の、思いがけない話を展開することもできるからです。

　インタビューの前に、そのテーマについて調べておくこと、それを会話の流れとして構成しておくこと、そのうえで、話し手についてできるだけ知っておきましょう。そのことは、インタビューの深みを生むものであると同時に、いざインタビューに臨んだとき、インタビューがどのように展開していこうと動じない自信を持たせるものでもあります。

2．打合せでは相手に自分を知ってもらう

　話し手は、聞き手がどんな人で、どんなふうに聞いてくるか不安をもっています。その不安が消えないままインタビューに入ったら、結果は明らかです。話し手は過度の緊張で思うように話せなくなるでしょう。

　打ち合わせは、相手に自分がどんな聞き手であるかを知ってもらう意味で必要です。聞き手のためにではなく、話し手のために必要なのです。相手とのごく簡単なことばのやりとりや態度のなかで、聞き手も話し手によってみられているのです。話し手に対する敬意と礼を失わず、話し手の心を思いやる配慮があるか、このインタビューに対してどれだけ真剣であるかが示されなければなりません。それによって話し手は、本気で自分の話を聞きたがっていると感じ、心を開いて対応してくれるものなのです。

　ではインタビューの内容については、どの程度打ち合わせておいたらよいのでしょうか。あまり細かいところまで、本番のように打ち合わせをしますと、打ち合わせ段階では本当にすばらしい話を出してくれたのに、本番では二番煎じのような話になってしまうということがよくあります。それに細かい打ち合わせで、相手に余計な緊張感を与えたり、相手に身構えられたりすることもあります。

　内容の打ち合わせは、番組としての要点、ポイントを説明し、テーマについても大まかな話し運びを伝えるぐらいでよいのです。話し手に心の準備をしてもらうためのものです。また質問事項のなかで、相手から確認しておく必要のあるものは、深入りしない程度で説明をしてもらいます。相手が触れたくない話題、触れられたくない話題があるかどうかを確認しておくことも必要です。

あとは，さり気ない雑談のなかから，自分が描いていた人物像と実際に会った感じがどう違うのか，積極的に話す方か，口が重いか，丁寧に説き起こすタイプか，ずばりと言い切るタイプかなどを，相手の話口調や態度から知るようにしましょう。もちろん打ち合わせ中も，相手に話していただく，教えていただくという謙虚な態度を忘れず，失礼がないようにしなくてはなりません。

この人がインタビューしてくれるなら安心だ，多少ことばに詰まっても助けてもらえるし，失礼なことは聞いてこない，話したいことについてはよく理解してもらえている，何よりもこの人になら気持ちよく思っていることが話せそうだといったように，話し手に聞き手である自分を理解してもらう，信頼してもらうことが大切です。

3．聞き始めの問いを大切に

インタビューの最初の問いに神経を払いましょう。最初の問いは視聴者の関心や期待に応じるものでなくてはなりません。最初の問いこそ，番組の第一印象を決めるものです。最初の一問一答で，視聴者は，「面白そうだ，見てみよう」とか「くだらない，やめよう」と判断します。視聴者の耳をそば立たせるかどうかは最初の問いにかかっています。

同時に話し手である出演者にも，この人になら安心して話せるという雰囲気を感じさせるものであり，大いに語ろうという気持ちをもたせるものでなくてはなりません。

インタビューの構成段階から，いろいろな道筋を考えてテーマに近づこうとします。太い道からたどるか，枝道から入るか，構成案では考えてもみなかった道筋が頭のなかに描かれることもあります。いざ本番というときに，そのなかから最も適切だと思う道を選んで歩き出すわけです[15]。

最初の問い，導入のインタビューは，相手の個性や素顔が端的に表れるようなインタビューが望ましいのです。これからの話に期待が寄せられるような答えがほしいのです。しかもその答えは，どこかでテーマの本筋に結びついているというものでありたいのです。

しかし，いつも期待通りの答えが返ってくるとは限りません。そこでまた，同じ期待感を求めて質問を重ねるということになりますと，導入部分で早くもモタモタしたものになってしまいます。最初の問いは大切ですが，そこから返ってきた問いに第2の問いをどう発するかの方がもっと重要なのです。できるだけ早くテーマに結びつく話を引き出すようにしましょう。

最初の問いは，時候の挨拶や柔らかい雑談的なものから入るような型通りのインタビューではなく，素直で謙虚なことば遣いで単刀直入に聞くことです。

4．問いは短く

問いが長いと，それだけ相手を不安にさせます。何を聞かれているかがつかみにくくなるからです。聞きたいことは何なのかをできるだけ短いセンテンスで単刀直入に聞きましょう。

問いが長くなってしまう場面は，次のように考えられます。
① 視聴者に，次の質問内容を理解してもらうために説明を入れながら聞く場合。
　「脳腫瘍の手術では，腫瘍が脳のどこにできているか，どの位の大きさなのか，小さな腫瘍が点在しているのか，形はどうかといったことを正確に把握する必要があろうかと思いますが，先生の研究室では，そのための新しい装置を開発されたそうですね。それはどういうものですか」
　何ともじょう舌なインタビューである。「……かと思いますが，」までは，視聴者に理解してもらうための説明である。これは，2つの短い問いに分けて聞けばよい。
　「腫瘍の大きさや形，またできた場所などは，どのように調べるんですか」
　「そのために，新しい装置が開発されたそうですね」
② 聞き手が自分の知識をひけらかすようなインタビューとか，質問のなかに「私が……」というように，自分を出したがるインタビューもじょう舌になり，好ましくない。
③ 質問の趣旨が明確に表現できなくて，あれやこれやの話を出して，ようやく聞くべき事項にたどりついた場合。
　何を聞くのかはっきりしないうちに，何でもとにかく聞かなければと，ことばだけが先行してしまい，話しながら聞く事柄を探って，ようやく質問に結びつけられたという場合である。インタビュアーの思考のプロセスが，そのままことばに表れてしまう。このように長い問いにつき合わされる相手はたまったものではない。いらいらさせられたり，何を聞かれるのか気になって話そうとする気力を失ったり，不安になったり，相手によい話をしてもらう邪魔になる。
　「……が，……ので，……で，……けど，……けれど」といった接続助詞をつけたインタビューは極力さける。「……とか」「……みたいな」「……という感じ」といった表現にも気をつけよう。センテンスが長くなり，問いが曖昧になる。

5．問いは具体的で，わかりやすく

　インタビューでは，具体的なことを仲立ちにして話してもらうのがよいのです。聞き方がわかりやすい，内容が具体的で，何を聞かれているのかがすぐわかる，ということでなければなりません。持って回ったような質問，抽象的な質問は避けてください。相手も戸惑いながら話すことになり，どうしても散漫な話しか引き出すことができなくなります。
　素直に，わかりやすく，具体的に聞いてください。そうすれば相手も具体的に話してくれるでしょう。聞き手も話し手もお互いのなかに具体的なイメージが思い浮かぶ話し合いがのぞましいのです。

6．あいづちはほどほどに

　相手の話に敏感に反応してうまくあいづちが打てると，相手は自分の話を真剣に聞いてくれている，話の内容をわかって聞いてくれていると感じて，より話そうとするものです。当意即妙に，タイミングよくあいづちが打たれると，話に活気を与え，はずみをつけます。日常の会話では気持ちよくあいづちを打つようにしましょう。

　しかし，インタビューの場合は，あいづちはほどほどに，しかもタイミングを考えて打つようにしましょう。あいづちが頻繁に入れられると，それだけ話を聞く邪魔になります。話はインタビュアーだけが聞いているのでなく，大勢の視聴者に聞いてもらっています。インタビュアーは大勢の視聴者になりかわって話を聞いているのですから，視聴者の聞く邪魔をしてはなりません。あいづちの多いインタビューは，視聴者の存在を無視して，単なる聞き手と話し手のやりとりに過ぎないものにしてしまいます。

　それにあいづちは，「あなたの話を聞いています」という意志表示が強いですから，話し続けている相手にとっても，「あいづちはもう結構です。話す邪魔になります」という気持ちにさせてしまいます。

　インタビューで必要とされるあいづちは，「あなたの話がとってもよくわかります。同感です」のように，話す内容を十分理解できたことを伝えるためのことばです。ですからあいづちは相手の話にのって，その話を邪魔しないように，ここぞと思うタイミングを考えて効果的に打たなくてはなりません。

　「あなたの話を聞いています」という意志表示のあいづちを頻繁に入れながら，実は，相手の話を聞いていずに，次に何を質問しようか，問いを考えているという困った聞き方をする人も，時折います。そのような人は相手の話を聞いていないわけですから，突然話が終わると，慌てふためいて「で，どうですか？」などと，トンチンカンな質問で失笑を買うということもあります。笑い話のようですが，実際にあるのです。あいづちも，問いも，相手の話のなかから出てくるのがよいのです。

　ニュース，報道番組などでのインタビューは，話し手の話の必要な部分だけを番組に挿入する扱いが多いですから，原則としてあいづちを入れません。あいづちと話が重なってしまうと，編集のときに，話し手の話だけを取り出すのに厄介です。また，事故や災害などのときのインタビューで，聞き手の打つあいづちが不用意だったり，的確でなかったりすると，相手の反発や怒り，不信を買うことになります。

　「声なきあいづち」で接しなくてはなりません。目や顔の表情，あるいは全身で受けとめるあいづちです。相手の話を黙って聞き，要所要所で「うなずく」反応の仕方です。相手の身になって話を聞く態度が必要です。

7．聞き手の視線は意志を表す

　インタビューをしていて視線をどこに置くか困ることがあります。絶えず話し手の目を凝視していたのでは気詰まりです。話し手に余計な緊張をさせることになります。じっと見つめられていることが気掛かりで，「話そうと思ったことの半分ぐらいしか話せなかった。あんな緊張感はごめんだね」と感想をもらす人がいるほどです。でも人にものを聞くとき，そっぽを向いて聞くのは大変失礼ですし，キョロキョロして落着かないのもよくありません。

　重要な内容の話を聞き出そうとするとき，真偽のほどを確認しようとするときなどは，やはり相手の顔を見て，相手の顔の表情の変化をも見逃すまいとして問いを発するものです。聞き手の視線は聞き手としての意志を表します。「どうぞ話してください。教えてください」という気持ちがあるときは，柔らかい顔の表情で相手に視線を向けるということになりますし，哀しい話，気掛かりな話を聞き出そうとするときには，笑顔を消して，ときに沈うつな表情の視線が向けられます。

　問いを発するときは，相手の顔を見て，その問いにどんな反応を示すかぐらいの様子を見ながら行います。そして相手が話し始めたら視線を少しはずします。しかし顔は相手に向けたままの状態です。相手との距離にもよりますが，相手の目より少し視線を下げて，相手の顎から首，さらには胸元を見るようにするとよいでしょう。話の内容によっては，相手に顔を向けずにうつむきかげんに聞くということもあります。そしてインタビューの正念場，ここぞというときは，しっかりと相手に視線をすえて話を聞くようにします。

　相手に強い視線を向けるのを避けるために，聞き手がどんな位置に立つかということも考えましょう。対面形式でインタビューするよりは，相手に対して斜め横に立つような位置から話を聞くとか，横に並んだ状態で聞くという方が，ずっと相手に与える緊張感は少ないものです。

8．インタビューの終わり方

　インタビューの終わり方が番組の成否を決めます。話が盛り上がり，その場の空気が実にいい雰囲気を醸していて，いよいよ最後の問いで番組を終わろうとするとき，その問いがすでに語られていることのむし返しであったり，聞き手の理解の浅さを露呈するものであったりしたら，番組はぶちこわしです。

　「ですから，先程もお話しましたように……」と，相手に言わせるような質問とか，話の内容がよく理解できないままの的のはずれた質問，あれほど突っかかって聞いていたのに，時間間際に，付け焼き刃のように，「なるほどわかりました」という言い方など，聞き手の信頼を損ねるような終わり方をしないように気をつけなくてはなりません。この道60年，人生の大ベテランが若いインタビュアーに，「どうぞこれからもますますご活躍になりますよう期待しております」と締めくくられて，苦笑するなどということのないようにしなくてはなりません。

　インタビューを終わるときのことばは，より神経をいきわたらせなければ，インタビュー全

体の良否が問われることになりかねません。最後の問いや終わりのことばは，インタビューの連続性，一貫性の上にあるべきものです。取ってつけたようなことばは，それがどんなに内容をもっていたとしても，嘘に聞こえます。事前の構成で考えられた最後の問いがその場に当てはまるものとしても，話を聞く前に考えたのと，話を聞き終えて自然に出てきた問いとでは自ずから違いがあります。インタビューの最後の問いは，それまでのインタビューの内容を包み込んだ新しい生命をもったものでなければなりません。

インタビューの間中，視聴者はインタビュアーがその話をどの程度理解しているかを感じ取っているものです。インタビュアーの人間性といったものについても見られています。視聴者に，嘘っぽく感じられたり，信頼を失うようなことがあってはなりません。同時に，話し手である相手に，思っていることがすっきり気持ちよく話し伝えられたという充足感をもってもらえるようにしたいものです。

よい材料を仕入れ，十分に心を込めて作った料理の盛りつけが，インタビューの場合，最後の問いになります。吟味された器に美しく盛りつけできるかどうかが，インタビューの最後の5分にかかっているのです。インタビューの終わり方に最後の神経をいきわたらせましょう。

演習 5.16

次のような新聞記事（朝日新聞2000年7月23日版）をもとに，紹介文にそったインタビューの構成案を書いてみましょう。

［紹介］

きょうは日本酒を造って40年の熊谷知栄子さんにお話を伺います。

日本酒を造る仕事は女性には向かない，ということで長い間，女性で酒造りに携わる人はいませんでした。こうしたタブーに挑戦されたのが熊谷知栄子さんです。

熊谷さんは，大学で食品の酵母について学んだ後，昭和36年に，国税庁の醸造試験所に勤務し，以来40年にわたって日本酒の研究とその製造に取り組んでこられました。

そして今では，大手酒造メーカーの役員として，また吟醸酒造りの第一人者として活躍しておられます。

酒を科学し親しむ人生

花もあらしも

酒造り40年、研究所のトップ
大関常務取締役
熊谷 知栄子さん

初めは国税庁の醸造試験所で、のちにメーカーの研究所で、吟醸酒造りの第一人者として活躍してきた。

山形の高校を卒業後、「自立したくて」東京農工大学へ入学。食品の発酵などを学んだ。理系の女子の就職先が少なかった時代、たまたま募集のあった国税庁醸造試験所に、女性第一号として入った。

「給料は安かったけれど、酒だけは飲めた」。夕方四時ごろから、フラスコでかんをして、研究生といっしょになって酒盛りを繰り広げる。それまではあまり飲めなかったが、「女だからと思われたくなかった。一生懸命飲んで、おいしい飲み方をおぼえた」。

初めの研究テーマは酒の悪臭「ツワリ香」の除去だった。毎年行われる全国新酒鑑評会では裏方役もこなした。五千点にも及ぶ出品酒の荷を開ける地味な仕事だったが、この経験のおかげで、各地の主な造り酒屋と銘柄、特性を頭にたたき込むことができた。

女人禁制の風潮が色濃い業界。時期によっては夜は泊まり込み。休みもない、きびしい職場だ。

「成果をあげ、一人前と認めてもらいたい、というプレッシャーがあった」。酵母の研究を経て、一九七二年から酒造用の米を研究。米と水分の関係などに新たな法則を見つけ、これがきっかけで独自の吟醸酒造りに乗り出した。

吟醸酒は今でこそブームだが、当時は手間ひまかけた「盆栽の酒」と言われ、醸造法は杜氏から弟子への直々の秘伝。経験と勘頼りにごく少量造られる鑑評会用の酒だった。だが理論と数値をもとに、手探りで挑戦。最初にできた吟醸酒が、全国新酒鑑評会でいきなり金賞を受賞した。

「学問で酒が造れるか」といった反発は杜氏の側から強く、まぐれと言われ信用されない。「技術者でも吟醸酒は造れない」と突っ張って造りつづけ、結局、九回続けて金賞をとった。八三年に農学博士号も取得し、杜氏組合からも講演に招かれるようになった。

九四年、大関の社長に強く請われて、兵庫県にある同社総合研究所長に転職した。昨年からは常務取締役。経営責任も負い、営業に、製造現場との仲立ち役や、支店長会議への出席をこなしながら、三十人ほどの研究者を指導する。

「試験所時代は、良い酒を造っても、商品にできずに歯がゆかった。いい酒が売れるとは限らない、というジレンマはあるけれど、大手メーカーでのチャンスを生かしたい」。

アルコール度数六％の日本酒や、赤い玄米の酒、泡の立つ酒……。二年前からは大吟醸酒「熊谷知栄子」も限定販売している。何とか大ヒット商品を世に出したいと試行錯誤は続く。

いまも仕事仲間らと豪快に飲む。酔って交番に保護された、娘に葬式を装った経験もあるが、「日本酒は、自分を隠しながら料理を引き立てる、繊細な酒。酒造りのためには人との和は欠かせませんから」。

◇

「花もあらしも」は、毎週日曜日に掲載。さまざまな職場で活躍する女性を紹介します。

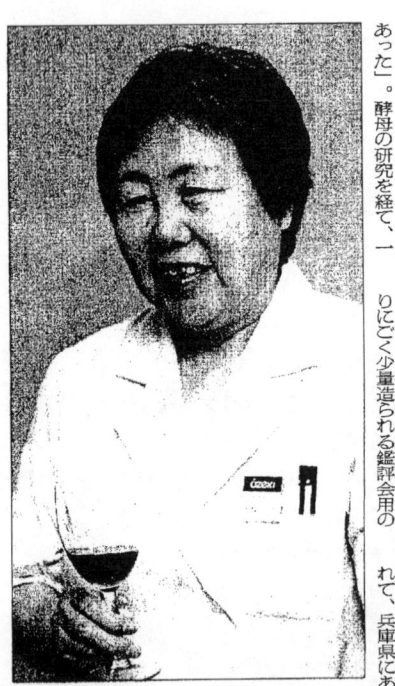

くまがい・ちえこ 61年、東京農工大学農芸学科を卒業、国税庁醸造試験所に勤務。94年に退官し大関へ。新商品開発を手がける。61歳。

朝日新聞（2000年7月23日）

新聞，雑誌，その他の出版物などからくみとった情報は2次情報です。他人が取材し，まとめた情報を利用する場合，2次情報をどのような目的で利用し，またそれをどう1次情報化するかということを考えましょう。

［演習5.16］も，次の［演習5.17］も，ともに新聞記事からの2次情報を利用したインタビューの構成です。2次情報による構成案は実際のインタビューに使うのは好ましくありません。実際にインタビューするためには，そのテーマについて，自分の足と目と耳できちんと取材したものが下敷きになっていなくてはなりません。

しかし何の予備知識もなしには取材はできません。あらゆる資料のなかからテーマに合ったものを選び出し，それをもとに2次情報から取材項目や知識を得たうえで，そのテーマについて一応のインタビューの見通しと認識をもって現場に行き，当事者に取材するということになります。

そこで必要になるのが，取材に行くまでの準備作業です。つまり，そのテーマについて，新聞記事などをもとに仮のインタビュー構成案を作るのです。いわばテーマについて仮説を立て，それをもとに取材現場で話を聞き，ものを見て，その仮説どおりだったか，何が違ったのか，それはどういうことなのか，この点についてはどうか，どこまで話ができそうか，といったことを，当事者との話し合いで聞き取っていくのです。仮説通りの話が出れば，その内容の印象が強まりますし，仮説がはずれれば，どうしてなんだろうと考えることから新たな取材の視点が生まれます。この過程を踏まえることで，2次情報だったものを1次情報として，取材者独自の情報にすることができるのです。

新聞記事などをもとにしたインタビュー構成案は，取材に行くまでに，仮説を立ててみるという目的のものと理解してください。実際のインタビューでは，納得のいく取材と当事者と打ち合わせたことをもとに，1次情報での構成案を作って行わなければなりません。同時に，インタビューの最中，相手の出方によっては，その構成案を急きょ変更し，あるいは破棄して臨むことも少なくないことを知っておかなくてはなりません。

演習 5.17

最近，世界的に関心が集まっている風力発電について，関係者にインタビューすることになりました。朝日新聞の社説（2001年3月8日）のなかから情報を求めて，次のような紹介文に続いてインタビュー案を構成しましょう。

［紹介文］

最近，クリーンなエネルギーとして風力発電の関心が高まっています。

世界各国が，この風力発電に取り組んでいますが，とくにヨーロッパでの普及は目覚ましく，ドイツではこの10年間に発電量を10倍に伸ばしています。

この風力発電，日本の場合は，いまどのような状況にあるのでしょうか，風車博士として知られる足利工業大学教授の牛山泉さんにお話を伺います。

回れ回れ、もっと回れ

風力発電

世界の風力発電容量は、この十年で六倍以上に拡大した。とくに欧州での伸びが目覚ましい。風力発電は地形や風速に左右される。平野の多いドイツのような国は有利だ。とはいえ、日本でも、もっと利用できる。自然の恵みをみすみす逃す必要はない。

それだけに、新たな動きが出てきたことに注目したい。経済産業省が、二〇一〇年の風力発電容量を三百万キロワットに伸ばせるという試算値を示したのである。

達成しても二〇一〇年に見込まれる日本の総発電量の一％に満たない。それでも、現行目標の三十万キロワットを十倍に拡大できると指摘した意欲は買いたい。

この試算が実現可能かどうか、総合資源エネルギー調査会新エネルギー部会でこれから論議される。電力業界には慎重論も根強いが、実現をめざしてほしい。

もちろん、風力発電を後押しする手だてを講じなければ、目標は達成できまい。

最大の問題はコストだ。日本では風力発電は火力より、まだまだ割高である。それを乗り越えて普及をはかるため、先進地のドイツをはじめ、欧米諸国では電力会社に風力の電気の買い取りを義務づけてきた。

日本の場合は買い取り義務がなく、価格設定も電力会社がおこなう。買い取り量に上限を決めている電力会社もあるため、新規設置の希望が実現しないケースもある。

欧州では普及につれて発電コストが低下、ドイツでは火力とほぼ同じになった。日本もまず普及対策に力を入れるべきだ。

日本でも、九九年の発電容量は九一年の七十倍に拡大した。だが、それでも七万キロワットにすぎず、ドイツの六十分の一にも届かない。

一九九九年のドイツでの発電容量は九一年の四十倍を超える。地球温暖化防止対策として、二酸化炭素を出さない風力への期待が追い風となっている。

割高な電力を買うための費用や、風力発電機との接続にともなう設備費などは、電気料金に上乗せするか、国や自治体が補てんするしかあるまい。日本に適したコスト負担の仕組みをつくるため、電力会社、事業者、消費者を含めた論議を急ぐ必要がある。

その際、地球温暖化防止への貢献、風が無尽蔵でクリーンな資源である点など、風力の長所を重視することが大切だと思う。欧州では、住民団体などが地域主導で風力発電に取り組むケースも多く、それがエネルギーの大切さを考える機会ともなっている。

発電用風車の羽根は直径が五十メートルほどにもなる。風車ができると景観がそこなわれる、風を切る音が気になる、といった反対意見も出ている。建設にあたっては、地域住民に場所や建設規模などについて事前に説明し、納得してもらう必要がある。

デンマークでは、居住地近辺の環境に配慮して、人家から離れた洋上に風車を建設する動きが盛んだ。

三百万キロワットという試算値には、洋上発電は勘案されていない。洋上建設の可能性をさぐれば、日本でも風力の利用規模をもっと膨らませる道が開けるだろう。

図5.6 足利工業大学 風と光の広場

朝日新聞（2001.3.8）社説

10 情報のくみ取りとインタビュー

　ここに一枚の写真があります。この写真からどんな情報が伝えられるかを考えてみましょう。この写真は夕暮れ近い初秋のベニスで撮ったものです。観光の水路巡りを終えて次々にゴンドラが舟着き場に帰ってきている風景です。

図5.7　ゴンドラの船着き場（ベニス）

　この写真が伝えようとしている情報をベニスの観光にくわしい人に説明してもらうとします。その人がベニスの情報にはくわしいが，説明の仕方になれていないようなときは，ちょっと困ります。適切な情報が伝わりにくくなります。そこで，その人の説明を上手に引き出し，リードしてくれる聞き手が必要になります。インタビューの形式をとることによって，話し手が一番伝えたいこと，写真そのものが最も伝えたいことが伝えやすくなります。

　この場合インタビュアーは，話し手になったつもりで，この写真が伝えたいとしていること，その情報の内容を感じ取ることから，聞き手としての作業が始まります。つまり話し手はどんなふうに話すのだろうかということを話し手の立場に立って考えることから始めます。しかも話し手が話すであろう情報に，インタビュアー自身の知識，見聞，体験といったものが加わることによって，話し手から引き出す情報の内容が多様になり，また深まりを見せます。

１．写真情報をもとに聞き伝える

(1) 主題の設定

　まず，聞き手として何を聞きたいのか，主題をきめましょう。話し手になったつもりでこの写真を眺めます。この写真は何を伝えたいとしているか，訴えようとしているか。何か感じる

こと，思い出すことはないか。直感としてのひらめきを大切にして，どんな話をしてもらえるかを予測して，話の主題を考えましょう。

この写真からいくつかの主題が思い浮かびます。たとえば，次のようになります。
① 　ベニス旅行の思い出
② 　最後のゴンドラが船着き場に帰るころ，ベニスの観光の一日が終わる
③ 　あこがれのベニスの秋を想像する
④ 　映画『旅情』とベニス

これらの主題から，話し手が一番伝えやすそうなもの，聞き手として自分の経験や知識が生かせそうなもの，しかも第三者に興味深く感じてもらえそうなものを選びます。

「最後のゴンドラが船着き場に帰るころ，ベニスの観光の一日が終わる」ということを主題にしてインタビューすることにしましょう。写真を見て，主題に合う項目を思いつくまま，次のように並べます。

(2) 　主題に合う項目を立てる

　　次々に水路巡りのゴンドラが帰ってくる
　　ゴンドラから見たベニスの眺めはどうだったか
　　前方に大きな教会のドームが見える
　　ゴンドリーナたちはたくましそう，きっとカンツォーネを聞かせてくれたろう
　　初秋の夕陽がまぶしく水面に反射している
　　夕日が沈んで，最後のゴンドラが帰ってくるころ，一日が終わる
　　ゴンドリーナたちは疲れた様子，安堵感もありそう
　　観光客にとって，いい旅の思い出になった

項目立ては，そのまま質問項目として結構です。写真に写っている情報として扱うのと，写真には写っていない，聞き手の感想，見聞，知識，経験からも，質問項目としての項目立てができます。写真から離れた情報が，内容的に深みのある話を引き出すのに役立ちます。

次に，これらの項目を，どんな順序で質問していくかを考えます。つまり話の順序を考えます。話は主題に合わせてすすめなくてはなりません。主題から考えて，話の順序は次のようになります。

(3) 　話の順序を考える

　　初秋のベニスの夕暮れどき
　　ゴンドラが次々に船着き場に帰ってくる
　　観光客は満足。ゴンドリーナたちは安堵感
　　こうしてベニスの一日は終わる

ここまで項目が整理されれば，もうインタビューの構成案はできたも同然です。

つぎの段階は，今度は聞き手として，どう聞き出せばよいかを考えます。インタビューは質

問の形で聞くばかりではありません。同意を求めるような聞き方もあれば，確認するような聞き方があってよいのです。いかに話し手が気持ちよく話せるか，話そうとする気持ちになれるかを配慮して，会話を構成していくのです。

話の順序にしたがって質問項目を並べ，問い，話し掛けの内容を吟味します。

(4) **話の運びを考えて，問いを並べる—構成案の作成**

① 夕暮れ近いベニスですね。
② ゴンドラが5～6隻見えています。水路巡りから帰ってきたところですか。
③ ゴンドラで行く水路巡り，どんなところを通るんですか。
④ 観光客にとっては，この水路巡り，いい思い出になりましょうね。
⑤ 写真では2人のゴンドリーナの姿が見えますが。
⑥ これでゴンドラの船遊び，まもなく一日の終わりですか。

これで，この写真についてのインタビューの構成案ができあがりました。1つひとつのインタビューがどんな話を引き出し，展開させるかを考えることが，インタビューの面白さ，楽しみでもあります。インタビューにどんな話が返ってくるか，想像してみましょう。

(5) **構成案の完成**

Q 夕暮れ近いベニスですね。
A 秋の初めのころ，まだ残暑の厳しいころのベニスです。
　夕方5時になりますと，乾いたような教会の鐘の音が聞こえてくるんです。
　前方に見える教会と，手前の，何本もの木の柱の眺めとは，ちょっとそぐわない感じですが，この木の柱はゴンドラをもやうためのものなんです。ここがゴンドラの船着き場なんですね。

Q ゴンドラが5～6隻見えています。水路巡りから帰ってきたところですか。
A いま丁度，1隻，2隻とゴンドラが戻ってきています。
　少し離れたところのゴンドラからは，「サンタ・ルチア」のカンツォーネが聞こえていますね。ゴンドラを漕ぎながらゴンドリーナたちが唄うんです。

Q このゴンドラで行く水路巡り，どんなところを通るんですか。
A 前方の教会と船着き場との間は，広い水路になっているんですが，その水路を，写真の右手方向に行きますと，ベニスでも有名なホテルが建ち並んでいて，そのホテルとホテルの間を，狭い運河のような水路がいくつにも入り組んでいるんです。そこを，ゆっくりと，のんびりと通るんです。
　意外に静かで，ゴンドリーナの漕ぐ櫓の音と，へさきの水を切る音ぐらいしか聞こえないんですね。
　時々，ゴンドラ同士がすれ違うときに，ゴンドリーナの陽気な挨拶の声が聞こえたり，水路の上にかかる橋の人たちにも聞こえるくらい大きな声で，カンツォーネを聞かせてくれた

りもするんです。
Q　ちょっと観光客の顔が見えませんが，このゴンドラの水路巡り，いい思い出になるんでしょうね。
A　ゴンドラの舟遊びは，ベニスの観光の目玉ですからね。
　　1隻の舟に1組の男女だけというのが，一番ロマンチックなんですが，夏から秋にかけては観光客が非常に多いですから，1隻の舟に6～7人乗り合わせて回るというのが普通ですね。それでも，気分はベニスの雰囲気にたっぷりと浸って，時のたつのも忘れるくらい楽しいものですよ。
Q　写真では2人のゴンドリーナの姿が見えますが。
A　そうですね。大変身体の大きな肥った船頭さんたちです。一日に何回も水路を巡りますので，ニコヤカに楽しそうにゴンドラを漕いではいますが，大変な重労働なんですね。
　　それにまだ残暑が厳しくて，強い陽射しをもろに浴びますし，そのうえ水面からの反射を受けたりもして，暑さにはこたえるそうですよ。
Q　どうりで櫓を漕ぐ太い腕は日に焼けて真っ黒ですね。
A　でも，こうして舟着き場に帰ってくると，やれやれこれでようやく一日の仕事を終えるんだという，ほっとした気分にもなるそうです。
Q　これで，ゴンドラの舟遊び，まもなく一日の終わりですか。
A　あと1時間もすれば，夕陽が沈んで暗くなります。ですから，1隻，2隻と，ゴンドラが帰りを急いでいるんです。こうしてすべてのゴンドラが舟着き場に帰ってきて，観光客を無事に降ろし終えると，賑やかだったベニスの一日が終わるんです。

　インタビューは，聞き手と話し手が1つのテーマにそって，会話を交わしながら情報を第三者に伝えていく手法です。聞き手は単に質問項目のみを考えて話し手にぶつけていけば，話し手はその質問通りに答えてくれると思ったら大間違いで，なかなか思うように話はすすみません。聞き手も話し手も，2人で情報を伝え合うんだという意識がなければなりません。
　聞き手は，立場としては話し手の話を引き出す役目ではありますが，聞き手も話し手同様に話せるぐらいになっていることによって，相手にスムーズに話させる，聞きたい話を引き出すことができるというようになるものなのです。自分が語る内容を相手に話させるのが，聞き手としての本当の役割なのです。
　ここで気をつけなくてはならないことがあります。それは，問いが饒舌にならないということです。短いことばで何を聞きたいのか，何を話してもらいたいのかを話し手に伝えなくてはなりません。よくやるインタビューの失敗の一つに，相手の話す領分まで，聞き手が話してしまう，問いのなかで話してしまうということがあります。これでは，相手は「そうです」とか「はい」とか「ええ」ぐらいしか答えられなくなってしまいます。相手に話させることが大切なのです。場合によっては，聞き手がよく知っていることでも，初めて耳にしたように驚きをもって，聞くことも必要になります。知らない素振りで耳を傾けるということがあってよいの

です。

　相手が話にのってきて，話を次々に展開しているときは，相手の話をさえぎってはなりません。相手の話の矛先を折ることになってしまいます。あいづちも極力少なめにして，用意した問いも使わないで，相手の話に聞き入り，より話を膨らませることを考えたいものです。用意した問いにこだわっていると，相手の話を聞くことが，ついおろそかになりがちです。次に聞く問いが気になって，相手の話を聞いていないということになります。これでは困ります。相手の話から次の問いを導き出すような聞き方でなくてはなりません。

2．情報をきっかけにしたインタビュー

　1枚の写真をもとにしたインタビューでは，写真が伝える情報を主にして問いを用意し，会話の流れを構成する方法と，実はもう1つの方法があります。それは，1枚の写真を話のきっかけにしたインタビューのやり方です。写真に写っていることから離れて，その写真に関する聞き手の知識，見聞，体験といったもののなかから話を構成し，それにふさわしい人に話を依頼するというやりかたです。

　ベニスの写真を見て，聞き手が40年も昔の映画のシーンのことを思い出して，このことを主題にして伝えたいと考え，映画評論家にインタビューするというような場合です。

インタビューの構成案

　主題：「映画『旅情』とベニス」

Q　（ベニスの写真を手にして）この写真を見て思い出すのは，映画『旅情』のことです。もう40年も昔になりましょうか。

A　そうですね。懐かしい映画ですね。

Q　映画について簡単にご説明くださいますか。

A　舞台がベニス。出会いと別れの恋の物語。主演は，キャサリン・ヘップバーンとロッサノ・ブラッツィー。

Q　あの映画ではいくつかの感動的なシーンがありましたね。（聞き手は主体的にかかわってよい）

A　サンマルコ寺院前のテラスレストランのシーン。ベニスを離れる別れのシーン。

Q　40年も前にあの映画が作られた。それはどんな背景からでしょうか。

A　女性の自立が叫ばれはじめた時代。週刊誌が話題として取り上げた。

Q　感動的なシーンに必ず流れたのが「サマータイム・イン・ベニス」の曲。のちにポピュラーミュージックとしても大変にヒットした曲ですね。

A　いまでも夏になると，ラジオから聞こえてくる。映画のことは知らなくても，この曲は聞けば誰でも知っている，有名な曲ですね。

Q　このベニスの写真を見ますと，40年も昔の映画のシーンが懐かしく思い浮かんでくるんですよ。

A　映画評論家としての映画の評価と感慨。

11　話し手しだいでインタビューは変わる

1．予想外の展開から真実が語られる

　インタビューでは，聞き手はどう聞いたら，話し手が気持ちよくわかりやすく核心に触れた話をしてくれるかに腐心します。一方，話し手は話し手で，インタビューを受けている最中にも，話をどうもっていったらよいかを考えながら，テーマに最も近づいた話をしようとするものです。そして聞き手は話し手の話の内容にそって，会話の流れのなかで質問をするということになります。この場合，話し手の思考の展開の仕方によっては，思いもよらぬところに話がはずみ，事前に用意してきた質問項目，話の構成などが全く役に立たなくなってしまうことも少なくありません。

　そんな事態に，聞き手が慌てて自分の考えた構成案通りの質問にこだわり，相手の話の流れにおかまいなしにインタビューをすすめようとしますと，相手も自分が考えている話のすすめ方とは違うし，思ってもみない質問が突然出されたりするので，どう対応したらよいのかわからなくなり困ります。

　予想外の話の展開に際しては，事前に考えていた話の内容よりずっとすばらしい場合は，往々にして，内容的にすばらしい場合が多いものですが，その予想外の話の流れにまかせて，事前のインタビューの構成は捨てることになります。またその場の雰囲気，話し手の話したい衝動，話の勢いなどから，予定外の質問だが，いまこの場に臨んでこの質問が一番効果的だと考えるものを出しましょう。この場合も，用意してきた問いや，考えてきた話の組み立ては白紙に戻さなくてはなりません。

　聞き手がインタビューの構成案，デザインにこだわり，自分のイメージにすがりついているために，せっかく話し手がその気になって話そうとする話の矛先を鈍らせてはなりません。話し手の思いも寄らない話のなかから，新たな問いを生み出して，その場の会話を生き生きとさせることを考えなくてはなりません。

　インタビューは聞き手を介して話し手が，話し始めから終わりまでの時間の経過にしたがって，何を話し，話しながら何を考え，それをどう表現しようとしているか，それによって表情や態度がどう変わり，内容を伝えるためにいかに気持ちを高揚させて想いを込めるかを見聞させてくれる一種のドキュメンタリーと考えてよいのです。

2．沈黙するインタビューもある

　相手が言いよどんだり，ことばを探していたり，口を閉ざして考えていたりするとき，聞き

手は問いを挿まずにじっと待ちます。インタビューの最中に沈黙の状態になるというのは，聞き手としては大変不安になるものですが，相手が沈黙しても，何かを話そうという気持ちが強く感じられているようなときは，相手の話が出るのをじっと待ちましょう。相手の発言を促そうと気を利かしたつもりが，愚問，失言だったりして，ますます相手を困惑させてしまうということもあります。相手の話の出を待ちましょう[16]。

インタビューは，聞き手の質問に対して，相手がその答えを返すものばかりではありません。インタビュアーが問いを発しないでも相手が積極的に話してくれる場合もあり，それが，視聴者に聞いてもらおうとする内容なら，それもインタビューなのです。

悲しみに暮れている被災者や，事故に遭った人たちの家族に，いきなりマイクを突きつけて，インタビューするような不躾なことは絶対にしてはなりません。

それでもニュースとしては，どうしても被災者や家族の談話がほしいということがあります。これは私の経験ですが，昭和40(1966)年11月に，全日空のYS11型旅客機が瀬戸内海に墜落する大事故がありました。そのときのインタビュー取材では，まったく問いを発せずに，安否を気遣う家族たちが，NHKのこの人なら話を聞いてもらえるだろう，いまの気持ちをわかってくれるだろうと，自分からすすんで話してくれるということがありました。無事を祈る家族の心境，遭難者への思い，当局への要望などを涙ながらに訴え，話されました。聞き手は私でしたが，一言の問いも発せず，ただマイクを向けているだけでした。このとき，インタビューはことばだけでするものではないということを感じました。

松山市内に，事故救難対策本部が設けられました。小学校の講堂です。肉親の安否を気遣って何組もの家族が，夜も寝ずに待機していました。旅客機が瀬戸内海に墜落したことが確認され人々が悲しみに沈んでいるときに，ある放送局の記者がインタビューを始めました。家族の気持ちを考えない行動だと，たちどころに非難の声があがりました。私は家族にマイクを向けるのをやめました。家族と一緒に悲しみ，炊き出しの握り飯を分け合って食べながら，家族をそっとしておいて，自分がリポートするだけの取材をすることにしました。家族の立場に立って，家族の悲しみを分け合って，遺体が安置されるときには一緒になって涙を流す日が10日も続きました。

全員死亡ということが確認されてから，東京から運輸大臣が見舞いに訪れました。大臣にお願いして家族の声を聞いてもらうことになりました。そのとき私は，何組かの家族にマイクを向けました。驚いたことに，マイクを向けるのはNHKだけにしてほしいという声があがりました。そして，次から次へと肉親を失った悲しみ，事故についての憤り，事故防止のための要望などが，涙ながらに語られ，大臣を初め聞く者の涙を誘いました。テレビを見た全国の視聴者からの大きな共感を呼ぶことになりました。

私は家族の訴え，話を促すのに，ただ相手に黙礼しただけでした。沈うつな表情で相手の顔を見ただけで，もうことばはいらなかったのです。

このような取材インタビューができたのは，何日間も家族と一緒に，寝食を共にし，悲しみを分け合って過ごすうちに，家族たちのなかに「この男にら報道をまかせてもよい」という

信頼感が生まれていたからだと思っています。インタビューは相手の身になって，相手の立場を考えてしなくてはなりません。

注
(1) 加瀬次男（2001）『コミュニケーションのための日本語・音声表現』学文社　9ページ
(2) 言語表現研究会（1993）『コミュニケーションのためのことば学』ミネルヴァ書房　33ページ
(3) 同上　40ページ
(4) ラルフ・G・ニコルス　影山裕子訳（1978）『聞き方で成功する』産能短大出版部　114ページ
(5) 言語表現研究会　前掲書　43ページ
(6) 伊中悦子他（1997）『言語表現法』双文社出版　19ページ
(7) 言語表現研究会　前掲書　45ページ
(8) 加藤秀俊（1993）『取材学』中公新書　104ページ
(9) 同上　111ページ
(10) 同上　118ページ
(11) 日本放送協会編（1990）『NHK アナウンス・セミナー』日本放送出版協会　240ページ
(12) 同上　258ページ
(13) 日本放送協会編（1978）『NHK アナウンス読本』日本放送出版協会　200ページ
(14) 加藤秀俊　前掲書　111ページ
(15) 日本放送協会編（1980）『NHK 新アナウンス読本』日本放送出版協会　228ページ
(16) 日本放送協会編（1990）　前掲書　268ページ

引用文献
浅田次郎（1997）『ピエタ』（『月のしずく』）文芸春秋
吉原順平『昆虫のなぞ，花を見つける手がかり』（『小学国語4　上』）1992　教育出版
黒柳徹子『おしゃべり倶楽部』
朝日新聞「タイタニック号事故のイベントツリー」（2001.1.5夕刊）
同上　花もあらしも「酒を科学し親しむ人生」（2000.7.23）
同上　社説「回れ回れ，もっと回れ」（2000.3.8）

演習問題解答

[演習3.1]
　複写　3音節　3拍　　　散髪　3音節　4拍　　三号車　3音節　5拍
マント　2音節　3拍　　カッター　2音節　4拍

[演習3.2]
(1) ベランダ　3音節　4拍,　　コンピュータ　　3音節　5拍
(2) 東京都　　3音節　5拍,　　大阪　　　　　　3音節　4拍
(3) 客観的　　4音節　6拍,　　コミュニケーション　5音節　7拍
(4) 瞬間　　　2音節　4拍,　　出発　　　　　　3音節　4拍

[演習3.3]
(1) h　(2) ç　(3) ɸ　(4) a　(5) e　(6) o　(7) i　(8) ɯ

[演習3.4]
(1) 鼻腔　　　　　(12) 下唇
(2) 口腔　　　　　(13) 舌先(舌尖)
(3) 上唇　　　　　(14) 舌端(前部舌背)
(4) 歯(門歯)　　　(15) 前舌
(5) 歯茎　　　　　(16) 中舌(中部舌背)
(6) 硬口蓋歯茎　　(17) 後舌(奥舌・後部舌背)
(7) 歯茎硬口蓋　　(18) 舌根
(8) 硬口蓋　　　　(19) 声帯
(9) 軟口蓋　　　　(20) 咽頭
(10) 口蓋垂　　　 (21) 喉頭
(11) 口蓋帆

[演習3.5]

	調音点	音の例（それぞれの子音，または下線の音）
①	両唇	マ行，パ行，バ，フ
②	唇歯	five，violin
③	歯	this，teeth
④	歯茎	サ，ザ，タ，ダ，ナ行(イ段以外)，ラ行
⑤	硬口蓋歯茎	ship
⑥	歯茎硬口蓋	シ，ジ，チ，ヂ，ニ
⑦	硬口蓋	ヒ
⑧	軟口蓋	カ行，ガ行
⑨	口蓋垂	語末の「ン」
⑩	声門	ハ，ヘ，ホ

[演習3.6]
(1) 歯茎　(2) 歯茎硬口蓋　(3) 歯茎　(4) 歯茎　(5) 声門　(6) 歯茎
(7) 両唇　(8) 軟口蓋　(9) 硬口蓋　(10) 歯茎硬口蓋　(11) 口蓋垂　(12) 歯茎
(13) 軟口蓋　(14) 唇歯

[演習3.7]
母音は声道を狭めたり(閉鎖)を受けたりしないで発音されます。声帯を振動させる(有声)音です。調音のときの(唇の丸め)の有無，舌の盛り上がり，つまり舌の(前後)の位置，舌の(上下)の位置によって分類されます。世界の言語の母音の分類の基準となるのは(ダニエル・ジョーンズ)によって決められた次の8つの基本母音です。

第1次基本母音は次の8つです。　　　　第2次基本母音は次の8つです。
　1 [i]　　　　　8 [u]　　　　　　1 [y]　　　　　8 [ɯ]
　 2 [e]　　　　7 [o]　　　　　　 2 [ø]　　　　 7 [ɤ]
　　3 [ɛ]　　　6 [ɔ]　　　　　　　3 [œ]　　　 6 [ʌ]
　　　4 [a]　5 [ɑ]　　　　　　　　　4 [ɶ]　5 [ɒ]

[演習3.8]
(1) ②　すべてウ段で後舌母音だが，ス，ツ，ズは中舌化で舌が前寄りになる。
(2) ④　ケ，ヘ……エ段　中母音　　ソ，モ……オ段　中母音　　ツ……ウ段　狭母音

[演習3.9]
(1) [i] → (非円唇)　(前舌)　(狭母音)
(2) [ɯ] → (非円唇)　(後舌)　(狭母音)
(3) [a] → (非円唇)　　　　　(広母音)
(4) [o] → (弱円唇)　(後舌)　(中母音)

[演習3.10]
　母音とは，声帯振動を伴う(有声音)で，声道のどこにも(狭め)を受けたり(閉鎖)されたりすることのない音である。
　(狭母音)である「イ」は，舌の最高点が前寄りで，(前舌母音)と言われる。「エ」は舌の高さが「イ」よりもやや下がる(中母音)で，舌の前後の位置は「イ」と同じ前寄りである。(前舌母音)と言われる。
　次に「ア」は，声道のどこにも妨害を受けないという点では，最も響きのよい母音で，舌の位置が最も低い(広母音)である。「オ」は，「エ」と同じ(中母音)で，後舌寄りの(後舌母音)である。唇を少し丸めた(弱円唇母音)でもある。次に「ウ」は，「イ」と同じ(狭母音)で，舌の前後の位置は，「イ」と対照的な(後舌母音)である。
　ところで，ダニエル・ジョーンズが提唱した第1次基本母音は，世界の多くの言語がそうなのだが，(前舌母音)が(非円唇)で，後舌母音が(円唇)となる傾向がある。日本語の母音も，(後舌母音)である「オ」は，弱い(円唇化)が見られ，「ウ」も，共通語の発音では(非円唇)だが，一般に京都以西では円唇性が強まる傾向がある。また最近では，発音の明瞭化を考えて(円唇化)した「ウ」を意図的に発音する人もいる。

[演習3.11]
　aの線は/イ/，bの線は/エ/，cの線は/ウ/，dの線は/オ/を表す。
　したがって，正解はbである。

[演習3.12]
　母音の発音は舌の位置や口の開け方などにより，音色が変わります。舌は前にも後ろにも，高くも低くも動かせ

ます。
「アイウエオ」と，連続して発音するとき，舌はどのように動くのでしょうか。舌の前後の位置を「前，後」で，舌の高さを「狭，中，広」で表すと，舌の動きはこのようになります。

　　ア（　広　）→イ（前，狭）→ウ（後，狭）→エ（前，中）→オ（後，中）

つまり，舌は前から後へ，狭から中へと，口腔の中をまんべんなく動きます。
次に，「イエアオウ」と，連続して発音したら，舌はどう動くでしょうか。

　　イ（前，狭）→エ（前，中）→ア（　広　）→オ（後，中）→ウ（後，狭）

舌は前から後へ，狭から中，広へ，そして再び中，狭というように，母音の模式図をなぞるように動きます。
「アエイウエオアオ」のように，いろいろに舌の位置や高さを変えて発音し，実際に舌がどう動くかを確かめましょう。

[演習3.13]
[j]→（有声）（硬　口　蓋）（半　母　音）→（ヤ，　ユ，　ヨ）の子音。
[ɰ]→（有声）（軟　口　蓋）（半　母　音）（日本語のワの子音）
[w]→（有声）（両　唇・軟　口　蓋）（半　母　音）→（ワ）の子音。

[演習3.15]
(1)　b（歯茎）硬口蓋音　ɲ　(2)　a　両唇摩擦音　ɸ　(3)　c　有声後舌狭母音　ɯ　(4)　a　歯茎破擦音　ts

[演習3.16]
日本語では清音と濁音の違い，つまり（無声音と有声音）の違いで意味を区別している。たとえば，無声音「タ」と有声音「ダ」の違いは，（「炊く」／「抱く」）のように意味を区別している。

ところが，中国語や韓国語，タイ語では，子音の発音で息がもれるかどうか，つまり気息の有無で意味の区別をしている。気息の有無は（有気音・帯気音／無気音）の違いである。

このことから，中国語，韓国語，タイ語を母語とする学習者が，日本語を話そうとするとき，有声／無声と有気／無気の混同を起こしやすい。

彼らは，日本語の有声音を（無声音）として，また無声音を（有気音）として発音する傾向がある。
「学校」[gakkoː]が[kakkoː]になったり，「私」[wataɕi]が[wadaɕi]になったりする。

無声音と有声音を誤って発音したとき，「バビブベボ」は「ハヒフヘホ」ではなく（「パピプペポ」）になり，「ジャジジュジェジョ」は「シャシシュシェショ」にならないで，（「チャチチュチェチョ」）になる傾向がある。

だから，「ぼく」「じかん」の発音が「ほく」「しかん」にならないで，（「ぽく」「ちかん」）になる。

[演習3.17]
口腔のどこかで呼気を（閉鎖）させ，その状態で呼気がたまったところで，瞬間的に呼気とともに出す音を（閉鎖音）と言います。瞬間的な音なので，長く伸ばせません。

声門を閉じて出す音やノドの奥の軟口蓋を閉じて出す[k]や[g]の音，歯茎と前舌で閉鎖して出す[t]や[d]の音，そして，上下の唇を閉じて，勢いよく破裂するように出す[p]や[b]の音があります。閉鎖音は呼気の開放開始に着目して，（破裂音）とも言われます。

破裂の直前に息の音が聞こえることがあります。このような音を，（有気音）とか（帯気音）と呼び，[ʰ]の記号で表示します。

中国語，韓国語などでは，（有気音）の有無が意味の違いを生じますので大切です。日本人では，人により有気音の発音が見られますが，意味の違いにはなりません。

［演習3.18］
(1) ［t］（無声）（歯 茎）閉鎖音 「タ，テ，ト」の子音。
(2) ［d］（有声）（歯 茎）閉鎖音 「ダ，デ，ド」の子音。
(3) ［p］（無声）（両 唇）閉鎖音 「パ，プ，ペ，ポ」の子音。ピ［pʲi］
(4) ［k］（無声）（軟口蓋）閉鎖音 「カ，ク，ケ，コ」の子音。キ［kʲi］
(5) ［ʔ］（無声）（声 門）閉鎖音 悲鳴「アッ！」の「ア」の前の緊張部分と「ッ」の部分の音。

［演習3.19］
(1) あ［a］・い［i］・う［ɯ］・え［e］・お［o］
(2) か［ka］・き［kʲi］・く［kɯ］・け［ke］・こ［ko］
(3) が［ga］・ぎ［gʲi］・ぐ［gɯ］・げ［ge］・ご［go］

［演習3.20］
(1) ［ɸ］（無声）（両唇）摩擦音 「フ」の子音。
(2) ［β］（有声）（両唇）摩擦音
(3) ［f］（無声）（唇歯）摩擦音
(4) ［v］（有声）（唇歯）摩擦音
(5) ［θ］（無声）（歯）摩擦音
(6) ［ð］（有声）（歯）摩擦音
(7) ［s］（無声）（歯茎）摩擦音 「サ，ス，セ，ソ」の子音。
(8) ［z］（有声）（歯茎）摩擦音 「ゴザ」の「ザ」の子音。

［演習3.21］
(1) さ［sa］ ・す［sɯ］・せ［se］・そ［so］
(2) た［ta］・ ・て［te］・と［to］
(3) は［ha］・ひ［çi］・ふ［ɸɯ］・へ［he］・ほ［ho］
(4) （語中）ざ［za］・じ［ʒi］＝［ʑi］・ず［zɯ］・ぜ［ze］・ぞ［zo］
(5) しゃ［ɕa］・し［ɕi］・しゅ［ɕɯ］・しょ［ɕo］

［演習3.22］
(1) ［ʃ］（無声）（硬口蓋歯茎）摩擦音
(2) ［ʒ］（有声）（硬口蓋歯茎）摩擦音
(3) ［ɕ］（無声）（歯茎硬口蓋）摩擦音 「シ」の子音。
(4) ［ʑ］（有声）（歯茎硬口蓋）摩擦音 「オヤジ」の「ジ」の子音。
(5) ［ç］（無声）（硬口蓋）摩擦音 「ヒ，ヒャ，ヒュ，ヒョ」の子音。
(6) ［x］（無声）（軟口蓋）摩擦音
(7) ［ɣ］（有声）（軟口蓋）摩擦音
(8) ［h］（無声）（声門）摩擦音 「ハ，ヘ，ホ」の子音。
(9) ［ɦ］（有声）（声門）摩擦音

［演習3.23］
破擦音は（閉鎖）と（摩擦）が同時に調音される子音です。つまり，口腔内のどこかで（閉鎖）を作り，口腔内に呼気をためます。ここまでは，閉鎖音と全く同じですが，その後，閉鎖をゆっくり開放することによって，閉鎖のあった調音点に（すき間）ができて，（摩擦）を起します。この場合，閉鎖と摩擦が2つの音の連続ではなく，1つの音に

聞こえます。原則として閉鎖と摩擦は同じか，ごく近い調音点で行われます。

［演習3.24］
(1) た [ta]・ち [tɕi]・つ [tsɯ]・て [te]・と [to]
(2) （語頭）ざ [dza]・じ [dʑi] [dʒi]・ず [dzɯ]・ぜ [dze]・ぞ [dzo]
(3) ちゃ [tɕa]・ち [tɕi]・ちゅ [tɕɯ]・ちょ [tɕo]
(4) （語中）ざ [za]・じ [ʑi] [ʒi]・ず [zɯ]・ぜ [ze]・ぞ [zo]
(5) じゃ [dʑa]・じ [dʑi]・じゅ [dʑɯ]・じょ [dʑo]

［演習3.25］

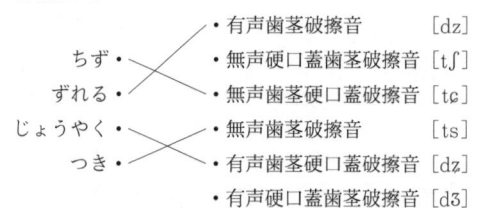

ちず・　　　・有声歯茎破擦音　　　　　[dz]
　　　＼／・無声硬口蓋歯茎破擦音　　　[tʃ]
ずれる・／＼・無声歯茎硬口蓋破擦音　　　[tɕ]
じょうやく・　・無声歯茎破擦音　　　　　[ts]
つき・＼／・有声歯茎硬口蓋破擦音　　　[dʑ]
　　　　・有声硬口蓋歯茎破擦音　　　[dʒ]

［演習3.26］
[m]　有声両唇鼻音　　「マ，ム，メ，モ」の子音。「ミ」は [mʲi]
[n]　有声歯茎鼻音　　「ナ，ヌ，ネ，ノ」の子音。
[ɲ]　有声硬口蓋鼻音　「ニ，ニャ，ニュ，ニョ」の子音。
[ŋ]　有声軟口蓋鼻音　鼻濁音
[ɴ]　有声口蓋垂鼻音　語末の「ン」

［演習3.27］
(1) な [na]・に [ɲi]・ぬ [nɯ]・ね [ne]・の [no]
(2) ま [ma]・み [mʲi]・む [mɯ]・め [me]・も [mo]

［演習3.28］
　鼻濁音はガ行鼻音とも言われ，（軟口蓋）鼻音 [ŋ] に母音がついた音です。濁音のガ行音によく似た音ですが，鼻腔に共鳴させるときに鼻濁音となります。
　語中語尾にでてくるガ行音は鼻濁音になります。また（助詞）の「が」や，「目薬」[meŋɯsɯɾʲi] などの（連濁）によって生じたガ行音なども鼻濁音になります。
　鼻濁音にならないのは，「外国」[gaikokɯ] などの（語頭）のガ行音，「ガス」[gasɯ] などの（外来語）のガ行音，数詞の（5），ゴロゴロ，ナヨナヨなどの（擬声語）や（擬態語），それに，漢字の重ねことばのガ行音や軽い接頭語の後のガ行音などの場合です。

［演習3.29］
(1) 文学　　　　[bɯŋŋakɯ]
(2) うぐいす　　[ɯŋɯisɯ]
(3) 世界銀行　　[sekaigʲiŋkoː]

［演習3.30］
① カス　カズ　　　　　㊇ 歯摩　　㊒ 歯摩　　　c

②	ハナ	ハラ		有	歯	㊥	有	歯	㊡	b
③	ハチ	ハジ	㊓	歯硬	㊣		有	歯硬	㊤	b c
④	カイ	タイ	無	㊨	閉		無	歯	閉	a
⑤	ブタ	フタ	㊒	両	閉		㊓	両	㊤	b c
⑥	ツム	ツグ	有	両	㊥		有	㊨	㊥	a	ガ行は語中では鼻濁音
⑦	キリン	キジン	有	歯	㊡		有	歯硬	㊤	a b
⑧	ペンキ	デンキ	㊓	両	閉		有	歯	閉	a c
⑨	ジシュウ	シシュウ	有	歯硬	㊣		㊓	歯硬	㊤	b c	ザ行は語頭と「ン, ッ」のあとは破擦音
⑩	キッカリ	キッパリ	無	㊨	閉		無	両	閉	a
⑪	オヒサマ	オジサマ	㊓	硬	㊤		有	歯硬	㊤	a c
⑫	ケイシキ	セイシキ	無	㊨	閉		無	歯	㊤	a b
⑬	シンソウ	シンゾウ	㊓	歯	㊤		有	歯	㊣	b c	ザ行は語頭と「ン, ッ」のあとは破擦音
⑭	ヒョウゲン	ショウゲン	無	硬	㊤		無	歯硬	㊤	a	ガ行は語中では鼻濁音
⑮	シュンコウ	ジュンコウ	㊓	歯硬	㊤		有	歯硬	㊣	b c	ザ行の語頭は破擦音

[演習3.31]

(1) d (2) b (3) a (4) d (5) b

[演習3.32]

特殊音素/N/(撥音)の異音は, 語頭には現れない。子音のみで(1拍)の長さをもつ。その異音は後続する子音によって異なる。後続する子音と同じ(調音点)をもつ(鼻音)になるのである。出現環境が決まっている異音なので, (条件異音)と呼ばれ, (相補的)分布をしている。

ただ後続する音が母音, 半母音, 摩擦音の場合, 異音は(鼻母音)[Ṽ]になる。このように後続する音によって, 前の音が影響される現象を(逆行同化)という。

[演習3.33]

(1) 作文 [sakɯbɯɴ]   (2) 今晩 [kombaɴ]
(3) 前後 [dzeŋɡo]   (4) 店舗 [tempo]
(5) 天女 [teɲɲo]   (6) 般若 [haɲɲa]
(7) インク [iŋk]   (8) サイン [saiɴ]
(9) カンフル [kaṼɸɯɾɯ]   (10) 古本 [ɸɯɾɯhoɴ]
(11) 近代 [kʲindai]   (12) 前金 [maekʲiɴ]

[演習3.34]

異音	後続子音	語例	音声記号
[s]	[s]	あっさり	[assaɾʲi]
[t]	[t]	いったい	[ittai]
[p]	[p]	いっぱい	[ippai]
[ɸ]	[ɸ]	ウッフン	[ɯɸɸɯɴ]
[k]	[k]	がっかり	[ɡakkaɾʲi]
[ɕ]	[ɕ]	どっしり	[doɕɕiɾʲi]
[ç]	[ç]	チューリッヒ	[tɕɯːɾʲiççi]

[演習3.35]
(1) 筆記具　　　　　[çikk'iŋɯ]
(2) 未発達　　　　　[mʲihattatsɯ]
(3) どぶさらい　　　[doβɯsaɾai]
(4) 虚無感　　　　　[kʲomɯkɑɴ]
(5) ブラウン管　　　[bɯɾaɯŋkɑɴ]
(6) 終戦記念日　　　[ɕɯːseŋkʲinembʲi]
(7) 新聞紙　　　　　[ɕimbɯÑɕi]
(8) 接着剤　　　　　[settɕakɯzai]
(9) チャイコフスキー　[tɕaikoɸɯsɯkʲiː]
(10) 探し物　　　　　[saŋaɕimono]
(11) 純粋　　　　　　[dʑɯnsɯi]
(12) あわせ鏡　　　　[awasekaɣamʲi]
(13) 四輪車　　　　　[jonɾʲiÑɕa]
(14) 残念賞　　　　　[dzanneÑɕoː]

[演習3.36]
(1) 日本語のアクセントは，個々の語について，社会的習慣として（恣意的）に決まっていて，（拍）を単位とする（高低）アクセントである。
(2) 日本語の共通語アクセントは，第(1)拍と第(2)拍は必ず高さが違う。1つの語の中に(2)つ以上のアクセントが出ることはない。
(3) 高い拍から低い拍へ移る直前の拍をアクセントの（核）という。アクセントの型は，必ず語中の1カ所に下がり目（核）のある（起伏式）と下がり目（核）がなく助詞などに続く（平板式）の2つに大きく分けられる。
(4) （起伏式）は，核の位置によって（頭高型），（中高型），（尾高型）の3つの型に分けることができる。n拍語には$n+1$個の型がある。アクセントの型を示すのに（平板）型と（尾高）型を区別するときは，語の後ろに（助詞）をつけて発音すると，違いがわかりやすい。

[演習4.1]
　鎌倉時代，定家仮名遣いが考えられるようになったのは，発音通りの書き分けができなくなってきたためで，音の上での混乱が生じていたと言える。「い・ゐ」「え・ゑ」「お・を」の混乱である。さらにこれに（ハ行転呼音）の場合が加わる。
　これらは，すでに（平安時代）に始まっていたことであるが，鎌倉・室町時代の発音としては，「え」はヤ行の（「ゑ」）に，「お」はワ行の（「を」）になっていたと推定されている。「アウ」の音はオ段の長音となるが，（開音・合音の区別）は室町時代にもなされていた。
　子音では，サ行音は「セ」の音が（「シェ」）と硬口蓋歯茎音に，ハ行音は（両唇摩擦音）であったと考えられている。ただし，サ行音については，西の地方のことで，東の地方では現代語と同じ歯茎音であった可能性もある。「じ」「ぢ」「ず」「づ」の（四つ仮名の区別）は残っていた。撥音・促音は，この時代には一つの音韻として使われるようになる。そして，この2種の音は軍記物の中では，力強さをもたらす発音として好まれたのか，多くの例を見出すことができる。濁音は，「ウムの下にごる」と言われ，この2音のあとでは（連濁の現象）がしばしば生ずるといったことがある。

[演習4.2]
　『竹取物語』に，「翁の命，けふともしらぬを」という文があります。この文の「けふ」というのは，「きょう」（今日）のことを言った（古語）です。

「けふ」が「きょう」と発音されるに至るまでには，いくつかの(音韻変化)がありました。「けふ」という発音の「ふ」に注目してみましょう。奈良時代以前の日本語のハ行子音は，両唇閉鎖音([p])の音声記号で表される音だったと言われます。「ハ，ヒ，フ，ヘ，ホ」が(「パ，ピ，プ，ペ，ポ」)という発音だったというのです。

それが奈良時代以降，(両唇摩擦音)である([φ])に変化して，「パ，ピ，プ，ペ，ポ」が(「ファ，フィ，フ，フェ，フォ)という発音に変わりました。平安末期に著されたサンスクリットの悉曇学の書，『悉曇口伝』には，マ行子音は唇の外側まで合わせて発音するが，ハ行子音は唇の内側を合わせて発音するという記述が見られ，([φ])音の発音の仕方が説明されています。

ところが鎌倉時代以降，徐々に始まった(唇音退化)現象によって，唇を使う音が次第に消え始め，江戸時代には，「ファ，フェ，フォ」が，現在と同じ(声門摩擦音)の([h])音になり，「フィ」が(硬口蓋摩擦音)の([ç])音になりました。しかし，「フ」の音だけはあいかわらず[φ]のままでした。

そこで「けふ」ということばは，実に長い間[keφu]と発音されていたのですが，(唇音退化)現象の影響をまぬかれることができず，いつの頃からか，[keφu]は[keu]へと発音が移行していったのです。

しかし，(音韻変化)はここで止まったわけではありません。[keu]という発音は，室町時代に発生した(開音と合音)のオ段の長音化の影響を受けて，[eu]が[jo:]に転じました。

「蝶」が「てふ」[teφu]から，「てう」[teu]へ，そして「ちょう」[tjo:]になったのと同じように，長い時代にわたって発音されてきた[けふ][keφu]は(唇音退化)の影響で「けう」[keu]となり，開合の区別により，「きょう」[kjo:]という発音になったのです。

このような音韻の変化は，当時の日本語をローマ字で表記したキリシタン文献で知ることができ，ロドリゲスの(『日本大文典』)や，ポルトガル語の日本語辞書(『日葡辞書』)なども参考になりました。

[演習5.1]
1 川の流れの音
　川の流れの音が大きい。もう1週間も雨が降り続いているせいだ。水かさが増しているに違いない。
2 小鳥や蛙，牛の鳴き声
　遠くで小鳥が鳴いている。そういえば田んぼで鳴く蛙の声が急に騒がしく聞こえる。時々のんびりした牛の声も混じっている。梅雨の晴れ間の，のどかな農村の景色が思い浮かぶ。
3 地下鉄の停車と発車
　深夜の地下鉄の音は，どこか寒々としていて，人の気配もない。大きな騒音のかたまりが近づいて，また遠ざかっていく感じだ。わずかにホームに響くアナウンスだけが人の存在を感じさせる。
4 小さな波，大きな波，潮騒
　磯の寄せる波音が時々大きく聞こえる。春まだ浅い海辺の景色が思い浮かぶ。空を飛ぶカモメの鳴き声も，どこか寒々しい。
5 港の風景
　手前に大型貨物船が見える。港の向こう側の大桟橋にも大型船が停泊している。2つの船の間をハシケが忙しそうに行き過ぎている。
　外国航路の旅客船が入港してきた。停泊している船から合図の汽笛が鳴り交わされている。いつも見受ける港の風景だ。
6 打ち上げ花火
　長い尾を引いて花火が打ち上げられ，ドーンと上空で炸裂する。大きな花火大会ではなさそうだ。少ない歓声をむりやり誘うように，花火がはじけている。
7 祭りのみこし
　威勢のよい掛け声。みこしを担ぐ声に力が入る。あんまり元気が良いので，みこしが重そうな感じがしない。
　最近は，ワッショイ，ワッショイから，ソイヤー，ソイヤーに変わっている。気分が乗っているせいか，ホイリャ，ホイリャというようにも聞こえる。お義理のように拍子木の軽い音が鳴っている。

［演習5.2］
［ストーリー］
　男の後を追うように女のハイヒール音が聞こえる。長い廊下を歩いてエレベーターで上にあがる。誰もいない。男は黙って電話をかけた。先方からは何の応答もない。
　やおら非常階段を降り始めた。下でオートバイが待っている。オートバイが発車するやいなや，路地に待機していたパトカーが後を追った。女だけが一人残った。風が冷たい。

［演習5.3］
テーマ1　「一味違う，ダチョウの卵焼き」
　①　ダチョウの卵は，鶏の何倍の大きさ？
　②　卵2個で何人分のオムレツが作れるの？
　③　味はどうだろう。ちょっと気持ちが悪い。
　④　実際に食用にされているんだろうか。
　⑤　量産されていないのでは？
　⑥　それだけに貴重な食べ物かも知れない。
　⑦　ダチョウの卵，商品化の見通しはどうだろう。
テーマ2　「成人式を考える」
　①　最近の成人式は形骸化されてしまっているのではないか。
　②　若者はそっぽを向いているのではないか。
　③　いまの成人式は，どこか若者の意識と離れた存在のようだ。
　④　それなのに，なぜ若者は成人式に出るのだろうか。
　⑤　若者にとって，成人式とは何か。
　⑥　どんな成人式がよいのだろうか。
　⑦　その成人式を誰が主催したらよいか。
テーマ3　「どう対応する？　若者のマナー」
　①　なぜこのことが話題にされるのか。
　②　若者のマナーのどんなところが悪いのか。
　③　マナーのよい若者もいる。たとえばどんな？
　④　社会人として，若者はどうでなくてはならないか。
　⑤　それを，若者に知らせ納得させるには。
　⑥　よい若者のマナーとは。

［演習5.4］
1　「ダイオキシン」
　　「大阪・能勢町のダイオキシン汚染」
2　大阪・能勢町のゴミ焼却場
　　作業員が通常の200倍を超えるダイオキシンの汚染
　　町民も血液や母乳が汚染
　　赤ちゃんが毎日とり続けるには，安全レベルを超えている
　　5年前のイタリアで起きた汚染事故と同じ規模だ
　　今回の事故の原因は
　　作業員が安全手順を守っていなかった
　　しかも，粉じんを出るにまかせていた
3　危険物の取り扱いが日常的になると，その怖さを忘れる

作業手順をきちんと守り，安全に仕事をすすめている自覚を持ち続けたい

[演習5.5]
1　ベートーベンはひどい難聴
　　人の声が聞きにくかった
　　楽器などの音は聞こえていたようだ
　　まったく聞こえなかったわけではない
2　イギリスの新聞は
　　ベートーベンは，鉛中毒で耳がまったく聞こえなかったと伝えた。
　　しかし，耳が聞こえなければ，あれだけの音楽活動ができるわけがない。
　　彼の耳は聞こえていた　ただひどい難聴だったのだろう。
　　難聴の状態は多様だ。
　　彼は，人の声は聞きにくいが，楽器の音，つまり演奏は聞こえていたに違いない。
　　聴覚障害者の現状。
　　会話は聞きにくいが，音はきこえる難聴者が多い。
　　ベートーベンを理解するには，彼がどんな難聴だったのかを考えることが必要だ。
3　外界の音や話がいっさい聞こえない「ろう」(聾)の状態。
　　特定の周波数の音や声が聞きにくい難聴の状態。
　　「ろう」より「難聴」のほうがずっと多い。

[演習5.6]
1　私は，あなたが言い置いたことばを忘れません。
　　なるほど，あなたが私を産んだ人ですか，たった6年間だけ育てて駅の改札に捨てた人ですか。
　　にこにこして何が嬉しいの，口が裂けてもお母さんとは呼びませんよ。
　　どう，いい子になったでしょう。よくごらんなさいな，これがあなたの捨てた娘です。
2　母を許すことができない。心凍らせて母に会う。
　　自分を捨てた母を恨み，憎しみを込めた気持ちで接しようとしている。
3　バチカンのピエタ像を前にして，友子は嘆きの聖母の姿に，母の姿を重ね合わせて見ていた。
　　子を置き去りにせざるを得なかった母の悲しみを思うとき，友子は母を恨んだ自分を許してほしいと願うのだった。
　　母へのいとおしさ，誰からも必要とされる人生を，自分の悲しみと引き換えに与えてくれた母への感謝の気持ちが込み上げてくる。
　　お互いの気持ちが溶け合い，ほのぼのとしたハッピーエンドとなる。

[演習5.9]
次の3つの質問による聞き方になります。
今回の調査の結果，どんなことがわかったんですか。
　「アジアからの留学生は，今回の調査で，『日本に親しみを感じない』『どちらかといえば感じない』と答えた人がとっても多かったんです」
この調査結果について，どう思われますか。
　「今回の調査は，東京の大学に行っている留学生が中心だったので，かなり日本について理解があると思っていたんですが，意外でした」
どうしてアジアの留学生たちは，そんなふうに感じているんでしょうか。(何か，思い当たることはありますか)
　「考えてみると，多くの学生が，日本と接する機会があまりないんですね。日本に接する機会の多い人でも，

冷たいとか堅苦しいといった印象を抱いている人もいるようですからね。そのうえ，日本語の教材が不足していたり，内容が古かったりすることへの不満も多いんです。日本人の歴史認識については……」

[演習5.10]
次のような聞き方になります。
あなたは，そこに，何時ごろいらっしゃったんですか。
　「2時ごろに来ていました」
プラットホームは，どんな様子でした。
　「大変混んでまして，身動きが取れませんでした」
それで，あなたはどうなさったんですか。
　「それで仕方がないんで，電車を1台見送ったんです」
あなたのそばに，誰かいましたか。
　「えー，鞄を持った中年の男の人がいました」
その人はあなたに話し掛けたんですか。
　「いや，何にも喋りません」
ではどうして，その人が酔っていることがわかったんですか。
　「身体をふらふらさせていましたし，ときどきわけのわからないことを叫んでました」
そこに電車が来て，男の人はどうしたんですか。
　「さあ，乗ったかどうか，人混みにまぎれて，どうなったかわかりませんでした」

[演習5.12]
話し手：きのう横浜のデパートに行ったんですよ。あいにく雨でしてね。
聞き手：そうでしたね。午後から雨がひどくなりましたね。
話し手：傘がなかったものですから，地下街に入ったんです。
聞き手：えっ，地下街ですか。横浜駅の地下街って，けっこう広いですね。
話し手：そうなんです。広い通りをはさんで，いくつも横道がつながっているんですね。
聞き手：そうそう，気をつけないと。
話し手：あんのじょう迷子になってしまったんです。
聞き手：えぇ，で，どうなさいました。
話し手：仕方がないので，近くのお店の人に「○○デパートはどっちに行ったらよいんですか」って聞いたんです。
聞き手：店員さんに聞いた。教えてくれたんですか。
話し手：ええ，教えてくれたのはいいんですが，この地下街はわかりにくいから，向かい側の階段を上がって，上に出てください。そうするとデパートが見えますから，それを目指してください，って言うんです。
聞き手：確かにそうですけど，上に出たら濡れちゃいますよね。
話し手：それで，可笑しくなってしまったんですが，地下街で働いている人は，いま上では，天気がどうなっているのか，まったくわかっていないんですね。

[演習5.13]
(1)「そうですね」「早いですね」（同意，肯定）
　　「お花見も早まりそうですね」（プラスα：話題）
(2)「えー，日本人が」（驚きを示す）
　　「まさか」（意外性を込めて，軽い否定）
　　「どうして日本人だってわかったの？」（プラスα：質問）

(3)　「そうですね，あなたの気持ち，とってもよくわかる。私だってそう言ってしまいそう」
　　　（同情を示す，すでにプラスα：感想が入っています）
　　　「その方，いまはどうしてらっしゃいますか」（プラスα：質問）
(4)　「まあ，それはうらやましいですね」（軽い驚き）
　　　「おー，どんなところを見て回られたんですか」（問い返し）
(5)　いまから90年近い昔の話ですが，例の旅客船の"タイタニック号"ね，氷山と衝突して沈没したでしょう。（うん，知ってる知ってる）1500人余りの人たちが亡くなりましたよね。（そう，亡くなったんですよね）あの事故のことを，運輸交通省の研究所が，当時の航海技術とか，航海している状況などについて調査したんです。（うん，調べた，そしたら）そしたら，"タイタニック号"はあの事故が起きなかったにしても，同じルートを取れば，「37航海に1回」の確率で氷山に衝突して，370人以上が死ぬ運命にあったことがわかったんです。（へえー本当ですか）37回に1回の確率で大事故が起きるんですよ，こわいですね。（いやー，こわい）

　　どうしてそういうことがわかったのか，その先の話聞きたい。（うん，聞きたい。話して）それは，いくつか原因があったんです。その1つは"タイタニック号"が出航するときにあったんです。（出航するときに。うん）"タイタニック号"が完成するのに随分工期が遅れたんですよ。1カ月も遅れたんです。（えー，1カ月もですか）ですからその分出航するのも遅れて4月になってしまったんです。（4月にねー）北大西洋では，4月は氷山が南下しやすい時期なんです。おまけに出航するとき，港でほかの船と接触しそうになって，また1時間も遅れてしまったんですね。（重ね重ねついていませんね）これも不運でしたね。なぜなら氷山との衝突が1時間早ければ（うん，1時間早かったら）近くの船が無線を切らずにいて，救難信号が届いたからです。（そうなんですか，救難信号がね）

　　次に第2の原因としては，事故の起きたその晩は風がまったくなかったんです。風があれば，氷山にぶつかった波が白く見えて，氷山を見つけやすいんです。（どういうことなんでしょう，不運が続きますね）

［演習5.14］
I
　A　「おはようございます」
　B　「おはようございます。今朝はずいぶん早いですね」
　A　「これから北海道に行くもんですから。ちょっと，天気が心配でしてね」
　B　「あー飛行機ですか，揺れないといいですね。どうぞ気をつけておいでになってください」
　A　「行って参ります」
II
　A　「こんにちは，ご無沙汰しておりまして」
　B　「あー，こちらこそ。お変わりありませんか」
　A　「相変わらずですよ。少しお太りになりましたか」
　B　「いやー運動不足でしてね。どうです，相変わらずゴルフはやってらっしゃいますか」
　A　「こう寒いとおっくうになりまして，目下，冬眠中ですよ」
　B　「まあ，お互い運動不足ですね」
III
　A　「こんにちは，きれいな花ですね」
　B　「きょう，千葉県の方にドライブに行ってきたもんですから」
　A　「いろんな花がありますね。買ってこられたんですか」
　B　「いや交通安全キャンペーンで，ドライバーに配ってたんですよ」
　A　「千葉県の南房総の方は暖かいですから，花も早いですね」
　B　「よかったら，この水仙の花，少しお分けしましょう」

Ⅳ
  A 「おはようございます」
  B 「おはようございます。桜木町の駅，今朝はずいぶん混んでいましたね」
  A 「やはり春で季節がいいせいか，行楽の人も多そうですね」
  B 「横浜港なども，冬の頃と眺めが変わりましたね」
  A 「何か海の色が違いますね。明るくなりました」
  B 「それに，きょうは天気もいいですからお花見の人も，結構いるんじゃないですか」

[演習5.16]
インタビュー構成案『酒を科学し，親しむ人生』
[インタビュー]
  Q ご専門の立場から考えて，今人気のある日本酒といいましたら，どんな傾向のものでしょうか。
  A 酒の味の好みは時代によって異なる。甘口，辛口，サッパリ系，コクがあってしつっこくない。日本酒にいろいろな個性がある。また料理によっても味わいが違う。人の世って好みはまちまち。数多い種類の中から自分の好みに合うものを嗜む，というのが今の時代の日本酒の飲まれ方だ。吟醸酒などは人気が高い。
  Q 熊谷さんが酒造りの道にお入りになったのはどんなことからですか。
  A 大学で食品の酵母の研究。当時は就職難の時代。たまたま国税庁酒造試験所に，女性第1号で入った。
  Q その試験所での仕事は，酒造りの研究ということですか
  A 初めの研究テーマは酒の悪臭を取り除くこと。毎日が酒とつきあう生活。毎年行う新酒鑑評会では裏方を買って出て，約5000点に及ぶ酒について，その造り酒屋と銘柄，特性を知ることができた。
  Q 酒と取り組むお仕事ですから，お酒には強くなりますね。
  A 給料は安かったが，酒だけは飲めた。研究生たちと一緒にフラスコでかんをして，よく酒盛りをした。同時に酒造りに本格的に取り組むようになる。
  Q 酒造りでは，「女性の立場」というのは，まったく関係のないものなんでしょうか。
  A むしろそれは邪魔。酒造りは女人禁制。そのタブーにあえてのぞんだ。酒を科学するのも，酒に親しむのも，女だからという目では見られたくはなかった。
  長い時代にわたって，酒造りは杜氏のもとに何人もの弟子がいて，その造り方の技術は他にもらさない。秘伝の技術が踏襲。伝統ある杜氏によって支えられてきた酒造りの世界に，女ひとり立ち向かう。何よりも彼らに認めてもらわなくてはならない。成果をあげ，一人前として認めてもらいたいというプレッシャーがあった。
  酒造りは一番寒いときに米を仕込む。作業は辛い。時期によっては泊まり込みで寝ずの仕事。休みもない厳しい職場だ。
  Q 試験場の仕事はもっぱら研究業務かと思いましたが，そうではないんですね。
  A 酒造りがあって，いい酒を造るにはどうするかの研究がある。研究のためには酒造りに携われなくてはならない。実践的な研究。実用的な研究。酒造りをしながら長い間酵母の研究と取り組んでいた。丸10年かかった。
  Q それから研究はどのように進められたんですか。
  A 昭和47年に，酒造米の研究。いろいろな種類の酒米についてその特性を調べ，どの酒米ならどんな味の酒ができるか，酒米の特性を伸ばすにはどうするか，といった研究。
  この研究のおかげで，米と水分の関係などに新たな法則を見つけることができた。理論と数値をもとに手探りで挑戦。これがきっかけで独自の吟醸酒を作り上げることができるようになった。
  Q 大成功ですね。
  A 成果は大きかった。吟醸酒は今でこそブーム。当時は手間ひまかけた「盆栽の酒」と言われた。造り方は杜氏の秘伝中の秘伝。経験と勘でごく少量しか造れなかった。

それが，研究者の手探りで造りあげられ，いきなり全国新酒鑑評会で金賞を受賞してしまった。
Q 杜氏の皆さんにとっては，これは大変な驚きですね。
A 信じませんでした。ある意味ではショックだったんでしょう。学問で酒が造れるかという反発がとても強かった。まぐれだと言って，その技術を信用しようとはしなかった。
それでも私は「技術者でも吟醸酒は造れる」と，随分説得しました。相当に突っ張った気持もありました。
Q 杜氏の皆さんから，技術を認めてもらうまでにご苦労なさいましたね。
A 向こうが認めないというのなら仕方がない。こちらは実力で勝負。実績でしか説明できない。
結局，全国鑑評会で9回連続金賞を取るということで，ようやく杜氏組合からも認めてもらえ，また大学から博士号も取得できた。
Q この大成功が，次への転身のきっかけになったわけですか。
A 大手の酒造メーカーの研究所長として転身。これまでの酒造りの技術を商品開発の場で生かそうということになった。そして去年から，酒造メーカーの専務として酒造りの現場と営業を担当するようになり，経営責任も重くなってきた。
いい酒を造って，それを皆さんが喜んで買ってくれる，そんな願いを込めて，今も新しい商品の開発を手がけている。
Q 熊谷さんの最近のヒット商品には，どんなものがありますか。
A アルコール度6％の日本酒。赤い玄米の酒。泡の立つ酒。私の名前の入った大吟醸酒。
Q 酒造り40年のご経験を通して，日本酒について，どんなことをお考えでいらっしゃいますか。
A 今の時代，酒造りは科学の力で飛躍的に進歩させることができる。しかし，科学だけでは最後の一味というか，どうしても律しきれないものがある。それは伝統的な職人の経験と勘が最後の一味を決める。伝統的な技法に支えられる酒こそ日本酒なのだ。
日本酒は自分を隠しながら料理を引き立て，自分も主張する。繊細な酒だ。酒造りのためにはどうしても人の和は欠かせない。その和のために，また酌み交わすということがあってもよい。
Q ありがとうございました。

［演習5.17］
インタビュー構成案「回れ回れ，もっと回れ」
［インタビュー］
Q 風車で思いだすのが，スペインやオランダの風車ですが，この風車による発電がいま注目されているんですね。
A この10年間の世界の風力発電量はこれまでに6倍に伸びている。ヨーロッパ各国での伸びが目覚ましい。
Q それはやはりクリーンエネルギーの活用ということからでしょうか。
A 無尽蔵な風がエネルギー資源として見直されてきた。しかもクリーンなエネルギー。二酸化炭素を出さない。地球温暖化防止に貢献。
Q 風力が大変すばらしいエネルギーであることがわかりましたが，日本での風力発電はどんな状況なんですか。
A 率直なところ，これから軌道に乗るという段階。この10年間に発電量は10倍に拡大。それでも7万キロワット。ドイツの60分の1にも満たない。ドイツのように平野の多い国は有利だ。
Q 風力発電は地形や風力に左右されます。日本での自然環境は風力発電に向いているんでしょうか。
A 日本は総面積が広くない。風車の設置場所，規模，環境などを工夫すれば，もっと利用できる。その意味では風力発電に向いている。
そしていま，わが国では風力発電について新しい動きが出てきています。経済産業省が2010年の風力発電容量を300万キロワットに伸ばせると試算したことです。総発電量からすれば大した数値ではないんですが，意欲は買いたい。
Q 果たして実現可能なんでしょうか。

A　最大の問題はコスト。日本では風力発電は火力より割高。欧米では，電力会社に風力電気の買い取りを義務づけてきた。
　　日本では買い取り義務はなく，電力会社が買い取り量やその価格を決めているため，本格的に風力発電の事業を起こそうとする人が少ない。
　　ヨーロッパでは発電コストが低下して，ドイツでは火力とほぼ同じになっている。
Q　普及のためには，コストの問題を解決することが第1のようですが，そのほかにどんな対策が考えられますか。
A　まず，コストの面では，電気料金の上乗せ。国や自治体からの補てん。わが国に適したコスト負担の仕組みを作るといったことが考えられる。電力会社，事業者，消費者を含めて論議を急げ。
　　その根底には，なぜ風力発電なのか，風力発電の長所を重視することがなければならない。
　　そして，ヨーロッパの例が，普及対策の参考になると思う。それは住民団体が，地域主導で風力発電に取り組む。エネルギーの大切さを考える機会にもなる。
　　発電用風車の設置問題もある。居住環境に影響。建設に当たっては，場所や規模などを地域住民に事前に説明し，納得してもらう。デンマークでは，海の上に風車を建設する動きが盛ん。
Q　海上での風力発電ができるようになると，わが国の場合，風力の利用規模をぐんと広げられそうですね。
A　10年後の発電目標が300万キロワット，それに海上での風力発電を加えると，もっと規模を膨らませられる。わが国の自然環境と地形を上手く利用して，生活環境に影響を与えることなく，クリーンなエネルギーを有効にしかも無尽蔵に活用できる。そのうえ地球を守れる。いいことずくめ。発電コストの問題をヨーロッパにならって，何とか解決させ，普及させたい。
Q　これからのエネルギー需要を考え，電力業界と行政，地域住民の話し合いで，わが国の風力発電が軌道に乗るようになればと思います。ありがとうございました。

あ と が き

　特別に耳を澄ましているわけでもないのに，気づいてみれば，私たちの身の回りでは，いろいろな音や音声が溢れています。風雨，小鳥の鳴き声などの自然音，交通機関や商店街などから聞こえてくる騒音や雑音，はてはビジネス・コミュニケーションでの話し合い，大学の講義，講演，テレビ・ラジオなどさまざまなメディアからの情報といったように，数え上げれば切りがありません。

　それらの音や音声のなかで，私たちは自分にとって必要と感じたもののみを意識的に抽出して聞き取っています。その抽出された音や音声のなかでも，一過性ですぐ消えてしまってよいものと，自分にとって必要有益と感じられる情報の区分けをしながら聞いています。日本人が聞くことに費やす時間は，男女や年齢によって差はあるものの，話すことの3倍以上，普段の言語生活の60～70％を占めているといわれます（NHK国民生活時間調査）。

　このように外界の音や音声が，まさに氾濫状態になると，音や音声を意識的に抽出して聞くことができなくなり，聞き流しの状態になります。その結果，限られた音や音声しか聞かないようになり，意識して聞くということがおろそかになります。このことがコミュニケーション上，さまざまな不都合を生じさせ，いくつかの社会問題を提起することになります。

　このところ，大学病院での医療事故や遭難漁船の放置，旅客機同士のニアミス，真意が伝わらないで起きる諸問題等が相次いで起きています。人の言うことを正しく聞き取れなかったことから生じるトラブルは，程度の差はあれ日常的に起きています。

　また，大学教育の場にあっても，わかりやすく話される講義にすら内容が理解できず，授業に追いつけない学生が出てきています。集中力，忍耐力がなく，顔は教師の方に向いていても，まったく別のことを考えていたり，授業はそっちのけで私語を交わし合ったり，何の学習意欲もなく，出席しているだけが取り柄といった学生もいます。

　こうした事態を改善するためにも，音声言語教育の面から，人の話にじっくりと耳を澄まし，心を傾けて聞くことができるような，集中力と忍耐力をもって聞く技能を高めるための実践的な教育がぜひ必要です。

　第5章の「聞いて伝える」では，「聞く技能」(Listening Skill) を高めるために，どんな指導をどのような場で，どのようなシミュレーションを繰り返しながらすすめたらよいか，具体的な方法論について詳述しました。メディアにおける「インタビュー技法」は実践的で，大変参考になるのではないかと思います。

　第1章「ことばと人間」，第2章「日本語はどんな言語か」では，日本語教育に求められる学習項目として，「日本語という言語」を比較言語学や対照言語学，社会言語学の側面から考え，その言語獲得と形成についてまとめました。

　第3章「日本語の音声」では，コミュニケーションを重視した日本語教育能力検定試験に対

応する基本的な日本語音声の知識を網羅しました。外国人に日本語を教えるとき，最も苦労するのは発音指導です。指導者自身に，日本語の音声をきちんと聞き取り，認識できる能力があり，自分の声とことばで正しく伝え，教えられなくてはなりません。日本語音声の知識と運用能力を身につけてください。

　第4章「日本語の音韻変化」では，日本語音声の歴史的な変容を知っていただき，検定試験で扱う日本語史の問題にも対応できるように考えました。私自身，江戸時代の作品を朗読する際に，セリフの表現を考えるのに，江戸時代の音韻変化が大変役に立っています。

　このように本書では，ことばの獲得，音声言語としての日本語の認識，日本語の音声とその聴解，音韻の変遷，そして音や音声を聞き取ることから，聞いて伝えるスキル，インタビュー技法へと学習レベルを高めて，前著『コミュニケーションのための日本語・音声表現』とともに，総体的な日本語の音声表現を解き明かすものとしました。日本語教育の学習のためのテキスト，参考書としてお役に立てることを心から願っています。

　参考文献，引用図版・作品等については，各章の末尾に引用個所とともに明記しました。記載もれのないように努めたつもりですが，万が一不行き届きのことがございましたらお許しいただきたくお願い申し上げます。

　　2001年8月

　　　　　　　　　　　　　　　　　　　　　　　　　　　　　　　　加　瀬　次　男

索　引

あ

挨拶　141, 151
挨拶ことば　151
挨拶にプラスアルファ　151, 152
あいづち　142, 146, 173, 183
あいづちの種類　148
あいづちプラスアルファ（＋α）　147, 148
相手の発話　144
相手の身になって　140
IPA（国際音声字母）　37
アクセント　81
アクセント核　54, 82
アクセントの型　83
アクセントの機能　82
アクセントの特色　82
浅田次郎　128
アジア系　55, 72
東ことば　109
ア段・イ段の長音化　103
後舌　45
アナウンサー　156
あめつちの詞　98, 106
アラビア語　39
アルタミラの洞窟　27
イエスとノーの答え　145
イェルムスレウ（Louis Hjelmslev）　21
異音　39, 77, 78
イ音便　97
意外性を込めて軽く否定するあいづち　149
医学情報　168
医学番組　162, 168
意識の状態　131
意志表示　173
伊勢物語　28
位相　81
位相語　109
イタリア語　42
1言語1起源説　18
一元論説　18
一語期　10
一語文　10, 11
一次言語　26
1次情報　169, 177
一過性　31
一側化　7, 14
一方的受容　131
一方的な受容行為（oneway reception）　123
稲荷山古墳鉄剣銘　93, 96
イ・キの混同　98
イベント・ツリー　164
意味の区別　38, 42, 77, 78
イメージトレーニング　89
イメージを伝える　115
いろは歌　106
印欧語族　19
インタビュー　156, 157, 158, 182, 184
インタビュアー　147, 157, 158, 160, 162, 172, 173, 175, 179
インタビュー形式　159
インタビュー構成　163, 171, 177, 184
インタビュー構成案　163, 165, 166, 177, 181, 183, 184
インタビュー取材　185
インタビューの終わり　169
インタビューの終わり方　174
インタビューの形式　179
インタビューのことば　169
インタビューの種類　159
インタビューの正念場　174
インタビューのタイプ　158
インタビューの内容　170
インタビューのフォーマット　167
インタビューの方針　165
インタビューの本質　157
インタビューの前　170
インタビュー番組　157, 160, 161
インタビューを構成する　161
咽頭　46
イントネーション　81, 86
インド・ヨーロッパ語族　18
インド・ヨーロッパ（印欧）祖語　18, 19
引用や実例　132
韻律　81
ウェルニッケ（Carl Wernicke）　15
ウェルニッケ領域　14, 15
ウ音便　97
ウ段とオ段に長音　101
打ち合わせ　159, 170, 177
うなずく　173
ウラン臨界事故　126
運動残像　117, 118
映画『旅情』　183
英語　39, 42, 43, 81

英語圏　78
衛星放送　118
エジプト文字　27, 29
SOV型　22
エスキモー語　21
SVO型　22
エ段の長音　106
エ段の長音化　104
X線CT　162
江戸語　102
江戸ことば　109
江戸語の音韻的特色　103
江戸語の特徴　110
江戸時代の音韻　102
江戸時代の音価　104
江戸下町ことば　111
江戸なまり　110
「エ」と「ヱ」の発音　101
n韻尾　99
n音便（舌内撥音便）　97
「エ」の音価の変遷　106
MRI（磁気共鳴画像）　15, 162
m韻尾　99
m音便（唇内撥音便）　97
絵文字　27, 29
エ・ヱの混同　98
演出意図　166
円唇化　70
円唇後舌狭母音　48
円唇後舌中母音　49
円唇後舌半狭母音　48
円唇後舌半広母音　48
円唇後舌広母音　48
円唇中舌狭母音　47
円唇母音　55
オウム返しでない挨拶　151
オウム返しの挨拶　151
オウム返しのあいづち　149
沖縄首里方言　39
奥舌　45
オ段長音　99, 101, 103, 106
音環境　53, 55
男手　28
音のイメージ　124
音の単位　33, 36
驚きを示すあいづち　149
オの音価　98
「オ」の音価の変遷　106
お屋敷ことば　111
オ・ヲの混同　98
音　28, 33
音韻　38

音韻混同　95	含意の法則(Implicational Law)	共鳴作用　34
音韻統合　98	23	教養番組　159
音韻変化　77,93,96	漢語　25	去声　96
音韻論的音節(シラビーム)　37	韓国語　58	ギリシャ文字　27
音価　94	漢字　28,93	キリスト教宣教師　101
音声　33	漢字・平仮名まじり文　28	金石文　93
音声学的音節　37	緩衝語　141	句音調アクセント　81
音声器官(調音器官)　44,45,81	関心をもたせる　139	孔雀経音義　109
音声言語　29,118	聞いて伝える　115	口遊　98
音声言語(話しことば)　26	機械言語　27	口の開け方(開口度)　47,50
音声言語の特徴　30	聞き上手の条件　139	口の開き　41
音声のデジタル情報　118	聞き手の視線　174	唇の形　44,47
音声表現　33	聞き手の主導　131,132	唇の状態　41,50
音声表現要素　81	聞き手の立場　182	屈折語　19,20
音節(シラビーム)　36,37,42,94	聞き手のニーズ　132	グライムズ, B.F.　17
音節文字　28,29	訊く　119,120	繰り返すあいづち　149
音素　33,38,41	聴く　119,120	グリーンバーグ(J. Greenburg)
音素文字　29	聞く　119	22
女手　28	聴く技術(Oracy)　120	グレイ, L.H.　17
音便　97	聞くことのメカニズム　118	黒柳徹子　147,160
音便の発生　95	聴くことば　143	訓　28
音変化　94	聞くための選択　115	警戒心を起こさせない　141
音や訓　93	聞く力(listening skill)　115	警戒心をもたせない　139
音量変化(高低)　83,86	「きく」ということ　118	経済番組　159
音量変化(抑揚)　86	聴くトレーニング　126,129	形態素　42
	聞く能力の低下　115	形態的分類　21
か	聞けない状態　115	系統的な分類　18
開音と合音　99,101,106	記号化　116	形容詞のアクセント　84
開音・合音の区別　103	記号化ソフト　116	結論　161
開音節構造　42	記号解読ソフト　116	ゲルマン語派　18
開口度　49	記号体系　26	言外の意味　122,131
外来語　25,97,105	起承転結　161	謙虚な態度　156
会話の流れ　158,160,161,167,	擬声(擬音)語　25,68	言語音　33,53
169,170,184	気息の有無　58,70	言語環境　13
会話を構成　160,181	木曾三川　55	言語機能　13,14
科学番組　159,168	擬態語　25,68	言語教育　115
書きことば　110	楔形文字　27	言語形成期　13
カ行音　73,80	黄表紙　103	言語習得　12,13,29
ガ行音　80	起伏式　83	言語使用能力　14,15
ガ行音　80	キャスター　156	言語生活　53
ガ行鼻音(鼻濁音)　36,65,66,97	逆行同化　43,53	言語中枢　118
カ行拗音　80	キャロル(J.B. Carroll)　26	言語の取り替え年齢　13
格助詞　67	鳩音　8	言語表記　13
核心的な話題　168	吸気　35	言語普遍性(Linguistic univer-
確認する　181	9歳の壁　13	sals)　19
下降イントネーション　87	弓状束　15	言語文化　27
過剰一般化(overgeneralization)	境界表示的機能　82	言語変種　24
12	京ことば　109	言語類型論　19
過剰拡張(Over Extension)　10	強弱アクセント(Stress Accent)	源氏物語　28
化石化したことば　114	23,81	蜆縮涼鼓集　102
仮説　177	共通語　47,66,81,93,112	現場中継　159
片仮名　28,93	共通語アクセント　82	元禄の頃　96,102
悲しみを分かち合うあいづち	共通了解事項　116	語彙　103
149	共同の伝達意識　130	語彙論　24
鐘と鐘つき棒　154	興味づけ　131	口蓋化　73,74
鎌倉時代の音韻　99	共鳴　47	口蓋垂　45
上方語　102,103	共鳴腔　34,47	口蓋垂音　41,80

索　　引　207

口蓋帆　45,72
合巻　103
公共性　156
口腔　34,46
口腔断面図　71,72
硬口蓋　44
硬口蓋音　41,72
硬口蓋歯茎　44
硬口蓋半母音　52
硬口蓋摩擦音　61,108
構成案の作成　166
合成音分析　30
構造言語学・プラーグ学派　37
膠着語　19,20
高低アクセント（Pitch Accent）
　　23,81
肯定的　147
喉頭　46
行動言語　26
後部言語皮質　15
項目立て　180
合拗音　99,101,103
公用語　17,24
声　33
声なきあいづち　173
声の質　81
声の素材　34
呼気　34
呼吸運動　34
呼吸作用　34
古今集　28
国際音声字母（International Phonetic Alphabeto＝IPA）
　　42,79
心を推し量って　140
古事記　28,96
五十音図　35
語族　17,18
5W2H　143
滑稽本　103,110
コード（code）　116,139
コードの機能不全　117
語頭法則　106
ことばの教育　29
ことばの習得　7
ことばを覚える予定表　7
後奈良院御撰何曽　108
語のレベル　33,86
5母音体系　95
語末の「ン」　65
語末N　41
コミュニケーション　81,115,
　　116,120,130,138,143,151
コミュニケーションギャップ
　　117
孤立語　19,20
金光明最勝王経音義　95

今昔物語　28
混種語　25
『昆虫のなぞ，花をみつける手がかり』　135

さ

最初の問い　171
サ行音　73,80
ザ行音（語中）　80
ザ行音（語頭）　80
サ行の音価　96
サ行拗音　80
サ行・ザ行の音価の変遷　107
ザ行拗音（語中）　80
ザ行拗音（語頭）　80
ササヤキ　35
三次言語　26
CTスキャン　15
恣意的　81
CV構造　42
CVC構造　42
子音　57,70
子音音素　39
子音の口蓋化　60,70
子音の発音　59
歯音　39
歯茎　44
歯茎音　39,41,72
歯茎硬口蓋　44
歯茎硬口蓋音　41,72
歯茎硬口蓋鼻音　66
事件・事故　159
思考の展開　184
自己確認　154
事故や災害　173
示差的機能　82
事実と推測　132
四声　95,96
視線　174
自然な笑顔　142
舌　44
舌先　72
舌の位置　41,44,47
舌の高低　70
舌の前後の位置　70
視聴者　157,165,185
悉曇口伝　106
質問項目　180,182,184
「シ」と「セ」の発音　102
シミュレーション　160,161,
　　167
社会言語　23
社会言語学　18
社会的習慣　81
社会的喃語　9
社会的了解事項　81
社会方言　24

社会報道番組　159
ジャ行音　80
弱円唇　50
弱化母音　54,55
写真情報　179
ジャーナリスト　156,157
洒落本　103,110
シャンポリオン，J.F.　27
自由異音　40
集積回路　116
集中力　121,126
集中力と忍耐力　124,125
自由変異　40
主音　54
取材学　156
取材現場　177
主題　161,165,179
主題の設定　165,179
出演交渉　159
シュメール文字　27
受容　138
受容効果　121
受容フィルター　120,130
シュレーゲル（F.von schlegel）
　　19
順行同化　43,53
紹介アナウンス　165
紹介文　165
象形文字　27
条件異音　40,41,42,75
上声　96
上昇イントネーション　87
上代特殊仮名遣　93
声点　96
上部言語皮質　15
情報　118,138,153,163,165,182
情報の圧縮技術　118
情報のくみ取り　179
情報の項目化　165
情報の選択　157
情報の内容　179
情報を選択　153
ショートインタビュー　159
助動詞「む」の変化　99
シラビーム（音韻的音節）構造
　　94
唇音退化　77,96,99,108
身体言語（Body Language）
　　27
人物像　160
人物もの　169
新聞記事　177
新聞資料　160
シンボル　116
心理的なプロセス　131
推理小説のなぞ解き　161
納涼床　137

スタジオ構成番組　160	第2の受容フィルター　121	展開の仕方　167
スペイン語　42	第2のフィルター　129,132	転換をはかるあいづち　149
スポーツ番組　159	第2分節　33	電報文　11
清音　35	大脳の左半球　14	問い　154,158,172
生活番組　159	対面形式　174	問い返し　150
整合性　31	対立的分布　39	問い方の上手下手　154
声帯振動　34,70	対話　155	問いと答え　154
声帯振動の有無　57	タガログ語　39	問いの吟味　158,161
声道　46,47	多義語　24	問いの質　155
声門音　39,80	タ行音　80	問いの鋭さ　158
声門閉鎖　35	タ行・ダ行の音価　102	問いは短く　171
声門摩擦音　61,108	タ行拗音　80	問いを吟味　155
世界の言語数　17	濁音　35,57,94,97	問いを想定　158
接近音　52	濁点(濁音符)　97	同意，肯定のあいづち　148
舌先(舌尖)　45	卓立　88	同意を求める　181
接続助詞　67,144,172	多元論説　18	同音異義語　24
舌端　45	多語文　12	頭音法則　94,95,97
銭形平次捕物控　109	ダニエル・ジョーンズ(D. Jones)	同化　53
ゼノー　140	47,49	動機づけ　125
前言語段階　8	だまし絵　117	東京オリンピック　117
線条構造　31	単音　53	東京語　111,112
全身表現　130	単語アクセント　81	頭高型　83
全体句期　10	単刀直入　171	統語機能　82
「選択」して聞く　122	短母音　44,54,55	洞察力と表現力　124
前頭皮質　14	談話　159	動詞のアクセント　84
前部言語皮質　14	地域方言　24	同情を示すあいづち　148
草仮名　28,93	近松の浄瑠璃　110	導入　168
草書体　93	近松の世話もの　103	導入のインタビュー　171
送信システム　118	ちゃったことば　114	問う能力　154
双方向受容　138,143	中高型　83	等拍性　36
相補的分布　40,41,75	中国語　58,76,81	東北訛り　29
促音　36,39,43,74,76,94,97	中舌化　55	トゥルベツコイ(Trubetzkoy)
促音化　77	調音　34	37
促音の指導　78	調音位置　46,70	ドキュメンタリー　159,184
促音便　95,97	調音者　45	独語的喃語　9
側面音　69	調音点　45,57,70	トーク番組　161
祖語　18	調音法　46,57,70	特殊音節　74
ソシュール(Ferdinand de Saussure)　30	長音　36,44,74,78,94	特殊音素　39,74
	長音化　53,78	特殊拍　36,43,74
そり舌音　54	長音の指導　78	トレーニング　121
た	聴解問題　70	
	聴覚器官　120	**な**
第1次基本母音　47,49	朝鮮語　81	内容の選択　131
第1の受容フィルター　121	町人ことば　110	中舌　45,72
第1のフィルター　129	町人のことば　102	中舌化　49
第1分節　33	超分節音　81	泣き声　8
ダイオキシンの汚染　126	長母音　44,53,55	ナ行音　80
帯気音　60	直音　37,70	ナ行拗音　80
待遇表現(敬語)　24,31,103	地理的分類　18	名古屋方言　39
体源抄　108	沈黙するインタビュー　184	納得のいく結論　133
タイ語　58	ツッコミとボケ　147	夏目漱石　112
第3の受容フィルター　121,132	つぶやき音　8	奈良以前・奈良時代の音韻　93
第3のフィルター　129	定家仮名遣い　100	喃語(babbling)　8
対象言語学　18	デジタル放送　118	軟口蓋　45
タイタニック号　150,164	徹子の部屋　147,160	軟口蓋音　39,41
第2次基本母音　47,49	テーマ　161,163,167,168,169	軟口蓋半母音　52
	テレビオリンピック　118	難聴　127

索　引

ニアミス事故　138
2語期　10
2語文　11
二次言語　26
2次情報　169,177
二重分節性　33
二重母音　53,55
二重母音の混同　99
入声　96
日本書紀　28,96
ニュース　159,173,185
ニュース取材　159
人情本　103,110
ねぎらう　141
脳腫瘍の治療技術　162
ノドぼとけ　35
野村胡堂　109

は

ハ行音　80
ハ行子音　94,95
ハ行子音の音価　103
ハ行転呼　95,96,109
ハ行の音価　96
ハ行の音価の変遷　108
ハ行拗音　80
拍(モーラ)　36,37,42
励ます　141
破擦音　39,59,64,72
弾き音　39,57,59,69,74
バスク語　19,21
撥音　36,39,43,74,75,94,97
撥音の指導　76
撥音便　95,97
発音記号　29
発音する仕組み　34
発音の変容　93
発音発声器官　8,26
「発見」を求めて聞く　122
発生遊び　8
服部四郎　37
発話意図　33
発話意欲の啓発　143
発話のための受容行為(communi-cative reception)　123
話しことば　101,110,125
話し上手は聞き上手　138,152
話し手の態度・表情　122
話の聞き方　140
話の組み立て　134,184
話の先回り　122
話の順序　180
話の進め方　132
話のテーマ　131
話の展開　132
話の内容の吟味　122
話の流れ　183,184

話の運び　166,181
話のペース　150
話のポイント　133
話の矛先　183,184
話の山場　160
話の要点,骨子　133
話し運び　167
話をうながすあいづち　149
話を聞く　122
話を聞く視点　155
話を継続させることば　143
話を構成　183
話を引き出す　182
話すことば　143
話すリズム　150
話す領分　146,182
反語的意味　113
半濁音(パ行音)　35,96
反応を示す　142
半母音　35,39,41,52,57
ピエタ　128
非円唇　48
非円唇前舌広母音　48
非円唇後舌狭母音　48,49
非円唇広母音　49
非円唇中舌狭母音　47
非円唇前舌狭母音　47,49
非円唇前舌中母音　49
非円唇前舌半狭母音　47
非円唇前舌半広母音　47
鼻音　35,39,57,59,65,72,76
比較言語学　18
鼻腔　34,46
鼻腔の関与　70
非言語(ノン・バーバル non verbal)コミュニケーション　130
尾高型　83
鼻濁音　36,60,65,66
ピッチ　83
否定的　147
「ヒ」と「シ」の混同　104,111
鼻母音　41,43,68,75,76
表意文字　28,29
表音文字　29
表現意図　118
表情や態度　184
平声　96
平仮名　28,93
敏感に反応　139,146,155
VSO型　22
フィルター　120
風力発電　177
フェニキア文字　27
副音　54
複合語　67,83
複合名詞のアクセント　83

武家ことば　110
符号や略号　134
藤沢周平　109
武士のことば　102
プラスアルファの情報　142
フランス語　39,81
震え音　69
ブローカ(Paul Broca)　14
ブローカ領域　14
プロソディー　81
プロミネンス　81,88
文音調アクセント　81
文化・文政(19世紀)の頃　103
分節音　81
フンボルト(W.von Humboldt)　19
文レベル　86
平安時代の音韻　95
閉音節言語　42
閉鎖音(破裂音)　39,59,72,73
平唇　50
平板型　83
平板式　83
ベトナム語　81
ベートーベンの耳　127
ベニスの情報　179
弁証法　156
ペンフィールド(W. Penfield)　15
弁別機能　82
母音　41,47,57,70
母音音素　39
母音交替　94,95
母音体系　23
母音脱落　94
母音調和　94
母音の音変化　53
母音の発音　47
母音の無声化　54
抱合語　19,21
報道　185
報道番組　173
訪問形式　160
母国語　24
ポーズ　81
補足運動野　14,15
ほほ笑み　8,9
ほめる　141
本題の確認　168
本題の提示　168

ま

マイヤー　17
前舌　45,72
マ行音　80
マ行拗音　80
枕草子　28

摩擦音　39,41,59,61,72,73
マスキング(masking)　117
マスコミのインタビュー　154
真名　28
マルチネ(A. Martinet)　33
万葉仮名　28,93,96
万葉集　28,96
短いセンテンス　144,171
３つのスイッチ　122
認める　141
ミニマルペアー(最小対語)　38,70
身振りことば　27
身振り語　9
身振りで表すあいづち　150
耳が聞こえない　127
脈絡(context)　30
脈絡情報　31
無気音　58
無限の生産性　33
無声音　35
無声硬口蓋歯茎破擦音　64
無声硬口蓋歯茎摩擦音　62
無声硬口蓋摩擦音　63,71,80
無声子音　54,59,76,77
無声歯茎硬口蓋破擦音　64,71,80
無声歯茎硬口蓋摩擦音　62,71,80
無声歯茎破擦音　64
無声歯茎閉鎖音　60
無声歯茎摩擦音　61
無声歯摩擦音　61
無声声門閉鎖音　60
無声声門摩擦音　62,80
無声軟口蓋閉鎖音　60,80
無声軟口蓋摩擦音　63
無声閉鎖音　58
無声両唇閉鎖音　60
無声両唇摩擦音　63,80
室町時代の音韻　100
名詞のアクセント　83
目線　142
メディア　123
メディアでのインタビュー　123
メモの取り方　133
メモをとる　133,143

文字言語(書きことば)　26,29,32
モーラ構造　94
門歯　44

や

ヤ行音　80
山本周五郎　109
ヤールツェバ　17
有気音(帯気音)　59,58,60
有声音　35,57
有声口蓋垂鼻音　65
有声硬口蓋歯茎破擦音　64
有声硬口蓋歯茎摩擦音　62
有声硬口蓋半母音　80
有声硬口蓋鼻音　65,71
有声子音　59
有声歯茎硬口蓋破擦音　64,71
有声(歯茎)硬口蓋鼻音　80
有声歯茎硬口蓋摩擦音　62,71,80
有声歯茎破擦音　64,80
有声歯茎鼻音　65,80
有声歯茎弾き音　80
有声歯茎閉鎖音　60
有声歯茎摩擦音　61
有声歯摩擦音　62
有声声門摩擦音　63
有声軟口蓋摩擦音　60
有声軟口蓋半母音　80
有声軟口蓋鼻音　65,66
有声軟口蓋閉鎖音　60,66,80
有声両唇鼻音　65,80
有声両唇閉鎖音　60
有声両唇摩擦音　63
指さし　9
よい質問　155
拗音　35,36,70,97,99
拗音の発生　95
拗長音　99
抑揚　86
予想外の展開　184
予測,確認,整理　131
「予測」して聞く　122
予断や偏見　130
四つ仮名　62,96,102,103,107
四つ仮名の混同　101

ヨッド　60,70
予備知識　154
喜びをともにするあいづち　148
ヨーロッパ構造言語学　30

ら

ラ行音(弾き音－流音)　35,74,80,94
ラ行拗音　80
落語のテープ　129
ラジオ・テレビ　129
ラテン文字　27
六声　95
リズム　81
略字,略号　134
流音　69
両唇音　39,41
両唇・軟口蓋半母音　52
両唇閉鎖音　94,108
両唇摩擦音　61,94,108
類義語　24
類型的な分類　18
類聚名義抄　95
礼儀正しい態度　141
歴史言語学　30
連声　99,100,101
連濁　67,99,100,101
連母音　44,55,95
連母音の長音化　53,78
連母音の融合　101
ろう　127
朗読作品　129
ロゼッタ・ストーン　27
ロバーツ(L. Robertz)　15
ローマ字　28
論旨をつかむ　132
ロンドン大学　79
論理の展開　134

わ

YS 11 型旅客機　185
ワ行音　80
和語(やまとことば)　25,28,93
話題の提起　143
話題の展開　168
話題の分析　122

［著者紹介］

加瀬　次男

1959年3月　早稲田大学教育学部英語英文学科卒業
1959年4月　NHK編成局アナウンサーとなる。
NHKアナウンサーとして「浅間山荘事件」や「全日空機墜落事故」などの中継。大河ドラマ『風と雲と虹と』の語り。ラジオニュースのキャスター。テレビ「きょうの健康」の司会。「ラジオ文芸館」の企画・制作などを担当。日本音声学会会員。

現在，フェリス女学院大学，東京家政学院大学，足利工業大学，産能短期大学，足利短期大学で「日本語・音声表現」「日本語音声学」の講座を担当。NHK文化センター，朝日カルチャーセンターで「朗読の楽しみ」「実践音声表現演習」を担当。

著書に『コミュニケーションのための日本語・音声表現』『アナウンサーたちの70年』『もうひとつの放送史』『ロシア語版日本語講座』などがある。

日本語教育のための音声表現

2001年10月25日　第1版第1刷発行

著者　加瀬　次男

発行者　田中　千津子

発行所　株式会社　学文社

〒153-0064　東京都目黒下目黒3-6-1
電　話　03 (3715) 1501代
FAX　03 (3715) 2012
http://www.gakubunsha.com

© Tsugio Kase 2001
乱丁・落丁の場合は本社でお取替えします
定価はカバー，売上カードに表示

印刷所　新灯印刷

ISBN4-7620-1079-0

加瀬次男著 **コミュニケーションのための日本語・音声表現** A5判 247頁 本体2800円	ことばとは何か，話して伝える，読んで伝えるを重点に，日本語の音声表現を考える。まず論理を説いた理解の部よりはじめ，実用に応える演習の部で理解をさらい，発表力をつける。 1034-0 C0081
天野勝文・松岡新兒・村上孝止編 **現場からみたマスコミ学**〔改訂版〕 ——新聞・テレビ・出版の構造—— A5判 218頁 本体2300円	マスコミ現場就業経験をもつ全執筆者が独自の研究者としての複眼的視点から現代日本のマス・メディアの構造と性質を具体例やトピックを通して明確にした。欧米直輸入のマスコミ論ではない類まれな書。 0642-4 C3336
村上孝止・天野勝文編 **現場からみた新聞学** A5判 202頁 本体2233円	学生の活字離れが激しく進み，そしてテレビ離れも起こりつつあるいまこそ，現実をふまえた体験に裏打ちされた，ライブ・マスコミ論ともいうべき，生き生きとしたマスコミ論の展開が要求されている。 0631-9 C3336
松岡新兒編 **現場からみた放送学** A5判 190頁 本体2233円	放送ジャーナリズムの基本的な部分に絞って細分し，それぞれの専門家によって，より具体的な記述が試みられている。理論優先の類書とは違い，より現実的でわかりやすい放送ジャーナリズム論を展開。 0632-7 C3336
植田康夫編 **現場からみた出版学** A5判 182頁 本体2300円	出版メディアの現況，学術出版，コミック，雑誌，マルチメディアと出版の将来，出版流通，出版産業論，＜表現＞の問題，出版人の条件など，出版業界の特質・課題ならびに未来像を総合的に展望する。 0671-8 C3336
天野勝文・松岡新兒・植田康夫編 **現場からみたマスコミ学Ⅱ** A5判 194頁 本体2300円	マス・メディア，ジャーナリズムの問題を横割に捉え，国際コミュニケーション，ジェンダー，スポーツ，広告，マルチメディアなどホットな問題を取り上げ，マス・メディア全体に通底する諸問題を論駁。 0670-X C3336
天野勝文・松岡新兒・植田康夫編 **「現代マスコミ論」のポイント** ——新聞・放送・出版・マルチメディア—— A5判 240頁 本体2500円	新聞・放送・出版の現在只今に，マルチメディアの動静を接ぐ。日本の現実に根をおろすマスコミ論・ジャーナリズム論の緊要に，つつがなくメディア倫理・メディアリテラシーに関する問題等を詳解した。 0864-8 C3336
椙山女学園大学 武長脩行編著 **文化情報論序説** A5判 231頁 本体2500円	〔椙山女学園大学研究叢書〕言語と文化／情報とコミュニケーション／社会と組織をめぐって，闊達な論理を展べる。企業と職場小集団活動—「無形効果再考論」，現代スリランカの上座仏教教団の存在形態等。 0879-6 C3036
武蔵大学 小玉美意子著 **メディア・エッセイ** ——情報時代の心に浮かぶよしなしごと—— 四六判 268頁 本体1800円	「東京新聞」コラム（1994.1-97.6）より108テーマを収載。テレビ報道をはじめとするメディア状況に警鐘。コミュニケーションの心，悩めるジャーナリズム，社会のシーン，女性と男性，の4部構成。 0747-1 C3036
埼玉大学 水野博介著 **メディア・コミュニケーションの理論** ——構造と機能—— A5判 200頁 本体2200円	くちコミや噂，テレビ，ニューメディア，マルチメディアを諸「メディア」として統べて扱い，20年余の実証をシステム論的な包括する枠組みを用いて機能主義的な観点から論考。「メディア」の機能ほか。 0797-8 C3036

東洋大学　島崎哲彦著 **21世紀の放送とマルチ・メディア化** A5判　262頁　本体2800円	マルチ・メディア化に伴い，放送界は大きな転換期を迎えようとしている。本書では，「マス・コミュニケーション」の諸局面から論じ，放送が果たす社会的機能の変容と問題点を明らかにしようとする。 0600-9　C3036
東洋大学　島崎哲彦著 **21世紀の放送を展望する** ―放送のマルチ・メディア化と将来の展望に関する研究― A5判　362頁　本体3500円	衛星放送とCATVと番組供給事業者の放送内容から経営体制まで，日本の状況と欧米の動向を比較検討。放送の将来展望に焦点をあて，変貌していくメディアとマス・コミュニケーションの状況を分析。 0746-3　C3036
駒沢女子大学　川竹和夫編 立 教 大 学　門奈直樹編 **デジタル時代の放送を考える** ――制度・倫理・報道―― A5判　213頁　本体2000円	日英放送フォーラム記録。日英はその淵源から多くの共通するシステムを持ち，ごく最近軌を一にしてテレビのデジタル化政策を打ち出した。学術と現場のプロパー双方から，制度・倫理・報道をめぐる。 0751-X　C3036
立正大学　美ノ谷和成著 **放送メディアの送り手研究** A5判　345頁　本体3600円	放送産業組織論を核に，放送メディアの送り手研究の視点と課題，放送の免許制度と放送産業の発展，新聞・放送における産業組織と集中・独占化，衛星放送の国際化と放送秩序の形成等，7章構成。 0832-X　C3036
明治大学　竹下俊郎著 **メディアの議題設定機能** ――マスコミ効果研究における理論と実証―― A5判　244頁　本体3000円	メディアによる現実構成という発想では戦後日本の研究が米に先立つが，この業績と接合させつつマコームズの議題設定をより精緻で適用範囲の汎い理論へと発展させえないかに，本書の跳躍がかかった。 0817-6　C3036
広島市立大学　金澤寛太郎著 **現代のメディア環境** ――通信空間と放送空間の変容―― A5判　212頁　本体2300円	通信も放送も従来の常識が全く通用しないほどの変貌をとげている。本書では，その変化の方向を正しく理解することにより，マルチメディア社会やネットワーク社会の問題の所在を明らかにしようとする。 0730-7　C3036
共立女子大学　西野知成著 **ホームドラマよどこへ行く** ―ブラウン管に映し出された家族の変遷とその背景― 四六判　225頁　本体1900円	プライムタイムから抹消される兆しにあるホームドラマは日本のテレビと共に誕生し，成長してきた。テレビ朝日第一期生として，また研究員としての経験から家族の変遷とその背景を探究した社会史。 0765-X　C3036
尚美学園短期大学　関口　進著 **テ レ ビ 文 化** ――日本のかたち―― A5判　166頁　本体2000円	日本のテレビ放送はアメリカの例にならったところもあるが，番組内容の表現形式，情報伝達やテレビの多チャンネル化の過程で異なる部分も少なくない。日本のテレビ文化の特質に光を当て考察する。 0616-5　C3036
東洋大学　島崎哲彦著 **「CATV」と「CS系放送」の発展と展望** A5判　200頁　本体2427円	―「多チャンネル化」と「専門チャンネル化」の時代を迎えて―　ニューメディアを含む数多くの社会調査，市場調査をふまえ，CATVの現状と問題点を，日本の現時点で概括しようとしたものである。 0454-5　C3036
川竹和夫・杉山明子編 原由美子・櫻井　武編 **外国メディアの日本イメージ** ――11ヵ国調査から―― A5判　188頁　本体2100円	海外メディアが伝える日本イメージを要に，韓国をはじめ世界11ヵ国の「メディアの中の相互イメージ」調査をまとめた。各国間のメディア国際情報の不釣合い，ステレオタイピングとその問題点ほか。 0923-7　C3036